Meinolf Schumacher

Einführung in die deutsche Literatur des Mittelalters

Einführungen Germanistik

Herausgegeben von
Gunter E. Grimm und Klaus-Michael Bogdal

Meinolf Schumacher

Einführung in die deutsche Literatur des Mittelalters

Die Deutsche Nationalbibliothek verzeichnet diese Publikation
in der Deutschen Nationalbibliografie;
detaillierte bibliografische Daten sind im Internet über
http://dnb.d-nb.de abrufbar.

Die Herausgabe dieses Werkes wurde durch
die Vereinsmitglieder der WBG ermöglicht.
Satz: Lichtsatz Michael Glaese GmbH, Hemsbach
Einbandgestaltung: schreiberVIS, Seeheim
Gedruckt auf säurefreiem und alterungsbeständigem Papier
Printed in Germany

Besuchen Sie uns im Internet: www.wbg-wissenverbindet.de

ISBN 978-3-534-19603-6

Inhalt

I. Epochenbegriff

1. „Mittelalter" – ein problematischer Begriff

Ambivalenz des Mittelalters

Vom „Mittelalter" wird selten emotionslos gesprochen. Wo immer sich jemand über Dummheit und Aberglauben, über undemokratische Zustände oder gar über Menschenrechtsverletzungen entrüstet, da stellt dieses Wort wie von selbst sich ein. „Das ist ja finsterstes Mittelalter!" oder „Wir leben doch nicht mehr im Mittelalter!" – solche und ähnliche Ausrufe drücken einen kaum zu überbietenden Abscheu aus vor allem, was als schlimm angesehen wird und zugleich als etwas, das längst nicht mehr vorkommen sollte. Die Antike, obwohl erst recht schon lange vergangen und von der Gesellschaftsform her zumindest für Frauen und Sklaven wenig attraktiv, hat offenbar nie eine entsprechende Abwertungsfunktion ausüben müssen. Das Mittelalter hingegen scheint ein negativer Gegenentwurf zur Gegenwart zu sein. Zugleich aber übt das Mittelalter auch gegenwärtig eine große Faszination aus. In Kinofilmen, Rollen- und Computerspielen, auf Mittelaltermärkten und in historischen Romanen sowie in der erstaunlich erfolgreichen Gattung des Mittelalterkrimis wird eine Epoche medial inszeniert, die offenbar ein Lebensgefühl vermittelt, das die Moderne nicht (mehr) bieten kann. „Mittelalter" ist dabei „die Imagination einer Erinnerung an glückliche Zeiten von Einheit, Gemeinschaft und Ganzheit" (Otto Gerhard Oexle). Diese aktuelle Mittelalter-Begeisterung beschränkt sich freilich weitgehend auf den Freizeit- und Unterhaltungsbereich, der die Möglichkeit bietet, zeitlich begrenzt in erwünschte Identitäten zu schlüpfen, ohne die (möglicherweise negativen) Konsequenzen für das Alltagsleben daraus übernehmen zu müssen. „Mittelalter" benennt damit jedenfalls zugleich einen positiven Gegenentwurf zur Gegenwart. Trotz ihrer gegensätzlichen Tendenz ist beiden Haltungen gemein, dass sie mit der Wirklichkeit des Lebens im Mittelalter vermutlich wenig zu tun haben und dass sie keinen nüchtern-distanzierten Blick ermöglichen, der für die wissenschaftliche Beschäftigung mit einer Epoche und ihrer Literatur unerlässlich ist.

Sah man sich im Mittelalter im „Mittelalter"?

Die Menschen, die in dem Jahrtausend von ca. 500 bis 1500 nach Christus lebten, sind gewiss nicht verantwortlich für die Ambivalenz dieses Begriffs, da er in ihrem historischen Selbstverständnis keine Rolle spielte. Sie sahen sich nicht in einer Phase zwischen dem Altertum und einer später eintretenden Neuzeit. Wenn sie sich in einer Zwischenzeit begriffen haben, dann war diese durch das Erscheinen Christi bei seiner Geburt und seiner Wiederkehr am Jüngsten Tag markiert. Dies entspricht einem verbreiteten dreistufigen Modell von Periodisierung der Heilsgeschichte, das die Zeit von der Erschaffung der Welt bis zum Empfang der Zehn Gebote durch Moses (*ante legem*), von Moses bis Christus (*sub lege*), sowie von Christus bis zum Jüngsten Gericht (*sub gratia*) unterscheidet: Die mittelalterlichen Menschen sahen sich in dieser letzten auf das Weltende zusteuernden Gnadenzeit, der *aetas christiana*, an die unsere Jahreszählung „nach Christi Geburt" noch heute erinnert. Ähnliches gilt für andere Weltaltermodelle, die sich etwa an den Lebensaltern des Einzelmenschen oder an den Schöpfungstagen orientierten (LexMA s. v. Weltende, Weltzeitalter). Nicht einmal mit dem Schema einer Aufeinanderfolge von Weltreichen grenzte man sich von der Antike ab. Im Anschluss an den Traum von König Nebukadnezar aus dem biblischen Buch *Daniel* war nach dem babylonischen, persischen und dem griechischen das vierte und letzte Weltreich das römische. Man sah sich demnach noch im römischen Reich, das über historische Konstruktionen wie die *translatio imperii* als fortbestehend gedacht wurde (LexMA s. v. Translatio imperii). „Die Herrscher der Karolinger-, Ottonen-, Salier- und Stauferzeit wurden in der Reihe der römischen Kaiser fortgezählt wie die Päpste seit Petrus" (Herbert Grundmann). Aus unserer Perspektive könnte man also vereinfachend sagen: Man sah sich noch in der Antike.

medium aevum als Kampfwort

Wenn „Mittelalter" kein Eigenbegriff des Mittelalters ist, wie kam es dann zu dieser Bezeichnung? Wir verdanken den Ausdruck *medium aevum* zunächst den Humanisten, also jenen Gelehrten und Literaten, die seit dem 14. Jh. (zuerst in Italien) die antiken Bildungsideale wieder beleben wollten, welche, wie sie behaupteten, in den letzten Jahrhunderten entstellt, wenn nicht gar völlig verloren gegangen sein sollten (RLW s. v. Humanismus$_2$). Vor allem die Qualität der lateinischen Sprache, die sich in den fast eineinhalb Tausend Jahren nach Cicero stark verändert und neuen Anforderungen angepasst hatte, war ihnen ein Indiz für kulturellen Niedergang. Für diese Zeit vermeintlicher Bildungsferne bis hin zu sich selbst, die das klassische Latein wieder aktivieren und damit Wissenschaft und Künste fördern wollten, fanden die Humanisten so abwertende Bezeichnungen wie Metaphern aus dem Bereich der Dunkelheit und eben Begriffe wie *medium tempus* und *medium aevum*, also „Mittelalter". Darauf geht letztlich das erwähnte Schlagwort vom „finsteren Mittelalter" zurück; es bekam im Verlauf der Neuzeit zunehmend eine anti-kirchliche Komponente, bis hin zum jungen Goethe, der vom „eingeschränkten, düstern Pfaffenschauplatz des medii aevi" sprach (*Von deutscher Baukunst*, 1772). Wenngleich die Humanisten den Begriff „Mittelalter" noch nicht im strengen Sinne einer Geschichtsperiodisierung verstanden, da sie selbst noch an heilsgeschichtlichen Konstruktionen fest hielten, so war dadurch doch ein Stichwort gegeben, das seit dem Beginn des 18. Jh.s in Geschichtsbüchern zu dem festen Drei-Epochen-Schema „Antike – Mittelalter – Neuzeit" führte (LexMA s. v. Mittelalter I: Begriff), welches die alten Einteilungen nach Weltaltern und Weltreichen endgültig ablöste. Wenn es im 20. Jh. dann noch um die Phase „Frühe Neuzeit" zu einem Vierer-Schema erweitert wurde (RLW s. v. Frühe Neuzeit), so bestätigt dies nur die grundsätzliche Annahme einer Zwischenzeit nach der Antike. Dennoch muss man fragen ob es sinnvoll ist, einen Begriff zu verwenden, der (1.) in keiner Weise dem Selbstverständnis der Menschen dieser Epoche entspricht, und der (2.) letztlich ein Kampf- wenn nicht gar Schimpfwort der Humanisten ist, deren Grundannahmen von der Bildungs- und Kulturarmut der nachantiken Jahrhunderte zwar als populäre Vorurteile hartnäckig fortleben, von der wissenschaftlichen Forschung jedoch seit langem aufgegeben worden sind.

Die Problematik verschärft sich noch weiter, wenn es, wie in diesem Buch, um die *deutsche* Literatur des Mittelalters geht. Das ist nicht so sehr

Der sprachliche Befund: ein „deutsches" Mittelalter?

eine Frage nach dem Entstehen einer deutschen Nation oder gar eines Nationalstaats; in der Zeit, um die es hier geht, bilden sich ja erst langsam politische Identitäten wie „deutsch" heraus. Es ist vor allem zunächst ein linguistisches Problem: Kann man im Zusammenhang mit der Geschichte der deutschen Sprache sinnvoll den Begriff des Mittelalters anwenden? Stimmt doch keine der aktuellen sprachhistorischen Periodisierungen des Deutschen mit der üblichen zeitlichen Begrenzung um ca. 1500 überein. Im Hinblick auf die hochdeutschen Dialekte setzen wir die älteren Sprachstufen Althochdeutsch für die Zeit von etwa 750–1050, Mittelhochdeutsch für ca. 1050–1350 und Frühneuhochdeutsch für ca. 1350–1650 an; erst seit etwa 1650 sprechen wir von Neuhochdeutsch. Sprachgeschichtlich gesehen müsste demnach das Mittelalter entweder bereits im 14. Jh. enden oder aber erst in der Zeit des Barock. Denn für die niederdeutschen Dialekte ergibt sich ein ähnliches, wenn auch nicht ganz so differenziertes Bild: Altsächsisch (Altniederdeutsch) ab ca. 800; Mittelniederdeutsch von ca. 1200–1650; ab 1650 dann Neuniederdeutsch („Platt"). In keinem der beiden sprachlichen Großräume des Deutschen, weder im Hoch- noch im Niederdeutschen, lässt sich somit um 1500 ein relevanter Einschnitt erkennen, der den Beginn einer neuen Epoche rechtfertigen würde.

2. Kriterien für das Bestimmen der Epoche „Mittelalter"

Grenzen und Leistungen von Epochenbegriffen

Weshalb kann die Germanistik dennoch „Mittelalter" als Fachterminus akzeptieren? Die Antwort mag ernüchternd klingen: Weil wir bisher keinen besseren Begriff dafür gefunden haben! Wenn man Literatur in historischer Perspektive betrachten, wenn man also Literaturgeschichte betreiben will (RLW s.v. Literaturgeschichte), dann braucht man dabei wie in der Geschichtswissenschaft das Instrumentarium einer Periodisierung, man benötigt eine Zeiteinteilung nach Epochen (RLW s.v. Epoche). Epochen sind allerdings keine festen, unveränderlichen Größen, sondern menschliche Konstrukte, die sich als Arbeitsbegriffe in der wissenschaftlichen Diskussion zu bewähren haben. Dabei darf man sie nicht überstrapazieren. Von einer Epoche kann man nur ein begrenztes Maß an gemeinsamen Merkmalen verlangen, die sie von der vorangegangenen wie von der nachfolgenden Zeit unterscheidet. Man muss sich immer bewusst machen, dass es viele andere Merkmale gibt, wenn nicht gar die meisten, die über kürzere oder über längere Zeiträume gelten und deshalb andere Periodisierungen verlangen. Akzeptiert man dies, dann kann man nüchtern fragen, in welcher Hinsicht sich eine Epoche „Mittelalter" ansetzen lässt und in welcher nicht. Hier können nur ein paar Kriterien genannt werden, die für die Literatur besonders wichtig sind.

Epochenkriterium: Lateinkultur

Verlangt man ein zeitinternes Epochenbewusstsein als Kriterium, dann gab es das Mittelalter als Epoche nicht. Auch im Hinblick auf die deutsche Sprache sollte man, wie gezeigt, diesen Begriff besser vermeiden. Ganz anders steht dies in Bezug auf die lateinische Sprache. Wenn etwas für die Zeit etwa vom 6. bis zum 15. Jh. charakteristisch war, dann ist es die Form und die Stellung des Lateins. Hier hatten die Humanisten mit ihrem Spott über das „Küchenlatein" insofern Recht, als sich dieses vom klassischen Latein in vielerlei Hinsicht unterscheidet – nur muss man ihre negative Bewertung nicht übernehmen. Als sich aus dem Latein der Spätantike verschiedene romanische Volkssprachen herausdifferenzierten, wurde es für immer weniger Menschen zur Muttersprache. Das heißt jedoch nicht, dass es dadurch an Relevanz verlor; eher im Gegenteil. Dieses Mittellatein, wie man es nennt, dominierte die Bereiche von Bildung und Religion beinahe vollständig; in Politik, Verwaltung und (Fern-)Handel war es kaum wegzudenken. Man lernte es in der Regel früh als Zweitsprache und konnte sich damit im ganzen mittleren, westlichen und südlichen Europa verständigen. Wichtige Korrespondenz wurde nahezu immer in dieser Sprache verfasst. Wegen der neuen Herausforderungen als Schrift- und Bildungssprache der nachklassischen Zeit, etwa im Bereich der christlichen Theologie, des Lehnswesens oder des Rechts, erweiterte es seinen Wortschatz aus den Volkssprachen heraus, prägte Neologismen und verschob auch die Bedeutung alter lateinischer Wörter (weshalb man mit einem lateinischen Schulwörterbuch bei mittellateinischen Texten schnell an Grenzen stößt). Im Bereich der Grammatik, vor allem auf der Ebene der Syntax, ist eine Tendenz zur Vereinfachung zu erkennen, welche das Latein für viele Lebensbereiche geeignet machte. Dennoch brachte es literarische Werke von höchster Qualität hervor (RLW s.v. Mittellateinische Literatur), die sowohl im Bezug zu den Werken der Antike wie zu den gleichzeitigen Dichtungen der mittelalterlichen Volkssprachen gesehen werden müssen. Da die Humanisten diese besonderen Qualitäten des Mittellateins nicht anerkannten und stattdessen das klassische Latein mitsamt den antiken Lebensentwürfen, die sie damit verbanden, rekonstruieren wollten, schufen sie eine anspruchsvolle, wenn auch wenig flexible Kunstsprache, in der zwar ebenfalls bedeutende Dichtungen entstanden (RLW s.v. Neulateinische Literatur), die aber im Unterschied zum Mittellatein letztlich nicht mehr alltagstauglich war. Es klingt paradox: Ausgerechnet die Humanisten, denen die Reinheit und Würde des Lateins so sehr am Herzen lag, haben es aus der Lebenspraxis Europas – mit Ausnahme des Fachlateins der Wissenschaften und der Liturgiesprache des Katholizismus – faktisch verdrängt. Und sie markierten damit durchaus eine Epochengrenze: Mittelalter wäre danach diejenige Zeit, in der das Latein eine lebende Sprache war, die sich kreativ weiter entwickelte, ohne zugleich für irgendjemanden noch Erstsprache gewesen zu sein.

Epochenkriterium: Kirchenkultur

Die große Bedeutung des Lateins für das Mittelalter hängt eng zusammen mit der starken Prägung jener Zeit durch die römische Kirche. Da für viele nachantike Jahrhunderte fast der ganze Bereich der Bildung in kirchlichen Händen lag, konnte eine Kultur entstehen, die bei aller sozialen, regionalen und zeitlichen Differenzierung doch eine erstaunliche Homogenität auszeichnet. Dazu gehörte eine unverbrüchliche Gültigkeit des christlichen Glaubens, der weder durch häretische Bewegungen noch durch das große Schisma von 1054, das die Trennung der römischen Westkirche und der byzantinischen („orthodoxen") Ostkirche besiegelte, grundsätzlich in Frage gestellt wurde. Setzt man den Beginn des Mittelalters mit der sog. Konstantinischen Wende an, also der Hinwendung Kaiser Konstantinus des Großen († 337) zum Christentum, in deren Folge es zur Staatsreligion des Römischen Reichs wurde, dann betont man damit diese relative Einheitlichkeit von Religion und Kirche. Die Frage ist nur, ob man sie mit der Reformation

(RLW s. v. Reformation) und der katholischen Reaktion auf diese (RLW s. v. Gegenreformation) enden lässt, oder erst mit der Aufklärung und ihrem Bemühen, das Verhältnis von Glauben und Vernunft grundlegend neu zu bestimmen (RLW s. v. Aufklärung). Im Hinblick auf die Geschichte des christlich-abendländischen Mönchtums seit der Gründung des Klosters Montecassino durch Benedikt von Nursia († 547), die traditionell auf 529 datiert wird, ist gewiss mit der Reformation ein großer Einschnitt festzustellen. Auch Martin Luthers Kritik an der Heiligen- und Marienverehrung hat eine für das Mittelalter charakteristische Frömmigkeitsform in Frage gestellt. Gleiches gilt für die Einstellungen der Menschen zu Tod und Jenseits, die sich erheblich veränderten, nachdem die Reformatoren die Möglichkeit einer Buße für Sünden noch im Jenseits („Fegefeuer") als einem dritten Seinszustand neben Himmel und Hölle bestritten. Diese religiös-kirchlichen Veränderungen gelten freilich nicht für den nachreformatorischen Katholizismus; nimmt man sie als Kriterien für ein Ende des Mittelalters, dann bezieht sich das nur auf die Protestanten. Im Hinblick auf die Katholiken scheitert dieses Konzept einer Epoche, da sie dann erst – wenn überhaupt – mit dem Zweiten Vatikanischen Konzil (1962–1965) abgeschlossen wäre. In einem Punkt freilich markiert die (Gegen-)Reformation auch hier einen Epochenabschluss: Zwar bleibt das Latein weiterhin die Sprache der katholischen Liturgie, doch hat die Hinwendung der Reformatoren zur Volkssprache dazu geführt, dass seither auch in katholischen Kirchen deutsche Kirchenlieder bei der Heiligen Messe erklingen, was im Mittelalter offiziell verboten war (RLW s. v. Kirchenlied).

Epochenkriterium: Adelskultur

Als charakteristisch für das Mittelalter gilt diejenige Gesellschaftsform, die abwertend als „Feudalismus" oder wertneutral als „Lehnswesen" bezeichnet wird. Sie beruht auf der Herrschaft einer privilegierten Elite, des Adels, die in einem komplizierten Abhängigkeitsverhältnis, der Lehnshierarchie, untereinander stand, sich aber als ganze Gruppe sehr scharf abgrenzte von den Bauern, die in der Regel als Unfreie von jeder politischen und kulturellen Beteiligung ausgeschlossen blieben. Obwohl die Bibel keinen Adel kennt, besetzten die Adelsfamilien meist auch die wichtigsten Funktionen innerhalb des Klerus. So blieb der Adel die bestimmende Gruppe in Gesellschaft, Politik und Kirche auch noch dann, als seit dem Spätmittelalter das Stadtbürgertum zunehmend an Bedeutung gewann. Zunächst eine Kaste von Kriegern, welche die Macht mit Gewalt erlangte und behauptete, legte sie sich ein exklusives Standesbewusstsein zu, das in vielerlei Hinsicht literarischen Ausdruck fand. Herkunftsgeschichten und (oftmals höchst phantastische) Genealogien der Adelsgeschlechter sollten die Legitimität ihrer Herrschaft aufgrund von Alter garantieren. Lehrhafte Dichtungen wie der *Welsche Gast* des Thomasîn von Zirklaere formulierten Standards für das Verhalten an Adelshöfen, die der adligen Jugend vermittelt werden sollten (RLW s. v. Höfische Verhaltenslehre). Das dort aufgestellte Zivilisationsideal der *hövescheit*, des Höfischen, bestimmte weite Teile der hochmittelalterlichen Dichtung (RLW s. v. Höfische Klassik), vor allem die neue Gattung des „höfischen" Romans (RLW s. v. Höfischer Roman). Es misst die Sonderstellung des Adels aufgrund von Herkunft an dem ethischen Anspruch, diesem Privileg im Handeln gerecht zu werden: *Swer tugent hât, derst wol geborn:/ ân tugent ist adel gar verlorn* (Freidank, *Bescheidenheit*, vv. 54, 6 f.). Dies ist keineswegs als Perspektive für Bauern gemeint, durch Tugend in den Adel aufsteigen zu können. Die Forderung, den Tugend- und vor allem den Bildungsadel dem Geblütsadel gleichzustellen oder gar überzuordnen, wird wohl erst von den Humanisten erhoben, die auch in dieser Hinsicht einen Epochenwandel einzuleiten scheinen. Dies änderte freilich nichts daran, dass die faktische Vorherrschaft des Adelstandes auch über das Mittelalter hinaus weitgehend unangefochten blieb. Nichtadlige Menschen konnten sich allerdings „höflich" verhalten, indem sie die vom Adel des Mittelalters geforderten Umgangsformen für sich übernahmen (RLW s. v. Anstandsliteratur). Das gilt im Grunde bis heute.

Epochenkriterium: Handschriftenkultur

Als eine der wichtigsten Innovationen der Frühen Neuzeit gilt der Buchdruck: die serienmäßige Herstellung von Büchern durch maschinelle Beschriftung mit Hilfe von beweglichen Lettern (Typographie). Die langfristigen Folgen von Gutenbergs Erfindung seit ca. 1450 sind bekannt. Nimmt man sie als eine Epochenmarke, dann lässt sich sagen: Das Mittelalter ist eine Zeit, in der Literatur grundsätzlich (nur) handschriftlich überliefert ist. Mit dieser Feststellung kann man das Mittelalter zwar nicht von der Antike abgrenzen, da für sie dasselbe gilt, wohl aber von der Neuzeit. Das ist für die Germanistik ohnehin wichtiger, da es keine deutschsprachigen Texte aus der Antike gibt. Für die deutsche Literaturgeschichte lässt sich damit zumindest in medialer Hinsicht ein klarer Einschnitt um 1500 erkennen.

II. Forschungsbericht

1. Phasen der Rezeption mittelalterlicher Literatur vom Humanismus bis zur Postmoderne

Humanistisches Interesse an volkssprachiger Literatur

Obwohl die Humanisten verächtlich auf das von ihnen ‚erfundene' Mittelalter herunter schauten, haben sie sich doch intensiv und zum Teil erstaunlich wohlwollend mit seiner Literatur befasst. Das gilt nicht nur für die mittellateinische Dichtung, von der etwa Jakob Wimpfeling 1503 die Kreuzgedichte des Hrabanus Maurus (*De laudibus sanctae crucis*) aus dem 9. Jh. im Druck herausgab und Konrad Celtis 1501 die Dramen der Hrotsvit von Gandersheim aus dem 10. Jh. erstmals der literarischen Öffentlichkeit zugänglich machte. Es gilt auch für die volkssprachige Dichtung, und zwar gerade für die älteste: So setzt die wissenschaftliche Beschäftigung mit der mittelalterlichen deutschen Literatur wohl mit der ersten Gesamtausgabe von Otfrids von Weißenburg *Liber evangeliorum* durch Matthias Flacius Illyricus (Basel 1571) ein. Melchior Goldast edierte 1604 erstmals mhd. Lieder, darunter solche von Walther von der Vogelweide, und Martin Opitz publizierte 1639 das *Annolied*. Diese gelehrt-humanistische Editionstätigkeit lässt sich nicht immer leicht unterscheiden von der gleichzeitig zu beobachtenden Weitertradierung mittelalterlicher Texte, die eher als produktive Kontinuität aufzufassen ist denn als wissenschaftliche Wiederentdeckung: Sebastian Brants bebilderte Druckausgabe von Freidanks Spruchsammlung *Bescheidenheit* (Straßburg 1508) ist ein solcher Grenzfall. Auch monumentale Handschriftenprojekte vom Beginn des 16. Jh.s wie das *Ambraser Heldenbuch* (Wien, Österr. Nationalbibl., Cod. Ser. nova 2663), das als einziger Kodex den *Erec* von Hartmann von Aue überliefert, zeugen vielleicht von einem bereits antiquarischen Interesse an der mittelalterlichen Dichtung, können jedoch nicht schon als frühe germanistische Texteditionen gelten. Obwohl an den Höfen weiterhin repräsentative Handschriften entstanden, galt im 16. und 17. Jh. zunehmend, dass von der mittelalterlichen Literatur nur noch dasjenige allgemein bekannt war, was im Druck vorlag. Dies führte zu Verschiebungen im literarischen Kanon (RLW s. v. Kanon): Während viele bedeutende Minnesänger in Vergessenheit geraten waren, überboten sich (spät-)humanistische Gelehrte im Lob von mhd. Lehrgedichten wie dem *Winsbecke* und der *Winsbeckin*, welche durch die erwähnte Edition von Goldast verbreitet wurden. Die Hochschätzung gerade dieser Dialoge zwischen Vater und Sohn bzw. zwischen Mutter und Tochter macht deutlich, dass das Interesse an der mittelalterlichen Dichtung in dieser Zeit weniger ästhetisch motiviert war. Man schätzte vielmehr die ethisch und sprachlich hoch stehende Literatur der alten ‚Deutschen', die für das Herausbilden einer nationalen Identität zunehmende Bedeutung gewann. Dazu gehörte auch der Versuch, das zeitgenössische Entstehen des (erst am Ende des 18. Jh.s dann auch so genannten) Konzepts „Nationalliteratur" in die ferne Vergangenheit zurück zu projizieren. So bringt etwa Christian Gryphius (*Der Deutschen Sprache unterschiedene Alter und nach und nach zunehmendes Wachsthum*, 1708) Autoren wie Otfrid von Weißenburg und Hrabanus Maurus als Figuren auf die (Schul-)Bühne, um mit Karl dem Großen und Ludwig dem Frommen über die Begründung einer deutschen Literaturgeschichte durch Otfrids *Evangelienbuch* zu beraten.

Altdeutsches in der Aufklärung

Die deutsche Liebeslyrik des Barock (RLW s.v. Barock) griff kaum je auf deutsche Minnelieder, sondern vor allem auf zwar ebenfalls mittelalterliche, allerdings italienische Lyriktraditionen zurück (RLW s.v. Petrarkismus) zurück. Dies mag auch daran liegen, dass im 17. Jh. nur ein geringer Teil der mhd. Dichtung gedruckt war. Das änderte sich im 18. Jh. grundlegend durch wichtige Textausgaben wie der *Samlung deutscher Gedichte aus dem XII., XIII. und XIV. Jahrhundert* (3 Bde., 1782–87) von Christoph Heinrich Myller, die viele epische und lyrische Werke erstmals (oder erstmals vollständig) im Druck präsentierten. Gegen Ende des Jahrhunderts waren dem Lesepublikum wohl alle wichtigen alt- und mhd. Dichtungen in Ausgaben oder Bearbeitungen zugänglich. Man hat sie allerdings nicht immer einhellig begrüßt. Berüchtigt ist die Äußerung des Preußenkönigs Friedrich des Großen, dem die Ausgabe von Myller gewidmet war, *dergleichen elendes Zeug* sei *nicht einen Schuß Pulver werth* und verdiene es nicht, *aus dem Staube der Vergessenheit gezogen zu werden* (Brief an Myller vom 22. Febr. 1784). Wo sich hingegen intensives Interesse zeigte, konnte es recht unterschiedlich ausgerichtet sein. Johann Christoph Gottsched etwa setzte die Sammeltätigkeit der humanistischen Gelehrten fort, die er jedoch systematisierte. Seinem rationalistisch-aufklärerischen Literaturverständnis gemäß konzentrierte er sich auf die didaktische und satirische Dichtung des Mittelalters; so wurde die Beschäftigung mit dem *Reineke Fuchs* zu einem seiner Lebensthemen. Gottscheds großer Antipode, der Zürcher Johann Jakob Bodmer, hob das ästhetische Vergnügen an mittelalterlichen Texten hervor und ließ gegenüber dem aufklärerischen Postulat der literarischen „Wahrscheinlichkeit" auch das „Wunderbare" etwa der Gralsromane gelten (RLW s.v. Wahrscheinlichkeit). Er modifizierte jedoch diejenigen Texte der mhd. Epik, die nicht seinen (wirkungs-)ästhetischen Konzeptionen entsprachen, indem er z.B. Wolframs *Parzival* in Hexameter umschrieb (*Der Parcival*, 1753) oder vom *Nibelungenlied* nur den zweiten Teil veröffentlichte (*Chriemhilden Rache*, 1757). Mit der Entdeckerfreude war das Bedürfnis verbunden, das Entdeckte neu zu beleben. So diente Bodmers Publikation von mhd. Liebeslyrik der Stauferzeit (*Sammlung von Minnesingern aus dem schwäbischen Zeitpuncte*, 2 Bde., 1758/59) auch dem Zweck, auf die Dichtung der eigenen Zeit Einfluss zu nehmen. Man schuf eine Tradition, um daran anknüpfen zu können. Das taten dann vor allem Dichter aus dem Freundeskreis um den „Göttinger Hain". Dort wurde „Bodmer, der Held von Zürich", von Johann Heinrich Voß für die Tat gepriesen, die alten Lieder gleichsam dem Grabe entrissen zu haben, weshalb sie nun durch Autoren wie Johann Martin Miller und Ludwig Christoph Heinrich Hölty neu erklingen könnten. Bei Voß wird zugleich deutlich, welches Motiv hinter der Mittelalternachahmung der Hainbündler steht – man will die romanische Prägung der deutschen Literatur zurückdrängen: „es flieht / Eitler Franken Getändel / Und ausonisches Gaukelspiel!" (*Der deutsche Gesang*). Neben dieser patriotisch-nationalistischen Abwehrhaltung gehört zum Komplex „Bodmer und die Folgen" (Volker Mertens) im 18. Jh. auch die Betonung des vermeintlich Natürlichen der mittelalterlichen Dichtung, die frei von gelehrt-rhetorischem Kalkül gewesen sein soll. Dieses (vor allem durch Rousseau geprägte) Ideal sah man nicht nur bei Homer und Shakespeare, sondern auch im Mittelalter realisiert. Zugleich rückte man den Minnesang in die Nähe der damals beliebten Anakreontik (RLW s.v Anakreontik). In dem Bestreben, „die Einfalt der Empfindungen unserer Minnesinger zu erreichen" (Brief an Anna Louisa Karsch vom 30. Aug. 1773), dichtete Johann Wilhelm Ludwig Gleim im Stil der Anakreontik etwa 70 Lieder nach (*Gedichte nach den Minnesingern*, 1773, und *Gedichte nach Walter von der Vogelweide*, 1779). Der Beginn der kreativen Mittelalterrezeption in der neueren deutschen Literatur beruht somit auf einem zweifachen Missverständnis. Zeigt doch gerade der Minnesang mit seinen Rückgriffen auf provenzalische und französische Vorbilder, dass die ältere deutsche Dichtung keineswegs als besonders ‚deutsch' angesehen werden kann, wie auch die Formelhaftigkeit und Topik seiner Rollenlyrik beweist, dass es sich nicht um ‚natürliche' oder besonders volksnahe Dichtung handelt. Das jeweils genaue Gegenteil ist der Fall. Dennoch ziehen sich diese Stichworte ‚deutsch' bzw. ‚natürlich/volkstümlich' hartnäckig durch die weiteren Epochen hindurch.

Die Mittelalter-Projekte der Romantiker

So problematisch es auch ist, die mittelalterliche Literatur als eine ‚natürliche' Volksdichtung zu begreifen, so hat doch gerade diese Vorstellung das Mittelalterbild des 19. Jh.s bestimmt. Das aus dem Sturm und Drang (RLW s.v. Sturm und Drang) stammende Konzept der Volkspoesie und speziell des Volkslieds (RLW s.v. Volkslied) sowie der von Johann Gottfried Herder der ‚Kunstpoesie' entgegen gestellte Begriff der ‚Naturpoesie' kamen den Autoren der frühen Romantik (RLW s.v. Romantik) sehr entgegen. Ähnlich wie in Märchen, Mythen und Sagen sahen sie in Minneliedern ihre „Sehnsucht nach der Natürlichkeit" erfüllt – wie es Ludwig Tieck in der „Vorrede" seiner *Minnelieder aus dem Schwäbischen Zeitalter* (1803) formulierte, in der er sich zugleich gegen „den Glauben an die Barbarey des sogenannten Mittelalters" wandte. Vergleichbar den anakreontischen Bearbeitungen hob Tieck die angeblich „ungesuchte, einfältige Sprache (...), dieses reizende Tändeln" der Minnesänger im Umgang mit dem Erotischen hervor; im Unterschied zu Gleim, der den Sinn der alten Lieder mit neuen Worten zu treffen versucht hatte, bewahrte Tieck jedoch möglichst viel an mittelalterlichen Sprachformen. So passte er oftmals nur einige Lautentwicklungen zum Neuhochdeutschen (Diphthongierung, Monophthongierung) hin an und ließ alles andere (z.B. veraltete Konstruktionen, ausgestorbene Wörter) unverändert, wodurch eine archaisierende Sprache entstand, die ‚authentisches' Mittelalter evozieren sollte und die für viele spätere Texte der literarischen Mittelalterrezeption charakteristisch wurde. Der patriotische Aspekt kommt nach 1800 zunächst weniger in der Dichtung zum Ausdruck als in der sich gleichzeitig an den Universitäten etablierenden (alt-)deutschen oder germanischen Philologie (RLW s.v. Philologie), der späteren Germanistik (RLW s.v. Germanistik), die sich in ihren Anfängen schwerpunktmäßig mit ‚altdeutschen' Schriftzeugnissen beschäftigt hat und zugleich auf Breitenwirkung angelegt war. So folgte Friedrich Heinrich von der Hagen in seiner Ausgabe *Der Nibelungen Lied* (1807) ganz ähnlichen Bearbeitungsweisen wie Tieck; er ist also nicht grundsätzlich wissenschaftlicher als die Herausgeber vor dem Entstehen der Germanistik. Von der Hagen, ab 1810 Professor für deutsche Sprache und Literatur, pries das *Nibelungenlied* als „das erhabenste und vollkommenste Denkmal einer so lange verdunkelten Nazionalpoesie", das wie kein zweites „ein vaterländisches Herz" bewegen könne. Überhaupt nimmt in dieser Zeit von Napoleonischer Herrschaft und Befreiungskriegen die nationale Instrumentalisierung des *Nibelungenlieds* zu, in deren Verlauf es schließlich zum „Nationalepos" der Deutschen avanciert – ganz ähnlich, wie Walther von der Vogelweide zur nationalen Identitätsfigur (als „Sänger des Reichs") stilisiert werden wird. Die Romantiker erweitern diese aus dem 18. Jh. übernommenen Zuschreibungen (volkstümlich, deutsch) noch dadurch, dass sie mittelalterliche Themen und Sprachformen auch als Option gegen den Klassizismus in der Literatur (RLW s. v. Klassizismus), speziell den der Weimarer Klassik (RLW s. v. Klassik$_2$), aufgreifen. Heinrich Heine wird in diesem antiklassizistischen Zusammenhang die ganze mittelalterliche Dichtung der Romantik als Vorgeschichte zuschlagen: „Was war aber die romantische Schule in Deutschland? Sie war nichts anders als die Wiedererweckung der Poesie des Mittelalters, wie sie sich in dessen Liedern, Bild- und Bauwerken, in Kunst und Leben manifestiert hatte" (*Die Romantische Schule*, 1835). So mag es als Gegenreaktion auf diese Vereinnahmung des Mittelalters verstanden werden, wenn Goethe in seiner Abwehr gegen die Romantik dem *Nibelungenlied* Klassizität zuspricht: „Das Classische nenne ich das Gesunde, und das Romantische das Kranke. Und da sind die Nibelungen classisch wie der Homer, denn beide sind gesund und tüchtig" (Gespräch mit Eckermann, 2. April 1829). Als weitere Linie der Mittelalterrezeption lässt sich in der Romantik die Glorifizierung einer untergegangenen Welt erkennen, die weit über den literarisch-künstlerischen Bereich hinausgeht. Novalis setzt dem Schlagwort vom finsteren Mittelalter die begeisterte Formel von den ‚glänzenden Zeiten' entgegen: „Es waren schöne glänzende Zeiten, wo Europa ein christliches Land war, wo *Eine* Christenheit diesen menschlich gestalteten Welttheil bewohnte; *Ein* großes gemeinschaftliches Interesse verband die entlegensten Provinzen dieses weiten geistlichen Reichs" (*Die Christenheit oder Europa*, 1799). Gegen alle Fortschrittsgedanken wird hier sowohl in religiöser wie in gesellschaftlicher Hinsicht die Rückkehr zu vormodernen Lebensformen propagiert. Dies unterscheidet sich grundsätzlich von der patriotisch-nationalistischen Hochschätzung einer deutschen Vergangenheit seit dem Humanismus, ist doch für Novalis das Mittelalter christliches Europa. Es ist ein provokanter Gegenentwurf zur Neuzeit, der die Verlustbilanz vor allem von Reformation, Aufklärung und Säkularisierung aufmacht und zu einer christlich-konservativen Utopie gestaltet. Andere romantische Autoren sind in dieser rückwärts blickenden Haltung weniger übernational und zukunftsorientiert als Novalis; für sie ist das Mittelalter ein Leitbild für kulturelle und politische Restauration.

Gelehrte Philologie und populäres Erzählen im 19. Jahrhundert

Seit ihren Anfängen schwankte die Germanistik zwischen zwei Aufgaben. Einmal ging es darum, lesbare Textausgaben für das allgemeine Publikum vorzulegen, um damit die altdeutschen Texte bekannt zu machen und somit einem nationalliterarischen Kanon einzugliedern. Und zum andern wollte man philologisch korrekte Editionen erarbeiten, die schon von der Sprachform her nur von wenigen Fachkollegen zur Kenntnis genommen werden konnten, die aber den Status der (alt-)deutschen Philologie als seriöser Universitätsdisziplin absicherten, welche sonst eher als gelehrte Liebhaberei angesehen wurde. Die Brüder Jacob und Wilhelm Grimm etwa brachten in ihrer Ausgabe des *Armen Heinrich* von Hartmann von Aue (1815) zwar nur den mhd. Text heraus, gaben jedoch über eine ausführliche Kommentierung Verständnishilfen für die zeitgenössischen Leser. Karl Lachmann und seine Schüler hingegen verzichteten bewusst auf jedes Entgegenkommen an die Laien: Lachmanns noch heute maßgebliche Ausgaben der Werke Walthers von der Vogelweide (1827) und Wolframs von Eschenbach (1833) haben umfangreiche Variantenapparate, doch keine Übersetzungen oder Kommentare. Gleiches gilt für die von Lachmanns Schüler Moriz Haupt mitverantwortete Sammlung der älteren Minnelyrik *Des Minnesangs Frühling* (1857), die in inzwischen 38. Auflage noch heute im Buchhandel erhältlich ist. Die vielen wissenschaftlichen Ausgaben, die im 19. Jh. in dieser Form entstanden, erschlossen zwar die mhd. Dichtung in großem Ausmaß, setzten aber sprachhistorische Kenntnisse voraus, die im Hochschulstudium und Deutschunterricht erst erworben werden mussten. Wörterbuchprojekte wie das (noch immer benutzbare) *Mittelhochdeutsche Wörterbuch* von Georg Friedrich Benecke, Wilhelm Müller und Friedrich Zarncke (1854–1866) boten die lexikographischen Voraussetzungen dafür. Während sich die rezeptive Beschäftigung mit der mittelalterlichen Dichtung immer mehr in Richtung Universitätsstudium entwickelte, also zu einer Spezialistenbeschäftigung wurde, rückte zunehmend der produktiv-kreative Umgang mit mittelalterlichen Stoffen und Motiven in das Interesse der Öffentlichkeit. Populäre Ritterromane (z. B. von Carl Gottlob Cramer, Friedrich de la Motte-Fouqué) prägten seit dem Ende des 18. Jh.s für Jahrzehnte das Bild des Ritterstandes. Kaum zu überschätzen ist der Einfluss eines so erfolgreichen Romans wie des *Ekkehard* von Joseph Viktor von Scheffel (1855) auf die Vorstellungen vom mittelalterlichen Dichter. Hieran als auch an Erzählungen wie *Hadlaub* von Gottfried Keller (1876) kann man anschaulich ablesen, wie im 19. Jh. „die Minnesänger zu ihrer Rolle kamen" (Thomas Cramer). Im politischen Kontext von Nationalstaatlichkeit und Reichsproblematik lässt sich Adalbert Stifters historischer Roman *Witiko* (1865–67) lesen, gleiches gilt für Wilhelm Raabes Novelle *Des Reiches Krone* (1870). Wurden mittelalterliche Werke den literarischen Neuschöpfungen zugrunde gelegt, dann waren es oft nicht die von den Philologen bereitgestellten Textausgaben, sondern bereits stark popularisierende Übersetzungen wie die von Karl Simrock.

Drama, Oper, Film

Die bedeutendsten Leistungen der kreativen Mittelalterrezeption hat das 19. Jh. in den dramatischen Künsten hervorgebracht. Zu nennen wären etwa *Merlin. Eine Mythe* (1832) von Karl Immermann und vor allem das dreiteilige „deutsche" Trauerspiel *Die Nibelungen* (1862) von Friedrich Hebbel, das die religiöse Problematik des Aufeinandertreffens von Heiden- und Christentum herausstellt, die im *Nibelungenlied* im Hintergrund verblieben war. Am bekanntesten sind die großen Musikdramen (RLW s. v. Oper), mit denen Richard Wagner weltweit das Mittelalterbild bis heute stark mitbestimmt, obwohl ihm selbst nichts ferner lag als der mittelalterlichen Dichtung gerecht werden zu wollen. Ein großer „Mittler des Mittelalters" (Peter Wapnewski) war er allenfalls wider Willen. Aus alten Erzählstoffen schuf Wagner neue Mythenspiele von höchster dramatischer und musikalischer Suggestionskraft. Von *Tannhäuser und der Sängerkrieg auf Wartburg* (1845) und *Lohengrin* (1848), über den vierteiligen *Ring des Nibelungen* (1854/74) und *Tristan und Isolde* (1859), bis hin zu *Die Meistersinger von Nürnberg* (1868) und zu dem „Bühnenweihfestspiel" von *Parsifal* (1882), liegt mit Wagners Opern gewiss das monumentalste Œuvre kreativer Mittelalterrezeption überhaupt vor. Es regte vielfach zur Nachahmung an, provozierte allerdings auch Parodien und Gegenentwürfe wie die Operette *Die lustigen Nibelungen* (1904) von Oscar Straus oder das Tristan-Drama *König Hahnrei* (1913) von Georg Kaiser. Besonders häufig wurde Hartmanns *Armer Heinrich* bearbeitet, so als Oper von Hans Pfitzner (1895), als Drama von Gerhart Hauptmann (1902), aber auch als Novelle von Ricarda Huch (1922). Noch im späten 20. Jh. kam *Die Legende vom armen Heinrich* (1997) durch Tankred Dorst neu auf die Bühne, der schon 1981 mit *Merlin oder das wüste Land* einen Theatererfolg verbuchen konnte. Auch Stücke wie Ernst Hardts *Tantris der Narr* (1907), Reinhold Schneiders *Die Tarnkappe* (1952) oder Christoph Heins *Die Ritter der Tafelrunde* (1989) zeugen vom anhaltenden Vertrauen in die dramatischen Qualitäten der mittelalterlichen Epen. Das gilt von Anfang an auch für das im 20. Jh. neu entstehende Genre des Spielfilms (RLW s. v. Film). Fritz Langs monumentaler Zweiteiler *Die Nibelungen* (1924) ist einer der eindrucksvollsten Stummfilme überhaupt. Bis heute sind Mittelalterfilme vor allem nach Artus-Stoffen oft internationale Kassenschlager – als Fantasy- oder Abenteuerfilme (z. B. *Excalibur*, 1981; *First Knight*, 1995) oder auch als Fälle von bitterböser Komik (z. B. *Monty Python and the Holy Grail*, 1974, dt.: *Die Ritter der Kokosnuss*). Diese spezielle Komik des Films wirkt inzwischen zurück auf Theater-Dramatisierungen wie John von Düffels Stück *Das Leben des Siegfried* (2009).

Komponisten und Liedermacher

Mittelalterliche deutsche Lyrik wurde im 19. Jh. durch Schule und Universität als nationales Bildungsgut hochgehalten. Zur Popularität trugen darüber hinaus die Vertonungen bei, mit denen bedeutende Komponisten die Gattung des Kunstlieds immer wieder neu erweiterten (RLW s. v. Kunstlied). So wurde etwa Walthers Lied *Under der linden* (L. 39,11) mit seinem charakteristischen *Tandaradei*-Refrain von Norbert Burgmüller, Louis Spohr, Edvard Grieg und Wilhelm Kienzle in der nhd. Fassung von Karl Simrock (*Die verschwiegene Nachtigall*) vertont; Engelbert Humperdinck, Ferruccio Busoni, Hans Pfitzner, Frank Martin und Jens-Peter Ostendorf blieben dann näher am mhd. Text. Seit den 70er Jahren des 20. Jh.s setzen Versuche ein, dieses und viele andere mhd. Lieder in einem ‚authentischen' Mittelaltersound zu präsentieren, der zugleich unterhaltsam sein soll. Es entstehen Mittelalter‚bands', durch die häufig auch das *Lindenlied* im populären Musikbereich als Teil der gegenwärtigen Jugendkultur präsent gehalten wird. Gleiches gilt für das parallele Phänomen der Liedermacher(bewegung). Während sich Wolf Biermann eher an französischen Traditionen des MAs orientierte (z. B. *Ballade auf den Dichter François Villon*), variierte Franz-Josef Degenhardt in *Unter der Linde oder Probleme der Emanzipation* Walthers Lied als Kritik an traditionellen Geschlechterverhältnissen, was im weiteren Sinne auch für Peter Maffay (*Tandaradei*), Konstantin Wecker (*Der Lindenbaum*) und Angelo Branduardi (*Sotto il tiglio, là nella landa*) gelten kann. Von den Lyrikern der Gegenwart greift Robert Schindel den berühmten Refrain in poetologischer Hinsicht auf (*Die Wörter im Futter*): *Wogegenhin die Wörter tandaradunst / Aufsetzen endlich ihr Gekunst ...*

Postmoderne Mittelalter-Romane

Die Erkenntnis des 20. Jh.s, dass auch die Moderne bereits historisch zu werden beginnt (RLW s.v. Postmoderne), äußert sich in historischen Romanen, die bevorzugt im Mittelalter spielen. Prägend war dabei der Weltbestseller *Il nome della rosa* (1980) des italienischen Semiotikers und Mediävisten Umberto Eco. Aus der deutschsprachigen Literatur sind hier die romanartigen Bücher von Dieter Kühn (z.B. *Ich Wolkenstein*, 1977), Adolf Muschg (*Der Rote Ritter. Eine Geschichte von Parzivâl*, 1993) und Alois Brandstetter (*Der geborene Gärtner*, 2005) zu erwähnen.

Rezeptionsforschung, Rezeptionsästhetik

Parallel zu der zunehmenden Rezeption mittelalterlicher Literatur entstand um 1980 ein reges wissenschaftliches Interesse an der medialen „Mittelalter-Rezeption" (RLW s.v. Rezeptionsforschung), das durch die literaturtheoretische Konzeption der Rezeptionsästhetik beflügelt wurde (RLW s.v. Rezeptionsästhetik). Da es die nachmittelalterlichen Jahrhunderte betrifft, sollten Neugermanisten sowie Medien-, Musik- und Kunstwissenschaftler daran beteiligt sein; in vielen Fällen ist dieser Wissenschaftszweig bis heute jedoch eine Domäne der Mediävisten.

2. Altgermanistik, Germanistische Mediävistik, Ältere deutsche Literaturwissenschaft

Mediävistik als Teilfach der Germanistik

Die frühe Germanistik als „Deutsche" oder „Germanische Philologie" war zunächst, wie gezeigt wurde, vorrangig mit mittelalterlichen Texten befasst, weshalb sich die Neuere deutsche Literaturwissenschaft (RLW s.v. Literaturwissenschaft) und später auch die Germanistische Linguistik als weitere Teilfächer der Gesamtgermanistik von der lange so genannten „Altgermanistik" abgrenzen mussten. Wir nennen dieses älteste Teilfach, das sich mit der deutschen Sprache und Literatur des Mittelalters befasst, heute in der Regel „Germanistische Mediävistik" (RLW s.v. Mediävistik). Das Attribut „germanistisch" betont den disziplinären Zusammenhang mit dem akademischen Fach und mit der Deutschlehrerausbildung, deren Bestandteil es bildet. Es grenzt es damit auch ab von anderen Fächern und Teilfächern, die sich in irgendeiner Weise mit dem Mittelalter befassen, also etwa von der anglistischen oder romanistischen Mediävistik, von der mittellateinischen Philologie, der mittelalterlichen Geschichte, der theologischen Scholastikforschung usw. Indem man alle diese Disziplinen als „Mediävistik" bezeichnet, hebt man zugleich einen interdisziplinären Zusammenhang hervor, der berücksichtigt, dass Mittelalterforschung nicht isoliert betrieben werden kann, sondern nur im Fächerverbund. Dadurch entsteht eine Art von doppelter Identität: Die Fachvertreter für germanistische Mediävistik an den Universitäten sind deshalb oft sowohl im Deutschen Germanistenverband (Gesellschaft für Hochschulgermanistik) als auch im (fächerübergreifenden) Mediävistenverband organisiert.

Mediävistik als Kultur- und Medienwissenschaft

Wenn man heute lieber von „Mediävistik" als von „Altgermanistik" spricht, dann ist damit ein Modernisierungsanspruch verbunden. Die Mediävistik als „neue Altgermanistik" (Jan-Dirk Müller) will nicht nur die bewährten philologischen Pfade des Erschließens und Bewahrens altdeutscher Textzeugnisse und ihrer Sprachformen weitergehen, für die seit Lachmann hohe Standards gelten. Sie bringt darüber hinaus ihre Gegenstände programmatisch in kulturwissenschaftliche Debatten der Gegenwart ein (RLW s.v. Kulturwissenschaft). Damit reflektiert sie nun theoretisch, was in vieler Hinsicht zuvor selbstverständliche Praxis war. Seit den gelehrten Bemühungen der Humanisten um die altdeutsche Literatur sind die Schriftzeugnisse des MAs stets im Kontext von Religions- und von allem auch von Rechtsgeschichte betrachtet worden. Wer sich mit den ahd. Zaubersprüchen und Heilsegen befasst, war schon immer gezwungen, sich in der Medizingeschichte um zu tun. Höfische Verhaltenslehren verlangen die Kenntnis der Geschichte der Erziehung und der Umgangsformen. Die Dichtung des MAs gewährt Einblicke in Einstellungen der Menschen zu Sexualität, Nahrungsverhalten, Arbeit und Spiel, Tod, Krankheit, Lust und Schmerz, Erfahrung von Zeit und Raum, Ritualisierungsformen der Aggressivität, Gesprächsstrategien oder politische Konfliktlösungsmodelle. Allein schon durch ihre Gegenstände ist die germanistische Mediävistik deshalb in hohem Maße offen für Fragestellungen von Mentalitätenforschung (RLW s.v. Mentalitätsgeschichte), Historischer Anthropologie (RLW s.v. Literarische Anthropologie), Sozialgeschichte (RLW s.v. Sozialgeschichte), Diskursgeschichte (RLW s.v. Diskurstheorie(n)) oder New Historicism (RLW s.v. New Historicism). Von diesen neueren Forschungsrichtungen bezieht sie theoretische Anregungen, kann aber manche von deren Aussagen durch genaue Textarbeit präzisieren oder gar korrigieren. Ähnliches gilt für das weite Feld aktueller Medienwissenschaften (RLW s.v. Medien), die wie die Mediävistik mit dem Zusammenspiel verschiedenster Zeichenordnungen konfrontiert sind. Dass für eine „Archäologie der Kommunikation" (Aleida und Jan Assmann) nicht nur die Schrift von Belang ist, sondern auch die Semantik z.B. der Gebärden, Räume, Kleider, Wappen, Düfte, Farben und Klänge, ist in der „Mittelalterlichen Bedeutungsforschung" (Friedrich Ohly) seit langem akzeptiert, die von der lateinischen Bibeldeutung ausgehend nach der spirituellen Signifikanz der „Dinge" in Schrift und Welt fragt. Weitgehend neu sind hingegen die Perspektiven, die entstehen, wenn die Mediävistik sich zunehmend als „interkulturelle" Wissenschaft begreift (RLW s.v. Interkulturalität). Für Germanistik-Studierende aus nicht-deutschen Ländern ist die deutsche Literatur des MAs gleichsam ‚doppelt fremd'; für deutschsprachige Leser repräsentiert das MA hingegen das „eigene Fremde" (Ingrid Kasten), das mit unserer Gegenwart weit mehr verbunden ist als etwa die Kulturen der Antike oder des Alten Orients. Dies zwingt dazu, das Eigene und das Fremde nicht einfach zu konfrontieren, sondern differenziert in Beziehung zueinander zu setzen – was dem Zugang zu außereuropäischen Kulturen ebenso zugute kommt wie dem zu Kultur und Literatur des MAs. Sollte es auch nach 1945 noch Reste einer national orientierten Betrachtung der altdeutschen Dichtung gegeben haben, dann sind sie damit endgültig vom Tisch.

Bei den kultur- und medienwissenschaftlichen Ansätzen besteht freilich immer die Gefahr, das Ästhetische bzw. den Kunstcharakter von Dichtun-

Mediävistik als Literatur- und Sprachwissenschaft

gen zu vernachlässigen und die methodologischen Probleme des eigenen Fachs zugunsten interdisziplinärer Fragestellungen in den Hindergrund zu drängen. Germanistische Mediävistik muss sich deshalb zunächst einmal als eine Literaturwissenschaft verstehen, die den literarischen Text weniger als „Quelle" für eine historische Fragestellung begreift, sondern als Gegenstand der Wissenschaft selbst. An einigen Universitäten firmiert die germanistische Mediävistik deshalb programmatisch als „Ältere deutsche Literaturwissenschaft". Das sollte allerdings nicht die Differenzen zur Neueren deutschen Literaturwissenschaft verdecken. Allein schon, weil sie es mit Texten aus den älteren Sprachstufen des Deutschen zu tun hat, verlangt sie eine spezielle sprachhistorische, also linguistische Kompetenz, die es verbietet, die germanistische Mediävistik ausschließlich der Literaturwissenschaft zuzuschlagen. Indem sie aus zwingenden Gründen an der Einheit von Sprach- und Literaturwissenschaft festhält, bildet sie ein wichtiges Bindeglied zwischen den oft auseinanderstrebenden germanistischen Teilfächern der Linguistik und der Neueren deutschen Literaturwissenschaft.

III. Kontexte

1. Mediale Bedingungen mittelalterlicher Literatur

Für heutige Lesende erscheint mittelalterliche Literatur in mancher Hinsicht als fremd; sie finden keinen einfachen und unmittelbaren Zugang zu ihr. Deshalb sind zunächst einige mediale Voraussetzungen zu klären.

Stimme – Gedächtnis – Schrift

Dichtung als Klang

Grundsätzlich gilt: Poesie will erklingen – sie ist ein sprachliches und damit zunächst ein akustisches Phänomen. Der Ausdruck „Literatur" (von lat. *littera* „Buchstabe") lässt leicht vergessen, dass es Dichtung lange vor der Erfindung der Schrift gab und dass sie damit nicht notwendig an ein visuelles Speichermedium gebunden ist. Bis zur Durchsetzung der allgemeinen Schulpflicht dürfte auch in Deutschland der Großteil der Bevölkerung Literatur eher durch das Ohr als durch das Auge rezipiert haben. Diese mündliche Vermittlung von Dichtung ist allerdings kein Defizit, das allein durch das Fehlen einer Schrift oder durch mangelnde Lesekompetenz begründet wäre (vgl. RLW s. v. Oralität). Für gebundene Sprache, aber auch für Prosa, bleibt die Frage, wie etwas klingt, auch weiterhin ein ganz entscheidendes Qualitätskriterium. Man muss kein Analphabet sein, um den Vortrag (die Aufführung, Performanz) von Literatur genießen zu können – sei es der Auftritt eines traditionellen Sängers (RLW s. v. Sänger), sei es die schriftgestützte Dichterlesung eines heutigen Schriftstellers auf einer Lesereise, die oft mehr zu seinem Lebensunterhalt beiträgt als die Honorare seiner gedruckten Bücher. Da Augen und Hirn in der Lage sind, schneller visuelle Signale aufzunehmen und zu verarbeiten als eine Sprechmuskulatur sich bewegen kann, fördert rein visuelles Lesen die Geschwindigkeit der Aufnahme von Literatur. Ein akustisches Wahrnehmen hingegen dient aus demselben Grund seiner Intensität: Man ist gezwungen, relativ langsam hinzuhören. Dazu kommt, dass meist mehrere Sinne daran beteiligt sind. Wer Literatur hört, der sieht auch in der Regel etwas: Er sieht den Vortragenden, seine Gestik und Mimik, die etwa Ironie signalisieren kann, oder er sieht einen schriftlichen Text vor sich. Denn zwischen dem lauten Vortragen oder Vorlesen auf der einen und dem stillen visuellen Lesen des Einzelnen auf der anderen Seite, gab und gibt es immer ein Drittes: das halblaute Vor-sich-hin-Lesen. Wer so liest, der schickt sich seine eigene Stimme ins Ohr; er schafft sich selbst eine kleine Performanz (mit allen Risiken wie Falschbetonung usw.). Wenn nicht alles täuscht, dann scheint dies die ursprüngliche Form der Einzellektüre zu sein. Jedenfalls hielt Augustinus es für höchst bemerkenswert, dass der hl. Ambrosius beim Lesen nicht einmal die Lippen bewegte. In mittelalterlichen Skriptorien und Bibliotheken haben wir uns somit immer eine gewisse Geräuschkulisse zu denken; Ivan Illich bezeichnete die Mönche deshalb prägnant als „fromme Murmler". Auch heute ist das halblaute Lesen in vielen Situationen empfehlenswert, beim Lernen von Vokabeln etwa, da die Schallwellen das Gedächtnis unterstützen, oder bei korrigierender Durchsicht eigener Texte, allein schon um sicher zu stellen, dass sie bei einem möglichen Vortrag nicht allzu holprig klingen. Geradezu zwingend ist das Umsetzen von Schrift in Mündlichkeit bei der Rezeption von Lyrik; wer Gedichte nur still liest, lässt sich viele sprachliche Feinheiten entgehen (ein Reim lässt sich nun einmal nicht sehen!), und er verzichtet auf die meisten sinnlichen Eindrücke, durchaus vergleichbar einem Menschen, der Musik nur durch das Lesen von Partituren rezipieren wollte. In beiden Fällen kann man bei entsprechender Übung sich zwar vorstellen, wie etwas klingen müsste, wenn man es hören würde; und Musiker bringen es mit dieser Fähigkeit oft sehr weit. Doch steigert tatsächliches akustisches Wahrnehmen von Literatur offenbar wie bei der Musik die ästhetische Genussmöglichkeit und das emotionale Beteiligtsein. Außerdem fördert es die Verbindlichkeit: Die Erzählungen der Evangelien werden in der christlichen Liturgie auch heute noch laut verkündet, obwohl jeder Gottesdienstbesucher vermutlich eine Bibel zuhause hat, in der er sie selbst nachschlagen könnte (vgl. RLW s. v. Perikope), und Gerichtsurteile, die man allen Prozessbeteiligten schriftlich zustellt, werden dennoch im Verfahren laut verlesen. Bei der akustischen Rezeption von Literatur meint man zudem, in besonderer Weise ihre Qualität beurteilen zu können, wie Dichterwettbewerbe zeigen, etwa die Singschulen der Meistersinger, bei denen anhand des mündlichen Vortrags entschieden wurde, nicht aufgrund von schriftlich eingereichten Texten. Zusammenfassend lässt sich sagen: Was Literatur vermag, das zeigt sich nicht allein im Medium der Schrift.

Improvisation und (fingierte) Mündlichkeit

Wo beim Vortrag von Dichtung ganz auf die Unterstützung durch Schrift verzichtet wird, da ist ein anderes Speichermedium gefragt: das Gedächtnis. Prinzipiell gibt es hier zwei Möglichkeiten, bei denen das Gedächtnis auf unterschiedliche Weise gefordert wird: der auswendig gelernte und der improvisierte Vortrag. Das wörtliche Erlernen langer ausformulierter Texte setzt ein intensives Gedächtnistraining voraus, und es verlangt Merkhilfen von den Texten selbst: Reim, Strophigkeit, Refrain usw. Auch die Struktur muss entsprechend sein; wie man etwa eine ganze Rede gut memorierbar aufbaut, konnte man in der Ars memorativa, der Gedächtniskunst, der Rhetorik lernen. Insgesamt war die Fähigkeit zum Auswendiglernen erheblich weiter entwickelt als heute, wo selbst der Deutschunterricht auf das „Aufsagen" von Gedichten inzwischen weitgehend verzichtet. Trotz der offenbar enormen Gedächtnisleistungen traditioneller Sänger stößt das wörtliche Auswendiglernen bei größeren Epen an seine Grenzen. Hier kam wohl in der Regel die Improvisationstechnik zum Zuge. Bei ihr merkt sich Vortragende nur die ‚rohe' Handlung, den Plot, um sie unmittelbar während des mündlichen Vortrags in eine sprachliche Form zu bringen, die beim nächsten Vortrag wieder anders lauten würde. Damit dies – selbst ein langsamer Vortrag und eine schnelle Formulierungsgabe vorausgesetzt – überhaupt möglich ist, muss dem Sänger ein fester Schatz an sprachlichem Wiedergebrauchsmaterial zur Verfügung stehen, das er während des Vortags nur neu zu kombinieren braucht, vergleichbar manchen ‚Rappern' von heute. Ein improvisierter Vortrag ist nicht anders als stark formelhaft zu denken (vgl. RLW s. v. Oral Poetry). Wenn bei schriftlich überlieferten Epen aus dem Mittelalter eine solche Formelhaftigkeit offensichtlich ist, dann sind manche

Forscher geneigt, dies als Relikt eines mündlichen Vortrags zu deuten: Die ursprüngliche Stimme des Sängers hätte sich auf diese Weise in die Schriftlichkeit hinüber gerettet. Die vielen Fassungen des *Nibelungenlieds* ließen sich damit erklären, dass jeweils unterschiedliche Vorträge verschriftlicht worden sind. Doch da ist Vorsicht geboten. Das Spiel mit der Erzählerfigur seit den höfischen Romanen um 1200 (etwa in Wolframs *Parzival*) zeigt deutlich, dass literarische Texte dazu tendieren, Elemente von Mündlichkeit im schriftlichen Kontext zu fingieren. Der Erzähler im Roman bzw. der Sänger im Lied und das jeweils angesprochene Publikum sind dann nicht weniger fiktiv als die handelnden oder sprechenden Figuren. Solche Werke gestalten Mündlichkeit, aber sie bilden sie nicht einfach ab. Das kann möglicherweise die Funktion haben, Lesern, die bei stiller Einzellektüre auf einen mündlichen Erzählvortrag verzichten müssen, den entgangenen Genuss ein wenig zu kompensieren: Sie haben dann wenigstens die Illusion, in einer gemütlichen Erzählrunde zu sitzen. Durch fingierte Mündlichkeit lassen sich aber auf jeden Fall deutliche Gattungssignale setzen. Ein bewusst anonym bleibender Erzähler, der seine Aufgabe als Wiedererzählen alter, bekannter Geschichten darstellt und sich dabei vieler Sprachformeln der Improvisationstechnik bedient, signalisiert die Gattung Heldenepik. Und ein literarischer Text, der als Lehrer-Schüler-Gespräch aufgebaut ist, also eine mündliche Lehr-Lern-Situation im Medium der Schrift simuliert, lässt von vornherein erkennen, dass es in ihm um die Vermittlung von Wissen geht. Eine tatsächliche oder fingierte mündliche Aufführung hat somit Konsequenzen für das literarische Werk selbst.

Dichtung und Literalität

Aber auch umgekehrt kann die Schriftform Folgen für einen Text haben. Mit der Verschriftung etwa einer Erzählung ist an sich schon eine Reduktion verbunden. Nicht alles, was beim mündlichen Erzählen geschieht, kann und soll schriftlich dokumentiert werden. Wir haben zum Beispiel kein Satzzeichen für Ironie (Anführungszeichen oder drei Punkte bieten nur einen schwachen Ersatz dafür), und wir müssen zu komplizierten Transkriptionsverfahren greifen, um eine mündliche Kommunikationssituation wenigstens teilweise notieren zu können. Allerdings vermag die Schrift weit längere Texte zu konservieren, als es ein Gedächtniskünstler je vermöchte: Mehrbändige Romane setzen Schriftlichkeit voraus. Wo hingegen das Gedächtnis nicht als Speicher herangezogen wird, da können mnemotechnische Elemente wie Vers- oder Strophengliederung auch fortfallen: Der Siegeszug der Prosa in der Epik seit dem ausgehenden Mittelalter hängt sicherlich auch hiermit zusammen. Dazu kommt: Literatur, die in Schriftform entsteht und in solcher rezipiert wird, kann speziell visuelle Verfahren nutzen, die mit der Stimme nur schlecht oder gar nicht vermittelt werden können. Das betrifft nicht nur Bilder in oder neben dem Text. Es ist auch die Präsentation des Textes, seine Anordnung in Spalten oder die Verwendung von farbiger Schrift: Unser Ausdruck Rubrik kommt ja von lat. *rubrum* „rot", da für Zwischenüberschriften in der Regel rote Tinte verwendet wurde. Aber auch Inhaltsverzeichnisse, alphabetische Register, Querverweise, Rand- und Interlinearglossen – also das, was Genette als „Paratexte" bezeichnet –, sowie Interpunktion, Anführungszeichen, Zeigehändchen, Verszählung der Bibel und später auch Seitenzahlen – dies alles lässt sich nicht vorlesen und kaum murmeln. Seit dem 12. Jh. entsteht somit – wie Ivan

Illich gezeigt hat – ein neuer Typ der Buchseite, der unserem heutigen visuellen Lesen, das ohne akustische Unterstützung geschieht, zunehmend entgegenkommt.

Schrift auf Tafeln

Tafeln aus Ton, Stein und Holz

Dass Schrift in Büchern zu lesen ist, war nicht immer selbstverständlich. Die ältesten erhaltenen Aufzeichnungen in Keilschrift aus Mesopotamien waren in Tafeln von weichem Ton geritzt, die ein beständiges Medium dann ergaben, wenn sie gebrannt wurden. Auch Tonscherben (Ostraka) wurden bis in die Antike zum Beschreiben durch Ritzen verwendet. In härtere Steinarten musste Schrift gehauen werden; als bekanntes Beispiel gelten die Gesetze des babylonischen Königs Hammurapi, die in eine zwei Meter große Stele (18. Jh. v. Chr.) eingraviert sind. Von den zwei Gesetzestafeln mit den Zehn Geboten des Alten Testaments, die Moses vom Berg Sinai mitbrachte, heißt es in der Bibel, sie seien aus Stein gewesen (Ex. 24,12 u.ö.), den Gott selbst mit seinem Finger beschrieben habe (Ex. 31,18; Dt. 9,10). Menschen hingegen müssen zu Hammer und Meißel greifen, wenn sie Inschriften in Stein anbringen wollen, wie es heute noch oftmals, z.B. bei den Grabmälern unserer Friedhöfe, geschieht. Tafeln aus Holz wurden vor allem beschriftet, indem man Farbe auf sie auftrug; sie dienten – teilweise mit Bildern versehen – in mittelalterlichen Kirchen und Schulen zur religiösen Unterweisung und zum Leseunterricht; dominiert das Bildhafte gegenüber der Schrift, spricht man von Tafelmalerei.

Wachstafel

Ein weniger aufwändiges Schreiben durch Ritzen geschah von der Antike über das Mittelalter bis weit in die Neuzeit hinein auf Wachstafeln (vgl. LexMA s.v. Wachstafel). Auf einer stabilen Unterlage (meist aus Holz, bei kostbarer Ausführung auch aus Elfenbein) wird in einer vertieften Fläche eine gefärbte Wachsschicht aufgetragen, in die mit einem spitzen Griffel aus Metall, Holz oder Knochen die Buchstaben als kleine Rillen gezogen werden. Die Griffel hatten am andern Ende eine breitere Fläche, mit der man das Wachs wieder glätten konnte, um es erneut zu beschreiben. Wenn auch durch den Abrieb immer etwas Wachs verloren ging, so dass dieses Verfahren nicht endlos wiederholt werden konnte, stand mit der Wachstafel doch ein häufig wieder beschreibbares Instrument zur Verfügung, das sich vor allem für Alltagsschriftlichkeit, für vorläufige Konzepte und die Aufnahme von Diktaten eignete. Der größte Teil der vormodernen Literatur wird zunächst auf Wachstafeln entstanden und notiert worden sein. Für längere Texte wurden dabei mehrere solche Tafeln zusammengebunden; geschah dies mit zwei Tafeln (als Diptychon), dann ließen sie sich zusammenklappen, und die Außenseiten schützten den im weichen Wachs gefährdeten Text. Auf solche Weise konnten Briefe relativ sicher verschickt werden. Auch ließ sich das Diptychon am Gürtel befestigen, um es jederzeit für Notizen parat zu haben. Mittelalterlichen Schülern wurde deshalb empfohlen: „Halte die Tafel stets an deiner Seite wie deine Freundin!" Bereits bei Platon ist die Wachstafel eine Metapher für das menschliche Gedächtnis, vor allem im Hinblick auf das Vergessen, bei dem alle Erinnerungs- wie Schriftspuren wieder getilgt werden; wir verwenden noch heute den lateinischen Ausdruck *tabula rasa* für einen ursprünglichen oder wieder hergestellten Zustand, der einen völligen Neubeginn ermöglicht. Beruht diese Metaphorik gerade darauf, dass auf einer geglätteten Wachstafel von früheren Einschreibungen nichts zurückbleibt, so nutzte Sigmund Freud eine technische Fortentwicklung, den sog. „Wunderblock", der sich freilich nur als Kinderspielzeug durchsetzen konnte, als konkurrierendes Modell für das Gedächtnis: So wie hier jeder Schreibvorgang untilgbare Drucklinien hinterlässt, kann das Gedächtnis nach Freud trotz jeweils neuer Aufnahmefähigkeit zur „Erhaltung von Dauerspuren" fähig sein.

Schiefertafel

Nicht zu verwechseln mit der Wachs- ist die Schiefertafel, von der eine Vorform seit dem späten Mittelalter als Notiz- und Rechentafel im Gebrauch war. Auch sie wurde wegen ihrer Wiederbeschreibbarkeit geschätzt. Anders als die heutigen Wandtafeln in den Schulen wurde sie nicht mit Kreide beschrieben, sondern mit einem Griffel geritzt, der in der Regel ebenfalls aus Schiefer war und wegen der gleichen Materialhärte feine Spuren hinterließ, die grau erschienen. Mit einem feuchten Schwamm ließen sich diese Spuren wieder beseitigen. Beinahe zwei Jahrhunderte lang (bis ca. 1960) haben Schulkinder auf der Schiefertafel das Schreiben erlernt. Ihre Verwendung blieb allerdings auf den Elementarunterricht beschränkt, als dessen Kennzeichen sie lange galt, während ihr mittelalterlicher Vorgänger im Unterricht, die Wachstafel, von Autoren ein ganzes Leben lang weiter benutzt worden war.

Frühe Buchformen – Rotulus, Kodex – und ihre Beschreibstoffe

Das Buch als Rolle (Rotulus)

Sobald ein Text auf einer Wachstafel (oder auf Einzelblättern) konzipiert, korrigiert und möglicherweise von Vorgesetzten genehmigt worden war, konnte er in einen nachhaltigeren Überlieferungsträger überführt werden: in ein Buch. Vor der Zeit des Buchdrucks boten sich dafür zwei ganz unterschiedliche Buchformen an: die Buchrolle (Rotulus) und der Kodex. Auch die Rolle ist ein Buch (gr. *biblíon*, lat. *liber* oder *volumen*), doch eines, bei dem Einzelblätter nicht gefaltet und gebunden oder geheftet, sondern aneinander geklebt oder genäht sind, wodurch sich eine Länge von bis zu 10 m ergeben kann (RLW u. LexMA s. v. Rotulus). Zumindest das Ende (bei längeren Rollen auch der Anfang) war an einem Stab befestigt, von dem bei der Lektüre immer ein Stück abgerollt wurde, das die quer angebrachte Schrift in Kolumnen sichtbar werden ließ. Nach der Lektüre wurde der ganze Streifen wieder zurückgerollt. Beide Hände waren für das Lesen notwendig, und der Leser sah immer nur eine Spalte Text vor sich. Die Rückseite konnte in der Regel nicht beschrieben werden. Zusammengerollte Rotuli bekamen, um sie im Regal liegend identifizieren zu können, kleine Etiketten angeheftet, die sog. *tituli*, die in dem Begriff Titel fortleben. Größere Werke mussten auf mehrere Rollen als *libri* aufgeteilt werden, was die Gliederungseinheit Buch (oberhalb von Kapitel) begründete. Obwohl der Rotulus seit dem frühen Mittelalter nur noch wenig benutzt wird, ist er auch sonst sprachlich präsent geblieben: Entwicklung und Evolution gehen auf ihn zurück, sowie – da Rotuli bis lange in die Neuzeit hinein im Theaterwesen benutzt wurden – die Rolle, die jemand auf der Bühne oder in der Gesellschaft spielt.

Das gebundene Buch (Kodex)

Eng mit der Ausbreitung des Christentums verbunden war der Erfolg des Kodex (lat. *codex*, pl. *codices*) genannten gebundenen Buches (RLW s. v. Codex), das unsere Vorstellung von Buch heute so sehr dominiert, dass eine unhistorisch arbeitende Medienwissenschaft dem Rotulus den Charakter als

Buch bestreitet; die gängige Definition von Buch als „größeres gebundenes Druckwerk" schließt sogar den handgeschriebenen Kodex aus (demnach hätte es im Mittelalter keine Bücher gegeben!), versagt aber auch bei neuen Medien wie Hörbuch oder e-book. Beim Kodex werden große Bögen gefaltet (Lagen) und dann an einer Seite mit stabilen Buchdeckeln oben und unten zusammen gebunden. An den drei übrigen Seiten aufgeschnitten, ergeben sich Blätter (lat. *folia*), die vorn (lat. *recto*) und hinten (lat. *verso*) beschrieben werden können. Vorbild für den Kodex war wohl das entsprechend gebundene Wachstafel‚buch' (Polyptychon). Kodizes können erheblich mehr Text fassen als Rotuli, weshalb sie für Bibelhandschriften so geschätzt waren. Und sie ermöglichen einen völlig anderen Umgang mit Literatur: Während Rotuli zu fortlaufender und damit zu vollständiger Lektüre zwingen, kann man in einem Kodex blättern; man kann ihn nicht nur lesen, sondern auch benutzen. Literarische Gattungen wie Nachschlagewerke, ob mit systematischen oder mit alphabetischem Ordnungsprinzip, erhalten erst im Kodex eine wirkliche Funktion. Freilich verleitet diese ‚moderne' Buchform, die im Grunde bis heute vorherrscht, zu selektiver und damit zu oberflächlicher Lektüre, sowie dazu, während des Lesens schon mal weiter zu blättern (etwa um bei Kriminalromanen vorzeitig zu erfahren, wer der Mörder ist…). Bei der Buchrolle bestehen diese Gefahren nicht.

Beschreibstoff I: Papyrus

Beschreibstoffe sind Materialien und damit im strengen Sinne keine Medien, doch haben sie oft eine erhebliche mediale Relevanz (RLW s. v. Beschreibstoffe). Im Großen und Ganzen lässt sich eine Tendenz in der Verwendung von Papyrus über das Pergament zum Papier beobachten. Allen drei Beschreibstoffen ist eigen, dass die Schrift als Farbstoff (Tinte) auf sie aufgetragen wird, nicht geritzt; als Schreibgerät dient deshalb kein Griffel, sondern (neben Pinsel und Schreibrohr) vor allem die (Vogel-)Feder (vgl. LexMA s. v. Schreibgeräte). Die ältesten erhaltenen Rollen bestehen aus Papyrus, dem üblichen Beschreibstoff der Antike, der bis ins Frühmittelalter hinein benutzt wurde (LexMA s. v. Papyrus). Er wurde meist in Ägypten aus der gleichnamigen Pflanze hergestellt, die immer wieder nachwuchs und damit ein relativ preiswertes, wenn auch höchst empfindliches Material ermöglichte: Von den vielen Papyrusrollen (und später auch -kodizes) der Alten Welt haben sich beinahe nur Fragmente erhalten.

Beschreibstoff II: Pergament

Viel geeigneter für den Kodex, da erheblich stabiler und beidseitig beschreibbar, ist Pergament, das aus der Haut verschiedener Tiere, besonders von Schafen, gewonnen wird, indem man sie enthaart und glatt schabt, auf einem Rahmen trocknet, in Kalklauge beizt, aber nicht (wie Leder) gerbt (LexMA s. v. Pergament). Auf Pergament lässt sich nicht nur hervorragend schreiben, sondern auch malen, was zu einer Blüte der Buchmalerei führte. Das zum Kodex verarbeitete Pergament wurde damit zum typischen Beschreibstoff des Mittelalters. Aufgrund der umständlichen Herstellung war (und ist) Pergament allerdings sehr teuer. Für einen umfangreichen Kodex muss eine ganze Schafsherde ihr Leben lassen. Das hat Konsequenzen für die Literatur. Wenn man davon ausgeht, dass der Pergamentkodex vom 4. bis ins 13. Jh. als das Hauptmedium der Literaturgeschichte gelten kann, dann bedeutet dies, dass Literaturproduktion nur im Kontext reicher Institutionen (Kirche, Fürstenhof, Stadt) denkbar ist. Wo einzelne Autoren in dieser Zeit mit ihren Werken hervortreten, da wird es sich deshalb höchstwahrscheinlich um Auftragsliteratur eben dieser Institutionen handeln. Für individuelle, subjektive Herzensergüsse der Dichter war solchen ‚Sponsoren' das Pergament gewiss zu teuer. Sie verlangten anderes von den Autoren, zum Beispiel eine literarische Legitimation ihrer Herrschaft. Allerdings hat man häufiger versucht, die hohen Kosten des Beschreibstoffs zu reduzieren, indem man ihn mehrfach benutzte. Das Pergament wurde mit einem Bimsstein abgeschabt und neu beschriftet. Dieses Verfahren nennt man Palimpsestieren. Viele Werke sind dadurch verloren gegangen. Da das Abschaben nicht immer ganz vollständig geschehen war, kann man allerdings heute oft noch Teile der früheren Schrift rekonstruieren, die sich über (nicht unter) der aktuellen Schrift befunden hatte. In der gegenwärtigen Literaturwissenschaft wird „Palimpsest" gern als Metapher benutzt für die Beziehung literarischen Schreibens zu vorgängigen Texten.

Beschreibstoff III: Papier

Eine radikale Innovation stellt die Einführung des Beschreibstoffs Papier in Europa dar, das in China wohl bereits vor Christi Geburt bekannt war (LexMA s.v. Papier). Seit dem 13. Jh. verbreiten sich in Europa die Papiermühlen, und um 1400 sind bereits die meisten Handschriften aus Papier. Das Papier, häufig aus Lumpen hergestellt, verbindet eine relative Stabilität mit äußerst günstigen Herstellungskosten. Obwohl es sich beim Wechsel vom Pergament zum Papier im strengen Sinne nicht um einen Medienumbruch handelt, sind die medialen Folgen kaum zu unterschätzen und bisher nicht genügend erforscht. Literatur musste nun nicht mehr notwendig Auftragsliteratur sein, ‚private' und individuelle Textformen wie Briefe, Tagebücher und Autobiographien hatten nun auch eine materielle Basis. Zudem nahm die Alphabetisierung der Bevölkerung enorm zu: Es lohnte sich, Schreiben zu lernen, weil man sich Schreibmaterial leisten konnte. Die viel beschworene „Literaturexplosion" (Hugo Kuhn) des Spätmittelalters hat vor allem hierin ihren Grund, nicht erst in Gutenbergs Buchdruck mit beweglichen Lettern, der den Papierkodex als Medium übernimmt und technisch reproduzierbar macht.

Buchdruck

Von der Handschrift zum Druck

Dieser Wechsel von der Handschrift zum Druck gilt, wie wir sahen, als einer der großen Wendepunkte zwischen Mittelalter und Neuzeit (LexMA s.v. Buchdruck). Er war allerdings lange vorbereitet durch die gerade erwähnte mediale Form des Papierkodex sowie durch das Experimentieren mit verschiedenen Druckverfahren, vor allem mit der Xylographie (Holztafeltechnik), bei der die ganze Seite vollständig aus einem Holzblock geschnitzt wurde (RLW s.v. Blockbuch). Gutenbergs berühmte Innovation, die ihm seit ca. 1450 zur Verfügung stand, ist die Typographie, d.h. das Verwenden von Druckformen mit einzelnen aus Blei gegossenen Lettern (Typen), die bei Fehlern ausgetauscht und nach dem Druckvorgang für einen neuen Satz wieder verwendet werden können. Dieses gutenbergsche Verfahren hat die Herstellung von Büchern stark verbilligt und damit enorm ausgeweitet. Freilich hat es keine ungeteilte Zustimmung der Zeitgenossen gefunden, und im Vergleich zur handschriftlichen Buchkunst des Mittelalters stellt die gedruckte Seite oft in der Tat einen ästhetischen Rückschritt dar. Die frühen typographisch gedruckten Bücher, die wir (bis 1500) Inkunabeln oder Wiegendrucke nennen (RLW s.v. Inkunabel), sind deshalb noch recht lange an den Handschriften orientiert; Ligaturen und Abkürzungen etwa, die im Druck kaum eine Funktion haben und nur die Anzahl der benötigten Typen vergrößern, werden weiterhin eingesetzt, um eine handgeschriebene Seite zu simulieren: Der Druck sollte so aussehen „wie geschrieben“. Auch nachdem die neue Technik sich Anerkennung verschafft und zu eigenständigen Formen wie Titelblatt und Holzschnittillustration geführt hatte, scheint der Buchdruck das Leseverhalten der Rezipienten nicht grundsätzlich verändert zu haben. Mediengeschichtliche Versuche (z. B. von Hans Ulrich Gumbrecht), an der Gutenbergschen Erfindung eine radikale Veränderung, wenn nicht gar den Beginn von Literatur im eigentlichen Sinne festmachen zu wollen (mit den Konsequenzen der Ablösung von Körper und Stimme, Fiktionalität usw.), sind deshalb eher skeptisch zu betrachten. Was das gedruckte Buch jedoch von vornherein vom Manuskript unterscheidet, ist die erwähnte Reproduzierbarkeit: Während kein handschriftlich vervielfältigtes Buch exakt so sein kann wie ein zweites, ermöglicht der Buchdruck erstmals die Herstellung (nahezu) identischer Exemplare. Erst hiernach hat es Sinn, von einer Auflage zu sprechen und sie pauschal nach Erscheinungsort und -jahr zu zitieren, wogegen Handschriften immer als Einzelstücke behandelt werden müssen, deren jeweiliger Standort (Bibliothek, Archiv, Museum) und deren Signatur (Inventarisierungsnummer) anzugeben sind.

Schrift und Bild

Handschriftenillumination

Während die Schriftsysteme im Laufe der Geschichte eine deutliche Tendenz zur Abstraktion aufweisen, ist auch eine gegenläufige Richtung der Visualisierung bemerkbar, die gewiss dazu beiträgt, den Verlust an Bildhaftigkeit durch Buchstabenschrift auszugleichen. Mittelalterliche Manuskriptkultur ist jedenfalls durch eine künstlerisch hoch entwickelte Buchmalerei gekennzeichnet (RLW u. LexMA s. v. Buchmalerei), die im Buchdruck lange Zeit nicht reproduzierbar war. Allein schon die Existenz der oft prächtigen *Codices picturati* wirft grundsätzliche mediale Fragen auf. Zunächst: Wie hat man sie rezipiert? Illuminierte Bücher sind mehr und anderes als nur eine Vorlage für einen mündlichen Vortrag. Man kann zwar bei einem Vortrag ein bebildertes Buch herumgehen lassen, doch wenn zugleich aus demselben Buch vorgelesen werden soll, dann würde das – trotz anderem Zeitverständnis des Mittelalters – die Geduld der Hörenden in unerträglicher Weise strapazieren. Es scheint also, dass die vielen illustrierten Handschriften eher ein Indiz für Einzellektüre sind als für einen Vortrag vor einem größerem Publikum. Zwar ließe sich einwenden, dass nicht alle Kunstelemente sich an menschliche Rezipienten richten müssen; so manche Steinplastik in gotischen Kathedralen war so angebracht, dass sie von Menschen gar nicht wahrgenommen werden konnte; erst durch das Medium der Fotografie haben wir heute in Bildbänden die Möglichkeit, sie zu betrachten. Gleiches ließe sich für die Literatur denken, wenn Visualisierungen in Handschriften oder komplizierte zahlenbezogene Bauformen der Werke nicht mit vorgetragen wurden; sie hätten dann Gott als wichtigsten Adressaten, was bei geistlichen Dichtungen durchaus denkbar, bei weltlichen Epen jedoch eher unwahrscheinlich ist. Auch aus diesem Grund müssen wir von einer „twofold reception“ (Dennis Green) ausgehen, von einer doppelten

Rezeptionsmöglichkeit, mit je eigenen Vor- und Nachteilen: Der mündlichen Performanz entgeht die visuelle Wahrnehmung der Buchkunst, das individuelle Lesen kann zugleich ein intensives Betrachten der Handschriftenilluminationen sein, muss aber auf die akustischen Eindrücke des Vortrags sowie auf den visuellen Eindruck des Vortragenden verzichten.

Text-Bild-Beziehungen

Weiterhin stellen sich die Fragen: Was hat man illustriert und wozu? (RLW s. v. Illustration) Angesichts der großen Vielfalt der Überlieferung kann dies nur beispielhaft behandelt werden. Wenn man sich etwa die vielen Bilderhandschriften des *Welschen Gastes* von Thomasin von Zirklaere, einer höfischen Verhaltenslehre, anschaut, dann fällt auf, dass nicht so sehr diejenigen Textpassagen bebildert werden, bei denen dies – aufgrund besonderer Anschaulichkeit oder bekannter Bildtraditionen – leicht und gut möglich ist, sondern diejenigen, die sich dagegen eher sperren. Dies zeugt von einem wohl konzipierten Text-Bild-Zusammenhang: Die Miniaturen sind dabei kein bloßer Schmuck der Handschrift, und sie übersetzen den vorgegebenen Text nicht einfach in ein anderes Medium; sie ergänzen ihn vielmehr an solchen Stellen, an denen ein Bild mehr vermag als Worte. Nur wo ein inneres (intramentales) Bild im Leser nicht allein schon aufgrund der Lektüre entsteht, tritt ein äußeres (extramentales) Bild an die Seite des Textes. Selbstverständlich gibt es auch andere Funktionen von Miniaturen, vor allem die mnemonischen und die meditativen. Doch mit Ausnahme der rein ornamentalen Illustrationen scheint für die mittelalterliche Buchmalerei zu gelten: Das Bild neben der Schrift ist legitimiert, wenn es eine eigenständige kognitive Funktion hat. In allen andern Fällen wäre eine erneute bildliche Präsentation derselben Aussage überflüssig und damit sogar schädlich, da sie den Text nicht unterstützt, sondern von ihm ablenkt. Für die exzessiven Visualisierungstendenzen der Gegenwart können diese Beobachtungen an mittelalterlichen Bilderhandschriften ein nützliches Korrektiv sein.

Schrift als Bild

Das Mittelalter ist jedoch nicht nur berühmt für die Bilder neben der Schrift. Das, was uns an mittelalterlichen Manuskripten immer wieder fasziniert, ist die Schrift als Bild. Da sind erstens die Initialen zu nennen: Anfangsbuchstaben enthalten Bilder oder Ornamente oder bestehen aus solchen. Sie sind dann Bild und Buchstabe zugleich (LexMA s. v. Initiale). Die zweite Form von Schrift als Bild sind die sog. Figurengedichte, die *Carmina figurata*. Nicht einzelne Buchstaben sind oder enthalten Bilder wie bei den Initialen, sondern ein ganzer Text, etwa ein Gedicht, ergibt in seiner Anordnung zugleich ein Bild (RLW s. v. Figurengedicht). Zu den prächtigsten Beispielen visueller Poesie zählt der Zyklus *De laudibus sanctae crucis* (um 810) des Hrabanus Maurus, der bis in das Druckzeitalter hinein Gattungsmaßstäbe gesetzt hat.

Buchstabenspiele

Erwähnt werden soll noch ein Bereich, in dem zwar Schrift nicht zum Bild wird, wo aber dennoch das Sehen notwendig ist, um es überhaupt zu erkennen: die Mehrfachverwendung von Buchstaben in unterschiedlichen Wort- und Textzusammenhängen, besonders bei den Akrosticha. Ein Akrostichon haben wir bei einem Text, bei dem die Anfangsbuchstaben oder -wörter der Verse, Strophen oder auch Prosakapitel jeweils wieder ein Wort ergeben, manchmal auch einen längeren Text. Ähnliches ist mit den Endbuchstaben möglich (Telestichon), oder auch eine Kombination von beiden (Akroteleuton). Solche Buchstabenspiele (vgl. RLW s. v. Kryptogramm) finden sich bei Otfrid von Weißenburg, Gottfried von Straßburg und vielen andern Dichtern des Mittelalters, sie können einen Namen enthalten (etwa den des Mäzens) oder auch eine mehr oder weniger verborgene Botschaft. Oft wird die Leseanweisung gleich mit geliefert. Albert von Augsburg etwa, der sich in seiner *Legende vom hl. Ulrich* gattungsspezifisch nicht mit Namen nennt, verrät dem Leser dennoch, wie er den Autorennamen herausbekommen kann: *Swer wizzen welle sînen namen, / der sol setzen zesamen / an dem ersten blate die buochstaben, / die die roten varwe haben.* Und die ergeben zusammen natürlich den Namen *Albertus.* In einem mündlichen Vortrag kommt so etwas ebenso wenig zur Geltung wie die Illuminationen der Handschriften.

Zugänge zu den mittelalterlichen Handschriften

Handschriften in der eigenen Hand (Autopsie)

Diese besprochenen Medienbedingungen müssen bei der Beschäftigung mit mittelalterlicher Literatur berücksichtigt werden. Ein Figurengedicht würde in seinem bimedialen Kunstcharakter ruiniert, wollte man es wie in einer normalen Gedichtsammlung linksbündig abdrucken. Und bei einem Werk wie dem *Welschen Gast* geht der ausgeklügelte Text-Bild-Zusammenhang verloren, wenn Editionen sich allein auf den Text konzentrieren und von den Bildern allenfalls ein paar Beispiele im Anhang bringen. Wenn uns schon der ganze Bereich der mündlichen Performanz verloren ist, dann sollten uns wenigstens die schriftlich überlieferten Quellen in einer möglichst authentischen Weise zugänglich sein. Die beste Möglichkeit besteht gewiss darin, sich gleichsam in mittelalterliche Buchbenutzer zurück zu versetzen und die originalen Handschriften selbst in die Hand und in Augenschein zu nehmen (Autopsie). Das ist freilich nicht ganz leicht, da die Handschriften- und Inkunabelabteilungen der Bibliotheken den Zugang zu ihren kostbaren Schätzen einschränken. Wichtige Handschriften befinden sich zudem in Privatbesitz und sind damit oft ganz unzugänglich. Deshalb sind Ersatzformen wichtig, die vom aktuellen Stand der technologischen Entwicklung abhängig sind (RLW s. v. Reproduktionsverfahren).

Faksimile

Am nächsten kommt den Handschriften ein Faksimile (lat. *fac simile* „mache ähnlich"), bei dem versucht wird, die individuelle Vorlage in allen Eigenheiten (also auch Einband, Gebrauchsspuren, Löcher und Verschmutzung) nachzubilden. Das gelingt oft täuschend echt, ist aber mit großen Material- und Arbeitskosten verbunden, weshalb Faksimiles nur in kleinen Auflagen erscheinen, oft zu teuer für eine Eigenanschaffung sind und in Bibliotheken (wie die Handschriften selbst) nur im Lesesaal benutzt werden dürfen.

Mikrofilm und Mikrofiche

Einfacher in der Herstellung und deshalb preiswerter ist die analoge Reproduktion in stark verkleinernder Wiedergabe auf Filmmaterial in Roll- (Mikrofilm) oder in Kartenform (Mikrofiche). Diese Art des Verfilmens dient vor allem der Archivierung von wichtigen Dokumenten, kann aber auch mittelalterliche Handschriften in guter Qualität außerhalb ihrer Standorte zugänglich machen. Zu nennen ist vor allem die Reihe *Codices illuminati medii aevi* der Edition Lengenfelder, die sich auf ‚Bücher' aus Farbmikrofiches spezialisiert hat. Da die kleinen Fotos nicht mit bloßem Auge zu erkennen sind, benötigt man Lese- und Ausdruckgeräte (Readerprinter), die in der Regel nur in größeren Bibliotheken vorhanden sind.

Digitalisierung

Da inzwischen fast alle Haushalte (mindestens) einen PC besitzen, steht ein Lesegerät beinahe immer schon auch zuhause zur Verfügung, wenn Handschriften digitalisiert vorliegen. Nach anfänglichem Zögern vieler Besitzer entschließen sich zunehmend Bibliotheken und Archive, ihre Bestände vollständig und frei zugänglich ins Netz zu stellen. Durch spezielle Internetportale wie www.manuscripta-mediaevalia.de findet man leicht zu den oft in hervorragender Qualität reproduzierten Handschriften und zu den Beschreibungen in den oft ebenfalls digitalisierten Handschriftenkatalogen. So entsteht zurzeit eine virtuelle Weltbibliothek, die einzelne Manuskripte, die oft über Jahrhunderte kaum zugänglich waren, ebenso global verfügbar macht wie die in hohen Auflagen gedruckten Bücher (die inzwischen auf Seiten wie *GoogleBuchsuche* gelesen und durchsucht werden können; wie auch immer man das urheberrechtlich bewerten mag). Offensichtlich hebt das Internet damit einen grundlegenden Unterschied zwischen (der unikalen) Handschrift und (dem vervielfältigenden) Druck wieder auf: Beide sind nun auf dieselbe Weise im Netz zugänglich.

Die Kenntnis der alten Schriften: Paläographie

Ein anderer Unterschied bleibt freilich bestehen: Ob eine mittelalterliche Handschrift im Original oder ersatzweise mit Hilfe eines technischen Reproduktionsverfahrens eingesehen wird – in jedem Falle stößt selbst der geübte Betrachter von heute schnell an die Grenzen ihrer Lesbarkeit. Das gilt mit kleineren Einschränkungen auch für Frühdrucke, da sie, wie gesagt, oft Handschriften nachahmen. Wer sich in einen mittelalterlichen Leser versetzen will, muss jedenfalls die verschiedenen Schriftarten kennen lernen, die benutzt werden, sich aber auch vertraut machen mit den Eigenheiten von Schreibern und ihren Schulen (vgl. RLW s. v. Schreiber). Die Disziplin, die dieses Wissen von den alten Schriften vermittelt, heißt Paläographie (RLW s. v. Paläographie).

Das Lesbarmachen der Handschriften: Editionen

„Alte" und „neue" Philologie

Allein schon, weil die Kenntnis der Paläographie nicht allgemein vorausgesetzt werden kann, müssen die Texte aus mittelalterlichen Handschriften (und weitgehend auch der Frühdrucke) trotz aller neuen Reproduktionstechniken weiterhin in gut lesbare Editionen überführt werden, wenn sie von einem größeren Publikum rezipiert werden sollen (RLW s. v. Edition). Dabei ist es weniger wichtig, ob die Editionen gedruckt oder ob sie digital verbreitet werden, wenngleich die Printform hierbei wohl weiterhin der Standard bleiben wird. Entscheidender ist, welche Vorgehensweise beim Edieren man wählt, denn in der Mediävistik stellen sich spezifische Probleme der Textkritik. Wenn man, wie am Beginn dieses Buches besprochen, die Gutenbergsche Erfindung als ein Kriterium für den Beginn der Neuzeit ansetzt, dann heißt das: Mittelalterliche Literatur ist grundsätzlich nur handschriftlich überliefert. Der Editor hat also in diesem Fall keinen Erstdruck und keine „Ausgabe letzter Hand" zur Verfügung, an denen er sich orientieren könnte. Und dass eine Handschrift vom Autor selber stammt (also ein Autograph ist), dürfte die seltene Ausnahme sein. In den meisten Fällen wurden die Manuskripte von Schreibern angefertigt, die in zeitlicher, räumlicher oder in beiderlei Hinsicht vom Autor entfernt waren. Wurden die Texte zeitlich später abgeschrieben, dann hat man sie der sprachhistorischen Entwicklung gemäß modernisiert, bei räumlicher Entfernung wurden sie den dortigen Sprech- und Schreibgewohnheiten angepasst. Dazu kommen oft Kürzungen oder Ausweitungen, Einschübe oder Streichungen aktueller Bezüge, Umstellungen oder auch Neudichtungen ganzer Passagen. Auch kann mit einer Einrichtung des Textes für den mündlichen Vortrag gerechnet werden. Zudem sind viele Handschriften nur fragmentarisch erhalten. So steht der Mediävist oft vor einer Vielzahl von Varianten, die manchmal so stark von einander abweichen, dass man sich fragen muss, ob es sich überhaupt noch um „Fassungen" eines einzigen „Werkes" handelt oder um mehr oder weniger selbstständige Texteinheiten, die eher locker miteinander verbunden sind. Wie geht man da vor? Die mediävistische Textkritik erstellt zunächst ein Bestandsverzeichnis aller Handschriften und versucht sodann, Abhängigkeitsverhältnisse zwischen diesen zu ermitteln: Wer hat von wem abgeschrieben, wer hat was bearbeitet? Im Idealfall entsteht so eine Art von Ahnentafel (ein Stemma), die einen Überblick über die handschriftliche Überlieferung erlaubt. Wenn sich dabei, was im Mittelalter die Regel ist, kein Original ermitteln lässt, dann hat diese Ahnentafel keinen ‚Urahn', also keine Fassung, die man der Edition als Ausgangspunkt zugrunde legen könnte. Was macht man in einem solchen Fall? In der Mediävistik, der dieses Problem von Anfang an bewusst war, gibt es prinzipiell drei Lösungswege, die allesamt ihre Vor- aber auch ihre Nachteile haben.

– In der älteren Forschung dominierte eine Editionsmethode, die weitgehend mit dem Namen Karl Lachmanns (1793–1851) verbunden ist. Am Autor und am Werk orientiert, versucht man hier ein Original, wenn es auch nicht zu finden ist, so doch wenigstens zu rekonstruieren. In sorgfältiger Beschäftigung mit der gesamten Überlieferung wird Schritt für Schritt alles ausgeschieden, was nach Schreiberfehler oder Bearbeiterzutat aussieht, um am Ende einen Wortlaut zu erhalten, von dem man hofft, dass er dem des Autors immerhin nahe kommt (der sog. Archetyp). Da hier Elemente aus verschiedenen Handschriften einfließen und Normalisierungen aus heutigem grammatikalischem Wissen heraus vorgenommen werden, entsteht ein künstlicher Text, den es in dieser Form im Mittelalter nicht gegeben hat: Ein Archetyp erreicht nie völlig das Original. So ist verständlich, dass die Lachmann-Methode in Verruf geraten ist, doch nicht immer ganz zu recht. Auch wenn man diese Ausgaben selbstverständlich nicht für sprachhistorische Untersuchungen verwenden kann, so bieten sie doch einen Wortlaut, der inhaltlich kohärent und sprachlich einheitlich ist, der sich – kurz gesagt – hervorragend lesen lässt. Als Einstiegslektüre in Schule und Universität sind diese Editionen deshalb sehr zu empfehlen. Nur muss man acht geben, dass man nicht dieselben interpretatorischen Annahmen, die zur Herstellung dieser Textfassungen geführt haben, dann als interpretatorische ‚Erkenntnis' wieder aus ihnen entnehmen will; denn das wäre zirkulär.

– Aus der Unzufriedenheit mit dem Konstruktcharakter der Editionen der Lachmannschule heraus hat sich eine zweite Editionsmethode etabliert. Sie orientiert sich nicht an einem (fiktiven) Archetypus, sie legt der Edition vielmehr eine der tatsächlich überlieferten Handschriften zugrunde: die sog. Leithandschrift. Das geht von der Überlegung aus: Wenn man schon nicht das Original des mittelalterlichen Autors haben kann, dann präsentiert man doch wenigstens einen ‚original' mittelalterlichen Text! Eingriffe und Korrekturen aus der übrigen handschriftlichen Überlieferung dürfen dann nur sehr vorsichtig (und graphisch gekennzeichnet) angebracht werden. Auch dieses Verfahren ist nicht unproblematisch, da es einen Überlieferungsträger gegenüber allen anderen radikal privilegiert. Immerhin sind nach dem Leithandschrift-Prinzip so bedeutende Buchreihen wie *Deutsche Texte des Mittelalters* entstanden, auf die kein Mediävist mehr verzichten kann.

– Beide Methoden, die gerade vorgestellt wurden, setzen sich über die zu Anfang erwähnten Skrupel, ob es sich angesichts der vielen differierenden Varianten überhaupt um „Werke" handelt, elegant hinweg. Das tut die dritte hier anzuführende Editionsmethode bewusst nicht. Sie verzichtet – postmoderne Literaturtheorien weiterführend und auf die Mediävistik anwendend – letztlich auf den Begriff eines einheitlichen Werkes und stellt den Text eines jeden mittelalterlichen Überlieferungsträgers gleichberechtigt nebeneinander. Wenn aber jeder Text philologisch gleichwertig ist, dann ist er auch gleichermaßen wert, herausgegeben zu werden. Dieses Programm, über das in den 1990er Jahren unter dem Stichwort „New Philology" heftig gestritten wurde, wäre in früheren Zeiten, in denen die Editionswissenschaft allein auf den Buchdruck angewiesen war, gar nicht realisierbar gewesen: Allein der Versuch, alle Fassungen des *Nibelungenliedes* zu edieren, hätte jeden Buchrahmen gesprengt. Im Zeitalter der Digitalisierung sieht das inzwischen etwas anders aus: Auf eine oder mehrere DVD-ROMs würden sie schon passen. Realisierbar ist das Konzept vielleicht geworden; aber ist es auch sinnvoll? Es ist gewiss ein riesiges Arbeitsbeschaffungsprogramm, doch wird die Anzahl der Benutzer wohl nicht viel größer sein als die der Editoren. Wissenschaftlich reizvoll ist das vor allem für Spezialisten, denen aber ein großer Teil der Handschriften im Internet digitalisiert zugänglich ist. Für den Deutschunterricht und für das Literaturstudium hingegen birgt dies eher die Gefahr, dass wegen der zunehmenden Unübersichtlichkeit einer Vielzahl von Fassungen und Ausgaben die Beschäftigung mit mittelalterlicher Literatur bald ganz aus den Curricula verschwindet. Und interessierte Laien wollen ohnehin weiterhin ‚das' *Nibelungenlied* lesen, auch wenn es dies in solcher Abstraktion nach heutigem Wissensstand nie gegeben hat. Deshalb muss man dort, wo ein größeres Publikum für mittelalterliche Literatur gewonnen werden soll, weiterhin – trotz aller Bedenken – auf Editionen der ‚alten' Philologie zurückgreifen.

Übersetzungen ins Neuhochdeutsche

Einsprachige vs. zweisprachige Ausgaben

Für Leser, die nicht bereits mediävistische Spezialisten sind, ist es freilich nicht nur notwendig, gut lesbare Editionen zur Verfügung zu haben. Obwohl es sich bei den älteren Sprachstufen des Deutschen nicht um Fremdsprachen handelt, kommt eine populäre Ausgabe einer mittelalterlichen Dichtung um eine Übersetzung ins Neuhochdeutsche nicht herum. Da in vielen neuen Studiengängen der Germanistik Mittelhochdeutschkurse nicht mehr obligatorisch sind (und es in Fächern wie Vergleichende Literaturwissenschaft vermutlich nie waren), wird man auch im Studium vorzugsweise zu zweisprachigen Ausgaben greifen. Bei althochdeutschen oder altsächsischen Texten sind Übersetzungen selbst für Fachleute eine willkommene Hilfe. Während die *Altdeutsche Textbibliothek* (Niemeyer Verlag) und die erwähnten *Deutschen Texte des Mittelalters* (Akademie Verlag) ganz auf Übersetzungen verzichten, bieten der Reclam Verlag in seiner *Universal-Bi-*

bliothek und die *Bibliothek des Mittelalters* des Deutschen Klassiker Verlags viele hervorragend edierte Ausgaben, bei denen dem alt- oder mittelhochdeutschen Text auf der linken eine (Prosa-)Übersetzung auf der rechten Seite gegenüber steht. Im Anschluss findet man einen Stellenkommentar sowie Materialien und Bibliographie, so dass mit diesen zweisprachigen Editionen hervorragende Arbeitsgrundlagen für Schule, Studium oder Privatinteresse vorliegen.

Neuhochdeutsche Übersetzungen und Nachdichtungen

Im Studium erweist sich der Umgang mit diesen lesefreundlichen Doppelausgaben in der Praxis dann doch auch als problematisch. Man ist geneigt, schon bei der kleinsten sprachlichen Schwierigkeit auf die rechte Seite zu schauen, was einen routinierten Umgang mit den älteren Sprachstufen gar nicht erst entstehen lässt. Mancher liest vielleicht aus Bequemlichkeit überhaupt nur den neuhochdeutschen Text. Davon ist zumindest im Studium dringend abzuraten. Denn zum einen verzichtet man dabei auf einen wissenschaftlichen Anspruch, vergleichbar einem Anglistik-Studiengang, in dem Shakespeares Dramen nur in deutschen Übersetzungen gelesen würden. Vor allem aber wird man bei den mittelalterlichen Dichtungen dann keinen großen ästhetischen Genuss verspüren. Dies liegt nicht unbedingt am Unvermögen der Übersetzer, sondern an der Funktion solcher Übersetzungen, die nicht an die Stelle des Originaltextes treten (Nachdichtungen), sondern zu ihm hinführen sollen. Ein Beispiel sei genannt: Das mittellateinische Weihnachtslied *Resonet in laudibus* heißt in der Form des Mönchs von Salzburg *Joseph, lieber nefe mein.* Da das mhd. Wort *neve* „Verwandter" einen Bedeutungswandel erfahren hat, singt man das Lied heute mit der merkwürdigen Doppelung *Josef, lieber Josef mein.* Ein Übersetzer kann den heutigen Wortlaut nicht verwenden. Ulrich Müller formuliert in seiner Reclam-Anthologie *Deutsche Gedichte des Mittelalters* deshalb *Josef, lieber Anverwandter.* Das ist zwar korrekt übersetzt, doch schön ist es nicht. Wer ästhetisch anspruchsvolle Auseinandersetzungen mit der Lyrik des Mittelalters lesen will, der greife lieber zu neueren Nachdichtungen; zu jenen etwa, die Peter Rühmkorf vorgelegt hat (*Walther von der Vogelweide, Klopstock und ich*, 1975).

2. Gott und die Welt: Hermeneutik der Schrift und der Natur

Obwohl Hennig Brinkmann in einem Standardwerk die *Mittelalterliche Hermeneutik* (1980) zusammenfassend dargestellt hat, kann von einer einheitlichen Lehre vom Verstehen (RLW s. v. Verstehen) in dieser Epoche nicht die Rede sein. Es treten jedoch deutliche Differenzen zur neuzeitlichen Hermeneutik (RLW s. v. Hermeneutik$_1$) zutage, die für das Sprach-, Schrift- und Weltverständnis des MAs so charakteristisch sind, dass man sie auch heute beim Umgang mit mittelalterlicher Literatur berücksichtigen muss.

Vom mehrfachen Sinn der Schrift

Die geistigen Sinne

Das Interpretieren literarischer Texte (RLW s. v. Interpretation) ist eng verwandt mit dem theologischen Auslegen der Bibel (RLW s. v. Exegese), weshalb das Verhältnis der beiden Deutungsverfahren zueinander heute nicht immer leicht zu bestimmen ist. Im MA gibt es hingegen zunächst ein klares Unterscheidungskriterium: Die Heilige Schrift des Alten und des Neuen Testamentes gilt in einem ganz strengen Sinn als Wort Gottes. Denn wie es im christlichen *Credo* vom Heiligen Geist heißt, *qui locutus est per prophetas*, „der durch die Propheten gesprochen hat", werden neben den Propheten auch die Evangelisten und die übrigen Autoren der biblischen Bücher als eine Art von Medium begriffen, durch das hindurch derjenige spricht, der für die Inspiration (RLW s. v. Inspiration) schon vom Namen her zuständig ist: der *Spiritus Sanctus*, der Heilige Geist als die dritte Person der göttlichen Trinität. Er ist der eigentliche Autor der Bibel. Das Wort des unbegrenzten Gottes kann aber nicht begrenzt sein. Es passt sich zwar in Bildern und Gleichnissen den menschlichen Verstehensmöglichkeiten an, ist in seiner Bedeutung jedoch prinzipiell nicht einzuschränken. Es unterscheidet sich vom menschlichen Wort durch seine unendliche Bedeutungsfülle. Der Bibeltext spricht deshalb mit jeder seiner Stellen die Menschen in allen möglichen Lebenslagen an. Dieser Gedanke ist die Grundlage dafür, dass fromme christliche Gruppierungen bis heute ihre Tageslosung durch Glücksaufschlagen („Däumeln") der Bibel ermitteln. Er stellt aber auch Anforderungen an die Exegeten, welche mit einer auf menschliche Texte bezogenen Hermeneutik allein nicht einzulösen sind. Da Menschen mit einer unbegrenzten Bedeutung nicht umgehen können, hat man im Anschluss an den Kirchenvater Origenes immer wieder versucht, eine lehr- und lernfähige Systematik in das Verstehen des göttlichen Wortes hineinzubringen. Das Ergebnis sind die Lehren vom Mehrfachen Schriftsinn. Ob als zwei-, drei- oder vor allem als vierfaches Verständnisschema – in jedem Fall steht dabei dem Wortsinn (Buchstabensinn, *sensus litteralis*), den die Bibel mit jedem weltlichen Text gemeinsam hat, eine übertragene, geistliche Bedeutung (*sensus spritualis*) gegenüber, die nur dem inspirierten Gotteswort eigen ist (RLW s. v. Sensus litteralis/spiritualis). Für den Buchstabensinn gelten die Regeln der weltlichen Hermeneutik; für das geistliche Verständnis ist eine spezielle Form der Exegese erforderlich, die Allegorese (RLW s. v. Allegorese), welche die Bibel auch – und vielleicht sogar gerade – in solchen Passagen bildlich („allegorisch") versteht, die nicht als bildliche Rede markiert sind (denn die Bildersprache der Bibel mit ihren Metaphern, Vergleichen und Gleichnissen gehört zum Buchstabensinn). Die geistliche Bedeutung versuchte man in jeweils neuer Lektüre mit anderer Fragestellung zu erschließen. Verbreitet war im MA die Reihung nach den großen Menschheitsfragen: Was soll ich glauben? Wie muss ich leben? Was darf ich hoffen? Die Frage nach dem Glauben beantwortet der allegorisch-heilsgeschichtliche Sinn, die nach dem richtigen Leben des Einzelnen der tropologisch-moralische Sinn, und diejenige nach der Jenseitshoffnung der anagogisch-eschatologische Sinn. Daraus entstand das Schema vom vierfachen Schriftsinn, das ein für die mal. Schule bestimmter Merkvers festhielt: *Littera gesta docet, quid credas allegoria, / moralis quid agas, quo tendas anagogia*. Der buchstäbliche Sinn lehrt demnach, was geschehen ist, der allegorische, was man glauben, der moralische, was man tun, und der anagogische, wohin man streben soll. Am Beispiel des Wortes „Jerusalem" ließ sich das Verfahren leicht verstehen und einprägen. Nach dem Buchstabensinn meint Jerusalem wie in jedem menschlichen Text die bekannte Stadt in Palästina. In allegorischer Lektüre lässt sich „Jerusalem" hingegen als Bild für die christliche Kirche verstehen. Deutet man einen Bibelvers moralisch-tropologisch, dann evoziert dieser Städtename die Vorstellung der menschlichen Seele. In anagogischer Hinsicht steht Jerusalem für die Vollendung im Jenseits (für das „himmlische Jerusalem").

Buchstabensinn und Allegorese

Es ist selbstverständlich nicht notwendig, jede Schriftstelle auf alle Schriftsinne hin zu befragen. Der Buchstabensinn muss als Grundlage aber immer berücksichtigt werden, damit die Entfaltung der geistigen Sinne nicht in Deutungswillkür abgleitet. Papst Gregor der Große, einer der großen Meister der geistlichen Schriftauslegung, der ein dreistufiges Modell vertrat, polemisierte gegen das Vernachlässigen des Buchstabens der Schrift, indem er forderte, zunächst die festen Fundamente der geschichtlichen Erklärung zu legen, wenn darauf die Allegorie als ein sicheres Gebäude des Glaubens entstehen soll, welches dann mit den Farben der moralischen Deutung ausgemalt werden könne (vgl. Gregor, *Moralia in Iob, Ad Leandrum* 3). Solche Mahnungen wurden notwendig, weil viele christliche Exegeten sich ganz den geistlichen Sinnen zuwandten. Sie glaubten sich dazu durch das Pauluswort „Der Buchstabe tötet, der Geist aber macht lebendig" (2 Kor. 3,6) legitimiert. Es wurde oft in der Polemik gegen die Juden angeführt, denen man vorwarf, beim Bibeltext am Wortlaut zu kleben. Dies galt insbesondere bei solchen Regeln wie denen der mosaischen Speisegesetze mit ihren Katalogen der „unreinen" Tiere (Lv. 11; Dt. 14,3–21), welche das Christentum nicht befolgen wollte, obwohl sie in der Bibel stehen. So lehnte etwa Novatian (*De cibis Iudaicis*) im 3. Jh. den Gedanken rundum ab, Gott könnte etwas Unreines erschaffen haben. Mit den genannten Tieren seien vielmehr Sitten und Verhaltensweisen gemeint, aufgrund derer Menschen „rein" oder „unrein" würden. Das Verbot etwa, Schweinefleisch zu essen, besage nichts anderes, als ein Leben zu verurteilen, das sich „im Schmutz der Laster" wohl fühle. Durch das ganze MA hindurch wurden dann einzelne Tiere, die zu essen verboten waren, speziellen Sünden zugeordnet, wodurch Lastertierkataloge entstanden, die eine bildliche Systematik der Verfehlungen aufstellten. Umgekehrt ließen sich die Kriterien für „reine" Tiere auf Tugenden beziehen. Dass ein Tier gegessen werden darf (Lv. 11,3), wenn es „gespaltene Hufe" hat, verwies auf die *discretio*, also auf die Fähigkeit des Unterscheidens zwischen Gut und Böse; und mit der zweiten Bedingung für ein „reines Tier", dass es „wiederkäut", begründete man eine lange metaphorische Tradition des erinnernden Meditierens (*meditatio*) über geistige Inhalte als einem Wiederkäuen (*ruminatio*) von Speise. So berichtet Beda Venerabilis (*Historia Ecclesiastica* IV,24) vom altenglischen Dichter Cædmon, dieser habe alles im Kloster Gelernte in ein schönes Lied verwandelt, „indem er es im Gedächtnis aufbewahrte und wie ein reines Tier wiederkäute" (*rememorando secum et quasi mundum animal ruminando*). Von einer Gültigkeit dieser Gebote im wörtlichen Sinne war dann im MA kaum noch je die Rede.

Beispiel: Die Hochzeit zu Kana bei Otfrid

Das Deutungsverfahren der Allegorese bot außer den Predigern auch den Dichtern vielfältige Möglichkeiten, um neue und aus unserer Sicht oft erstaunliche Sinnbezüge herzustellen. Da die Voraussetzung dafür lange die Inspiriertheit des göttlichen Wortes blieb, war die Bibeldichtung der bevorzugte Ort dafür. Zu besonderer Meisterschaft brachte es im 9. Jh. Otfrid von Weißenburg mit seinem ahd. *Evangelienbuch* (*Liber evangeliorum*). Hier werden nicht nur die Evangelien in der damaligen Volkssprache nacherzählt, sie werden auch im Anschluss an die Autorität der Kirchenväter kommentierend ausgelegt. Dabei können die Deutungen durchaus selbstreferentiellen Charakter haben, etwa bei der Hochzeit zu Kana (Joh. 2,1–11), bei welcher unter der Überschrift *Spiritualiter* verschiedene Details des Evangelienberichts allegorisch verstanden werden. So bezeichnen die steinernen Krüge, in denen das Wasser war, das Christus in Wein verwandelte, die „festen Herzen der Freunde Gottes". Diese enthalten als klares Quellwasser (*lutaran bronnon*; II,9,15) das Wort der Heiligen Schrift, das sie „uns mit Freuden ausschenken". Wenn sie aber eine geistliche Deutung bieten, dann bekommen wir von ihnen Wein zu trinken: *skal iz geistlichaz sin, so skenkent sie uns then guaten win* (II,9,16). Die Allegorese deutet die Verwandlung des Wassers in Wein als die Umformung des Wortsinns in einen geistlichen Sinn und thematisiert damit sich selbst.

Sonderfall der Allegorie: Typologie

Zu den geistlichen Deutungen der Heiligen Schrift wusste man sich schon deshalb berechtigt, weil in der Bibel bereits Bedeutungsbezüge hergestellt werden, die sich einem profanen Verstehen nicht von selbst erschließen. Das Jesuswort, er sei „nicht gekommen, um das Gesetz und die Propheten aufzulösen, sondern um sie zu erfüllen" (Mt. 4,17), zeigte einen Weg auf, um das Verhältnis zwischen Altem und Neuen Testament zu bestimmen: In den Personen, Dingen und Geschehnissen des Alten Testaments sah man Vorausdeutungen auf das in Christus (und im Christentum) sich Erfüllende. Diesem heute meist Typologie genannten Verfahren (RLW s. v. $Typologie_1$) ist das Moment der Steigerung eigen, weshalb der alttestamentliche Typus (*typos, figura, forma, praefiguratio*) immer schwächer ist als der neutestamentliche Antitypus, auf den er zeigt. So sieht der Apostel Paulus in Adam „die Gestalt, die auf den Kommenden verweist" (Röm. 5,14 *qui est forma futuri*). Neben diesem verbreiteten Adam-Christus-Bezug und einer entsprechenden Eva-Maria-Typologie sind weitere Bezüge bereits durch die Evangelien legitimiert, etwa die Analogie zwischen der ehernen Schlange, die Moses in der Wüste aufhängte (Nm. 21,8f.), und Christus am Kreuz (Joh. 3,14f.), sowie das „Zeichen des Jona" (vgl. Jona 2,1): „Denn wie Jona drei Tage und drei Nächte im Bauch des Fisches war, so wird auch der Menschensohn drei Tage und drei Nächte im Innern der Erde sein" (Mt. 12,40). Über diese biblisch legitimierten Bezüge hinaus sah man in vielen Details Realprophetien für das sich im Neuen Testament Erfüllende. Berthold von Regensburg predigt: *wan swaz uns endehafter dinge künftic was in der niuwen ê an unsern sêlen, daz hât uns got allez erzeict in der alten ê an der liute leben.* So verwies der Durchzug der Israeliten durch das Rote Meer auf die Taufe Jesu im Jordan, das jüdische Passahmahl zeigte auf das christliche Abendmahl, und der Besuch der Königin von Saba bei Salomon präfigurierte die Reise der Heiligen Drei Könige zum Jesuskind. In Liturgie und Literatur, aber auch in der bildenden Kunst bekam die unterschiedliche Ereignisse zusammen schauende Typologie einen festen Platz; bekannt ist der monumentale Zyklus auf dem Klosterneuburger Altar des Nikolaus von Verdun. Andere typologische Großzyklen konstituieren in Buchform die sog. „Armenbibeln" welche das Geschehen beider Testamente typologisch geordnet visualisieren (LexMA s. v. Biblia pauperum). Theologisch umstritten blieb immer die Frage, ob es legitim sei, Nichtbiblisches in die Typologie mit einzubeziehen (etwa: Odysseus am Mastbaum verweist auf Christus am Kreuz) oder gar eine außerbiblische Typologie zu begründen. Als historische Denkform war die Typologie im MA jedenfalls so weit verbreitet, dass man mit typologischen Strukturen auch sonst in der Dichtung und der Kunst der Vormoderne rechnen darf.

Weltliche Allegorese?

Die Frage nach der Berechtigung, theologische Deutungsverfahren auf andere Texte als diejenigen der Bibel anzuwenden, stellt sich besonders scharf bei der Allegorese. Grundsätzlich gilt ja die göttliche Inspiration als Voraussetzung dafür. Wenn mal. Mystiker ihre Visionen nicht nur nacherzählen, sondern auch nach den Regeln des mehrfachen Schriftsinn auslegen, dann behaupten sie damit, ihre Texte gingen letztlich auf den Heiligen Geist zurück und seien eine Art von Weiteroffenbarung der Bibel. War dies aus offiziell-kirchlicher Sicht immer schon problematisch, so lässt sich die Kühnheit kaum noch überbieten, wenn der Dichter Gottfried von Straßburg ausgerechnet die Minnegrotte, in die sich sein ehebrecherisches Liebespaar Tristan und Isolde zu einem paradiesischen Wunschleben zurückzieht, in einem langen Exkurs wie eine Kathedrale beschreibt, um dem Lesepublikum dann – wie ein Prediger einen Bibeltext – „aufzuschließen, um welcher Bedeutung willen die Felsenhöhle so gedichtet wurde, wie sie es war": *Nune sol iuch niht verdriezen, / ir enlât iu daz entsliezen, / durch welher slahte meine / diu fossiure in dem steine / betihtet wære, als si was* (*Tristan*, vv. 16923–16927). In detailgenauer moralisch-tropologischer Allegorese wird alles auf die wahre Liebe hin bezogen; so bezeichnet die innere Rundheit die Aufrichtigkeit in der Liebe: *diu sinewelle binnen / daz ist einvalte an minnen. / einvalte zimet der minne wol, / diu âne winkel wesen sol* (vv. 16931–16934); denn „Winkel" in der Liebe wären Bosheit oder Hinterlist (vv. 16935 f.). An Farben ist das Grün am Marmor des Fußbodens (neben dessen Stabilität) ein Zeichen der Beständigkeit: *der marmelîne esterîch / der ist der stæte gelîch / an der grüene und an der veste* (vv. 16969–16971). Und der Kristall, aus welchem das altarähnliche Bett in der Grotte gefertigt ist, verweist aufgrund seiner Transparenz auf die „Lauterkeit" der Liebe: *diu minne sol ouch cristallîn, / durchsihtic und durchlûter sîn* (vv. 16983 f.). Allein schon die Tatsache, dass hier eine durchaus ‚libertinistische' Liebesauffassung gepriesen wird, lässt ermessen, wie skandalös es am Beginn des 13. Jh.s empfunden werden musste, dass dies mit den Mitteln geistlicher Schriftauslegung geschah, die solche ‚häretischen' Aussagen letztlich dem Heiligen Geist, also Gott unterstellten. Zum späteren MA hin war man dann großzügiger, indem außer antiken Mythen auch rein weltliche Texte entsprechenden Deutungen unterzogen wurden. Eine göttliche Inspiration war nicht länger Voraussetzung dafür. Solcher Wildwuchs hat dann aber letztlich zum Untergang der Allegorese als hermeneutischer Methode beigetragen.

Die Signifikanz der Natur und ihre Deutung

Naturallegorese

Weniger problematisch als die Übertragung auf weltliche Texte war die Anwendung geistlicher Deutungen auf Phänomene der Natur. Denn die Welt ist Schöpfung Gottes, der sie nach dem Bericht der Bibel durch sein Wort ins Dasein gerufen hat: „Gott sprach, es werde..." (Gn. 1,3 usw.). Die einzige Ausnahme ist der Mensch, den Gott mit seiner eigenen Hand erschaffen hat – Adam aus Lehm (Gn. 2,7) und Eva aus Adams Rippe (Gn. 2,21 f.). Für den Menschen ist die übrige Schöpfung damit gleichsam materialisierte Sprache Gottes. Es hat somit Sinn, nach der Bedeutung der Natur zu fragen. Der mhd. Spruchdichter Freidank hat dies auf die Formel gebracht, es gebe nichts in der Welt ohne Zeichencharakter (RLW s. v. Zeichen): *diu erde keiner slahte treit / daz gar sî âne bezeichenheit. / nehein geschephede ist sô frî / sî'n bezeichne anderz dan si sî* (*Bescheidenheit*, vv. 12,9–12). Dieser Gedanke hat mindestens zwei Konsequenzen. Zum einen gibt es keinen grundlegenden methodischen Unterschied zwischen Natur- und Geisteswissenschaften: Naturwissenschaft ist im MA weitgehend Naturdeutung und damit ebenfalls Hermeneutik. Und zum zweiten lässt sich die Natur als Sprache Gottes ebenso auf eine transzendente Bedeutung hin befragen wie die Heilige Schrift. Neben die Bibel tritt als zweite Offenbarungsquelle Gottes das „Buch der Natur" (LexMA s. v. Buch der Natur). Selbstverständlich ist die „Lesbarkeit der Welt" (Hans Blumenberg) nur eine der möglichen Metaphern für die Erfahrung von Welt und Natur. Aber auch sie zeigt, dass die Menschen die Natur auf ihr eigenes Leben und Sterben bezogen haben, wie Alanus ab Insulis es in seinem mlat. Gedicht über die Rose formulierte:

Omnis mundi creatura
quasi liber et pictura
nobis est, et speculum.
Nostrae vitae, nostrae mortis,
nostri status, nostrae sortis
fidele signaculum.

(Jedes Geschöpf auf dieser Welt ist für uns wie ein Buch, wie ein Bild und wie ein Spiegel – es ist ein getreues Sinnbild unseres Lebens wie unseres Sterbens, unseres gegenwärtigen wie unseres zukünftigen Zustands.)

Als Sprache oder Schrift Gottes lässt sich die Schöpfung mit den gleichen Verfahren auslegen wie die Bibel, wobei sich die beiden ‚Bücher' nicht widersprechen dürfen. Deutungen der Natur versichern sich deshalb oft der Deutungen gleicher „Dinge" (*res*) in der Heiligen Schrift, mitsamt ihren Eigenschaften (*proprietates*). Dabei kann jeder Deutungsgegenstand so viele Bedeutungen erhalten wie Eigenschaften, und dies sowohl in positiver wie in negativer Hinsicht. Friedrich Ohly hat in dem programmatischen Aufsatz *Vom geistigen Sinn des Wortes im Mittelalter* (1958) am Beispiel des Löwen gezeigt, wie ein und derselbe Sinnträger sich auf den ganzen Spielraum zwischen Gott und Teufel beziehen lässt: „Der Löwe kann Christus bedeuten, weil er nach seiner Natur mit offenen Augen schläft: wie Christus, als Mensch gestorben, als Gott doch lebte. Er kann nach seiner Natur den Teufel bedeuten seiner Blutgier wegen, denn er geht brüllend umher und sucht, wen er verschlinge (1 Petr. 5,8). Er bedeutet den Gerechten, der getrost ist ‚wie ein junger Löwe' (Prov. 28,1). Er bedeutet den Häretiker wegen des Geruchs seiner Zähne, der aus seinem Mund geht wie dem Häretiker das Wort der Blasphemie usf." Einblicke in den Auslegungsrahmen vieler Dinge und ihrer Eigenschaften eröffnen die Enzyklopädien (RLW s. v. Enzyklopädie) des MAs. (z. B. Hrabanus Maurus, *De universo*; Bartholomäus Anglicus, *Der rerum proprietatibus*; Vinzenz von Beauvais, *Speculum maius*) und die allegorischen Wörterbücher, von denen die *Silva Allegoriarum* (1570) des Hieronymus Lauretus den umfangreichsten Überblick vermittelt. Im Rahmen der von Ohly angestoßenen Mittelalterlichen Bedeutungsforschung wird dies wissenschaftlich erschlossen. Zu den Zahlen (RLW s.v. Zahlensymbolik) liegt ein *Lexikon der mittelalterlichen Zahlenbeutungen* (von Heinz Meyer und Rudolf Suntrup, 1987); ein entsprechendes Nachschlagewerk wird es demnächst zu den Farben (RLW s.v. Farbensymbolik) geben.

Beispiel: *Physiologus*

Es gibt auch kleinere Schriften, in welchen die Bedeutungen einzelner Gegenstandsbereiche präsentiert werden, zu den Edelsteinen etwa (LexMA s.v. Lapidarien), und vor allem zu den Tieren (LexMA s.v. Bestiarium, -ius, Bestiarien). Der bekannteste und einflussreichste Text dieser Gattung stammt bereits aus frühchristlicher Zeit und wurde in nahezu allen Sprachen und Sprachstufen der Spätantike und des MAs verbreitet: der *Physiologus*. Er bot Predigern und Dichtern, aber auch bildenden Künstlern vielerlei Anregungen, wie die Natur geistlich ausgelegt werden kann. Als Beispiel sei das Einhorn angeführt, aus heutiger Sicht nur ein Fabelwesen, durch eine Erwähnung der Bibel (vgl. Ps. 91,11 *et exaltabitur sicut unicornis cornu meum*) jedoch im Bewusstsein der mal. Menschen durchaus präsent. Die älteste deutsche Fassung, der ahd. Prosa-*Physiologus*, hält die Beschreibung und die Auslegung sehr knapp:

> *So heizzit ein andir tier rinocerus, daz ist einhurno, un ist uile lucil un ist so gezal, daz imo niman geuolgen nemag, noh ez nemag ze neheinero uuis geuanen uuerdin. So sezzet min ein magitin dar tes tiris uard ist. So ez si gisihet, so lofet ez ziro. Ist si denne uuarhafto magit, so sprinet ez in iro parm unde spilit mit iro. So chumit der iagere unde uait ez.*
> *Daz bezeichenet unserin trotin Christin, der dir lucil uuas durih di deumuti der menischun geburte. Daz eina horin daz bezeichenet einen got. Also deme einhurnin niman geuolgen nemag, so nemag ouh nehein man uernemin daz gerune unsiris trotinis, noh nemahta uone nehenigemo menislichemo ougin geseuin uuerdin, er er uon der magede libe mennesgen lihhamin finc, dar er unsih mita losta.*
>
> (Ein weiteres Tier heißt Rhinozeros, das bedeutet Einhorn. Es ist sehr klein und so schnell, dass ihm niemand zu folgen vermag und es auf keine Weise gefangen werden kann. Deshalb setzt man ein Mädchen an die Fährte des Tieres. Sobald es sie erblickt, läuft es zu ihr hin. Wenn sie wirklich (noch) Jungfrau ist, dann springt es in ihren Schoß und spielt mit ihr. Dann kommt der Jäger und fängt es.
> Dies bezeichnet unseren Herrn Christus, der wegen der Demut der menschlichen Geburt klein war. Das eine Horn verweist auf den einen Gott. Und so wie dem Einhorn niemand folgen kann, so konnte auch niemand das Geheimnis unseres Herrn verstehen, und er konnte von keinem menschlichen Auge gesehen werden – bis er vom Leib der Jungfrau einen menschlichen Körper empfing, mit dem er uns erlöst hat.)

Nicht nur die wichtigste Eigenschaft des Einhorns, sich allein von einer Jungfrau fangen zu lassen, wird allegorisch auf die Jungfrauengeburt Christi durch Maria ausgelegt. Auch die Einzahl des Horns kann auf den Monotheismus verweisen, und die Eigenschaft, sich nicht fangen zu lassen, erscheint als Bild für Gott, der sich vor der Inkarnation aller menschlicher Sinneswahrnehmung entzog.

Spätfolgen

Die neuzeitliche Naturwissenschaft konnte nicht zuletzt deshalb so erfolgreich werden, weil sie sich von der mal. Naturallegorese emanzipierte. Nicht mehr zu fragen, was eine Pflanze bedeutet, sondern woraus sie besteht und was die Bedingungen ihres Wachstums sind, wäre ein weiteres Kriterium der epochalen Abgrenzung der Neuzeit. Was im MA als Fall der sündhaften Curiositas bewertet worden wäre, nämlich rekonstruieren zu wollen, wie Gott etwas eingerichtet hat, das legitimierte die Neuzeit als ein wissenschaftlich berechtigtes Fragen. Während Kategorien wie „Sinn" und „Bedeutung" im Hinblick auf die Natur somit aus dem wissenschaftlichen Diskurs weitgehend verschwanden, haben sie sich im Bereich der Literatur und der Künste noch lange gehalten. Insbesondere die religiöse Literatur für Laien (RLW s.v. Erbauungsliteratur) beider Konfessionen wollte damit ein frommes Verhältnis zur göttlichen Schöpfung fördern. Und das intermediale Genre der Emblematik (RLW s.v. Emblem) nutzt bei vielen Text-Bild-Bezügen Eigenschaften und ihre Bedeutung aus der Naturallegorese. Wissenschaftsgeschichtlich hat man versucht, die medizinische Signaturenlehre (LexMA s.v. Signaturenlehre) der frühen Neuzeit als eine Art von säkularisierter Allegorese zu begreifen, bei der es freilich allein um ein intramundanes Verweisen geht – etwa derart, dass eine Pflanze mit herzförmigen Blättern vom Menschen als herzstärkende Arznei verwendet werden kann. Anders ist es in der sog. Physikotheologie, in der Autoren vor allem des 18. Jh.s naturwissenschaftlich gewonnene Erkenntnisse wiederum auf Gott beziehen – allerdings nicht mehr wie in der Allegorese durch inhaltlich bestimmbare Deutungen einzelner Naturphänomene, sondern als pauschaler Aufweis dafür, wie mächtig, weise und gütig ein Schöpfer sein müsse, der dieses alles so wunderbar eingerichtet habe. In der deutschen Literaturgeschichte hat dies dann vor allem Barthold Hinrich Brockes für die Dichtung fruchtbar gemacht (*Irdisches Vergnügen in Gott*, 1721–1748).

IV. Aspekte der Literatur

1. Dichten nach Regeln: die Bedeutung der Rhetorik für die Literatur der Vormoderne

Eine Schule des Schreibens?

Kann man Dichten lernen? Einige technische Grundfertigkeiten der literarischen Produktion lassen sich gewiss durch belehrende Anleitung erwerben, aber dass man es mit Hilfe eines Schulfaches oder eines Studiums zu literarischer Größe bringen könnte, wird heute jeder bezweifeln. Über einen Kurs zum Creative Writing hat wohl noch niemand den Literatur-Nobelpreis bekommen. In der ganzen Vormoderne jedoch, also sowohl im Mittelalter als auch in der Frühen Neuzeit, wurde das Herstellen literarischer Texte gelehrt und gelernt – und zwar vor allem im Fach Rhetorik. Dass ausgerechnet die Rhetorik, also die Kunst des (guten) Redens, eine Schule des (guten) Schreibens gewesen ist, muss uns verwundern, scheint dies doch alle notwendigen Unterscheidungen zwischen Mündlichkeit und Schriftlichkeit zu ignorieren. Niemand würde heute, um Schreiben zu lernen, einen Rhetorik-Kurs besuchen. Doch der Titel eines immer noch wichtigen Standardwerks lässt aufhorchen: *Handbuch der literarischen Rhetorik*. Das hat sein Autor, der Romanist Heinrich Lausberg (1912–1992), gerade nicht als Paradoxie verstanden; und es beschränkt sich keineswegs auf die Analyse von Reden in der Literatur, etwa von Feldherrenansprachen oder Kreuzzugspredigten. Lausberg nannte sein Buch selbstbewusst im Untertitel: *Eine Grundlegung der Literaturwissenschaft*. Wie kam es zu dieser zentralen Bedeutung der Rhetorik für die Literatur? Und weshalb versteht sie sich für uns heute nicht mehr von selbst?

Rhetorik als *Kunst*

Die Rhetorik hat sich stets als eine *Kunst* begriffen, griechisch *téchne*, lateinisch *ars*, und damit als etwas, das man lernen muss, wenn man es beherrschen will, also nicht als *Natur* einer angeborenen Begabung. Es werden Regeln aufgestellt für eine gute, das heißt vor allem: wirksame Rede. In der Antike haben berühmte Autoren wie Aristoteles und Cicero solche Regeln in Handbüchern zusammengefasst und kommentiert. Dieses Wissen ging in viele mittelalterliche Schriften ein (z. B. in die *Etymologien* des Isidor von Sevilla), war also immer präsent, obwohl die vollständigen Originalwerke teilweise erst in der Frühen Neuzeit wieder entdeckt wurden. Dass die Rhetorik im Mittelalter eine so große Rolle spielte, hat immer wieder Irritationen hervorgerufen, traut man dieser Epoche doch keine entsprechende Öffentlichkeit zu, in der die großen antiken Genera der Rede Anwendung finden können: die viel beachtete Gerichtsrede (*genus iudiciale*) zur Anklage oder Verteidigung, die politische Beratungsrede (*genus deliberativum*) und die Lob- (oder Tadel)rede (*genus demonstrativum*) vor allem zu feierlichen Anlässen (Fürstenhochzeiten usw.). Diese Arten der Rede gab es im Mittelalter und in der mittelalterlichen Literatur durchaus, dazu kam noch eine weitere Gattung monologischer Rede, die den Anwendungsbereich der Rhetorik gegenüber der Antike stark ausweitete: die regelmäßige Predigt im christlichen Gottesdienst, für die es seit dem Hohen Mittelalter eine eigene Anweisungsliteratur gibt: die *Ars praedicandi* (RLW s.v. Predigt). Doch nicht allein die Redepraxis dürfte der Grund für die erstaunliche Präsenz der Rhetorik in der Vormoderne sein. Wichtiger ist noch, dass sie traditionell zu den Sieben Freien Künsten (*Septem artes liberales*) gehört, die von der späteren Antike durch das ganze Mittelalter hindurch bis weit in die Frühe Neuzeit hinein das Kernkurrikulum des Abendlandes bestimmt haben (RLW s.v. Artes liberales).

Die Artes liberales

Den Fächerkatalog der Freien Künste unterteilt man in die Dreiergruppe des Triviums und die Vierergruppe des Quadriviums. Vom Trivium ist das Wort *trivial* abgeleitet, was nicht „belanglos" oder gar „überflüssig", sondern „grundlegend" meint, da diese Disziplinen zu Anfang unterrichtet wurden. Es sind Grammatik, Dialektik und eben Rhetorik. Gegenstand der Grammatik ist der richtige sprachliche Ausdruck im Lateinischen; geübt wurde das an Auszügen aus antiken und christlichen Schriften sowie an der (lateinischen) Bibel. Und die Dialektik (oder Logik) trainierte das Denken anhand von lateinischen Aristotelesbearbeitungen (Boethius u.a.). Nach den sprachlich orientierten Inhalten des Triviums (den „redenden Künsten") folgten die mathematischen Fächer des Quadriviums (die „rechnenden Künste"): Arithmetik, Musik, Geometrie und Astronomie – wobei die Musik keineswegs aus diesem Rahmen fällt, da es nicht um aktives Musizieren und auch nicht um Musikgeschichte ging, sondern um durchaus theoretisch-mathematische Harmonielehre. Dieses im späteren Mittelalter zwar modifizierte und erweiterte, aber im Kern über die Jahrhunderte erstaunlich stabile Programm einer Allgemeinbildung, das im strengen Sinn naturwissenschaftliche Fächer nicht enthielt, lag dem Unterricht in frühmittelalterlichen Klosterschulen ebenso zugrunde wie den spätmittelalterlichen Lateinschulen, aus denen sich unsere Gymnasien entwickelt haben. In den Universitäten, die seit dem Hohen Mittelalter in Europa entstanden, bildeten diese Artes liberales meist den Lehrgegenstand einer eigenen Fakultät, der „Artes-" oder „Artistenfakultät". Sie war den sog. ‚höheren' Fakultäten nicht gleichgestellt, sondern untergeordnet, d.h. jeder Student musste sie zunächst durchlaufen, wenn er im Anschluss an dieses gemeinsame propädeutische Grundstudium der Artes liberales die lukrativen Fächer Theologie, Medizin oder Jura studieren wollte. Wer in der Artesfakultät verblieb, schloss mit dem Magister artium ab, nicht mit dem Doktortitel. Trotz aller Differenzen im mittelalterlichen Bildungswesen lässt sich doch pauschal sagen: Wer immer im Mittelalter als gebildet gelten konnte, dem war die zum Trivium gehörende Rhetorik notwendigerweise vertraut.

Das Programm der Rhetorik

Was hat man im Fach Rhetorik gelehrt und gelernt? Anders als in heutigen Handbüchern zur mündlichen Kommunikation, die oft neben Kapiteln zur monologischen Rede- auch solche zur dialogischen Gesprächsrhetorik enthalten, ging es in der alten Rhetorik nicht um die die Konversation, sondern ausschließlich um die Rede. Deren Entstehen wurde in fünf Schritten gelehrt.

– An 1. Stelle steht die Inventio, das Finden des Materials (RLW s.v. Inventio). Im Gegensatz zum heutigen Brainstorming geschah dies nicht im Spiel freier Assoziation; man ging vielmehr nach klaren Suchregeln vor. Das wichtigste Findesystem für Argumente ist das der „Orte" (gr. *topoi*; lat.

loci). Solche „Suchformeln" (Lausberg) fragen etwa bei Reden über Personen nach Herkunft, Geschlecht, Name, Alter, Beruf, Körper- oder Charaktereigenschaften usw., wobei an jeden dieser Aspekte angeknüpft werden kann. Argumentiert man mit z. B. dem Personennamen, dann handelt es sich um einen *locus a nomine*; Gottfried von Straßburg etwa erklärt, sein Held heiße „Tristan" wegen dessen Traurigkeit: *von triste Tristan was sin nam* (*Tristan*, v. 2003) – so wissen die Lesenden, worauf sie sich bei dieser Geschichte einzustellen haben. Ähnliches gilt beim Reden über Sachen oder Sachverhalte. Durch dieses eng geknüpfte Netz der – modern gesprochen – ‚Suchmaschine' der Inventio hat man innerhalb kürzester Zeit reiches Material zur Verfügung, mehr jedenfalls, als in einer Rede von angemessener Länge untergebracht werden kann. Es muss also eine Auswahl getroffen werden.

- Diese Auswahl wird im 2. Schritt vollzogen, der Dispositio (RLW s. v. Dispositio). Dass die definitive Sichtung des Materials zugleich mit der Gliederung geschieht, besagt, dass Argumente nicht nur ausgeschieden werden müssen, wenn sie schlecht sind, sondern allein schon, wenn sie sich nicht vollständig in den Argumentationszusammenhang einpassen. Für den Aufbau einer Rede, der oft nach einem Viererschema (*exordium, narratio, argumentum, peroratio*) vorgenommen wurde, gab es ebenfalls erprobte Regeln. Hinsichtlich der Einleitung (*exordium*) erfährt man in der Rhetorik, wie ein Prolog aufgeteilt ist und was er enthalten soll. Die *narratio* schildert einen Sachverhalt (bei der Gerichtsrede: den Tathergang); hierher gehört die Lehre vom Erzählen; von Einstieg, Abschweifung und Schluss; vor allem aber von der Ordnung des Erzählens: Folgt man chronologisch dem Handlungsverlauf (*ordo naturalis*), oder setzt man mitten in der Handlung ein, um dann das Übergangene in kunstvoll eingefügten Rückblicken (*ordo artificialis*) nachzuholen (RLW s. v. Ordo artificialis/ Ordo naturalis)? Die *narratio* muss so angelegt sein, dass das folgende *argumentum* konsequent daraus entwickelt werden kann, in positiver Beweisführung oder in der Widerlegung von Gegenpositionen, oft unterstützt durch Beispiele (*exempla*). Die Argumentation mündet schließlich ein in einen zusammenfassenden Schlussteil (*peroratio*), den Epilog, der die Rede möglichst effektvoll beendet.
- Sind die Argumente in der Inventio gefunden und in der Dispositio ausgewählt und geordnet worden, dann müssen sie im 3. Schritt in eine sprachlich angemessene Form gebracht werden. In dieser Elocutio sind vielfältige Fragen des Stils zu klären (RLW s. v. Elocutio). Hierher gehört deshalb die Lehre von den Stilarten (hoher, mittlerer und niedriger Stil) und von den Stilformen: Was etwa eine Metapher von einer Metonymie unterscheidet und wann diese anzuwenden sind, das behandelt man in der Elocutio. So soll am Ende dieses dritten Schrittes eine fertig ausformulierte Rede stehen.
- Diese Rede einfach vom Blatt abzulesen, hätte man als Missachtung des Publikums angesehen. Sie musste deshalb im 4. Schritt, der Memoria, ins Gedächtnis eingeprägt, also letztlich ‚auswendig' gelernt werden (vgl. RLW s. v. Mnemonik). Die Rhetorik stellte dafür viele Tipps zur Verfügung und entwickelte eine komplizierte Gedächtniskunst (*ars memorativa*), die es dem Redner ermöglichen sollte, auch bei längeren Reden den Faden nicht zu verlieren.

– Der 5. Schritt schließlich, auf den alles hinauslief, ist das Halten der Rede, die Actio oder Pronuntiatio (vgl. RLW s. v. $Rede_2$). Für ihr Gelingen ist nicht nur das im engeren Sinne Sprachliche zu bedenken (Lautstärke, Betonungen, Geschwindigkeit), sondern auch die damit verbundene ‚Körpersprache', die redebegleitende Gestik und Mimik.

Schreiben als Gegenstand der Rhetorik

Betrachtet man dieses Programm der Rhetorik unter literaturwissenschaftlichen Fragestellungen, dann stellt man fest, dass in den Schritten Eins bis Drei nicht nur das Entstehen einer Rede beschrieben wird, sondern zugleich die Produktion von Literatur. Man lasse Punkt Vier und Fünf fort, und man erhält als Endprodukt – einen Text! Selbstverständlich kann man diesen Text dann auswendig lernen und auch vortragen, aber man muss das nicht tun. Hatte in der Antike etwa Quintilian die Beschäftigung mit Poesie für die Ausbildung eines Redners gefordert, so sah man im Mittelalter offenbar umgekehrt in der Rhetorik, mit der man sich im Trivium des Artes-Studiums ohnehin befassen musste, ein geeignetes Lehrprogramm für Autoren. In didaktischer Hinsicht war das durchaus ökonomisch: Man lehrte und lernte kunstvolles Reden und Schreiben in einem Vorgang. So ist verständlich, dass aus der Rhetorik heraus sich eine spezielle literarische Anweisungsliteratur entwickelte, etwa die *Ars dictaminis* (RLW s. v. Ars dictaminis, Ars dictandi). In ihr wurde das Verfassen guter Prosaliteratur gelehrt, vor allem das von Urkunden und Briefen (meist mit Mustertexten im Anhang); als so genannter „Briefsteller" lebt diese Gattung bis weit in die Neuzeit fort (z. B. Karl Philipp Moritz: *Allgemeiner deutscher Briefsteller*, 1793), heute gibt es so etwas noch im Bereich gehobener Benimmliteratur (RLW s. v. Briefsteller). Auch wenn das nicht immer ganz streng voneinander getrennt werden konnte, da es Zwischenformen gab (wie Reimprosa oder Prosimetrum), wurde die Versdichtung in der Regel nicht in der Ars dictaminis behandelt, sondern in den Poetiken, die ebenfalls stark an der Rhetorik orientiert waren (vgl. Faral 1924). Zu nennen sind hier etwa die *Ars versificatoria* des Matthäus von Vendôme und die *Poetria Nova* des Galfred von Vinsauf. Diese bieten aus dem Bereich der Dichtkunst nur einen relativ schmalen Ausschnitt. Eine umfassende Poetik im modernen Sinne (vgl. RLW s. v. Poetik) müsste man sich für das Mittelalter als aus Poetik, Rhetorik und wohl auch aus Grammatik zusammengesetzt denken.

Konsequenzen für die vormoderne Literatur

Ob nun Literatur als kunstvoll geformte Sprache in Vers- oder in Prosaform vorliegt – sofern sie dem Bereich mittelalterlicher Schriftkultur entspringt, ist sie durch die Regeln der Rhetorik geprägt. Für die Literaturwissenschaftler, die sich mit der älteren Literatur befassen, heißt dies, dass sie die Regeln der Rhetorik kennen (lernen) müssen. Und welche Konsequenzen hat das für die Literatur selbst? Keineswegs diejenige, dass durch die Rhetorik schlechte Literatur entstanden wäre. Eher im Gegenteil: Durch die klaren regelpoetischen Anweisungen und deren Einbindung in die Trivium-Studien eines jeden Gebildeten waren Standards gesetzt, die in dieser Breite wohl nie wieder erreicht worden sind. Selbst weniger bedeutende Autoren dichteten zumindest in ‚handwerklicher' Hinsicht meist auf sehr hohem Niveau. Auch die üblichen Vorwürfe gegen die Rhetorik, es gehe nur um ‚leere' Beredsamkeit, die wirklichkeitsfremd, effekthascherisch und opportunistisch austauschbar sei, treffen hier nicht. Die mittelalterliche Literatur gestaltet das Menschsein in seiner ganzen Fülle in großem Ernst, auch und gerade dann, wenn sie sich mit religiösen Themen dem Anspruch des Göttlichen stellt. Qualitätseinbußen der Literatur sind mit ihrer Orientierung an der Rhetorik somit nicht notwendig verbunden. Wohl aber gibt es Unterschiede zu heutigem Literaturverständnis, die beachtenswert sind:

- Wenn das Dichten, wie gezeigt, unter den Artes behandelt wird, dann ist es letztlich eine erlernbare Technik. Dieses Konzept lässt sich nicht vereinbaren mit einer Ästhetik des Genies, die große schöpferische Leistungen an außergewöhnliche Fähigkeiten bindet, die nicht jeder Mensch (auch nicht mit größter Anstrengung) erlangen kann (RLWs. v. Genie). Für die deutsche Literaturgeschichte heißt dies, dass spätestens mit dem Geniekult des Sturm und Drang in dieser Hinsicht die Vormoderne endet. Während noch die ganze Barockdichtung und ein großer Teil der Aufklärungsliteratur durch die Rhetorik geprägt sind, geht deren Bedeutung in der zweiten Hälfte des 18. Jh.s so stark zurück, dass sie danach für die Literatur so gut wie keine Rolle mehr spielt. Rhetorische Dichtübungen verschwinden aus den Lehrplänen der Schulen. Zwar tauchen Elemente der alten Elocutio in Handbüchern zur Stilistik auf, doch würde heute kaum ein Autor zugeben, er habe seinen Stil an solcher Anweisungsliteratur geschult (vgl. RLW s. v. Stilistik). Wie zu Beginn in der Antike ist in der Gegenwart die Rhetorik wieder weitgehend auf mündliche Kommunikation beschränkt.
- Wo Literatur im engen Zusammenhang mit der Rhetorik entsteht, da ist sie auf einen Vortrag hin konzipiert oder doch zumindest dafür geeignet. Insofern kommt diese Machart der Texte der mündlichen Aufführungssituation an mittelalterlichen Höfen entgegen, wie wir sie uns in der Regel vorstellen, ohne freilich genaue Belege dafür zu haben. Diese Art der schriftgestützten Mündlichkeit ist nicht identisch mit den oralen Überlieferungen traditioneller Sänger, die vor allem im Bereich der Heldenepik aufgegriffen und literarisch gestaltet werden. Die höfischen Romane hingegen verarbeiten die Regeln der Rhetorik in vielfältiger Weise. Freilich ist in der Rhetorik nicht nur die Schriftlichkeit auf die Mündlichkeit ausgerichtet; teilweise orientiert sich auch die Mündlichkeit an schriftlichen Konventionen. Das führte, wie häufig kritisiert wurde, zu jenem floskelhaften und steifen (‚hölzernen') Stil des offiziellen Umgangs, der nicht nur für die Fürstenhöfe der Frühen Neuzeit lange charakteristisch blieb.
- Rhetorisch geprägte Literatur schließlich ist, wie die Rhetorik selbst, auf Wirkung angelegt. Die bekannte Mehrdeutigkeit des lateinischen Wortes *persuadere* als „Überzeugen" und als „Überreden", mit dem der Zweck der Rhetorik benannt wird, gilt somit auch für die Dichtung. Es ist deshalb immer sinnvoll, nach den Funktionen von Literatur zu fragen, etwa im Sinne des Horazschen *prodesse et delctare* nach Belehrung (nicht nur in der Sachliteratur, wo das selbstverständlich ist; RLW s. v. Belehrung) oder Unterhaltung (RLW s. v. Unterhaltung$_1$), aber auch nach dem Wecken von Emotionen, dem Trösten in Bedrängnis oder dem Vertreiben von Melancholie. Ein literaturtheoretischer Autonomie-Begriff (RLW s. v. Autonomie) konnte deshalb nur in kritischer Auseinandersetzung mit den Traditionen der Rhetorik entstehen. Aus allen drei genannten Gründen wird ersichtlich, weshalb Rhetorik heute nicht mehr die (alleinige) Schule für Literatur sein kann.

2. Dichten von Dichtern: Autordemut und Autorstolz

Gegen die Buchgelehrsamkeit der Dichter

Neben den lateinischen Schultexten zu Rhetorik und Poetik sind für das Selbstverständnis der epischen Dichtungen in der Volkssprache vor allem die Prologe und Epiloge auszuwerten, in denen – ganz den rhetorischen Regeln entsprechend – Aussagen über Autor und Textvorlage, Auftraggeber und Wirkabsicht gemacht werden (vgl. RLW s. v. Epilog; Prolog). Schaut man sie unter den gerade behandelten Fragestellungen durch, so macht man erstaunliche Entdeckungen. Gilt grundsätzlich, dass Dichten in der Vormoderne als eine *ars* angesehen wird, also als etwas, das erlernt werden muss und kann, so findet sich in einem durchaus rhetorisch geprägten Werk die dezidierte Aussage, Dichten sei die einzige Kunst, die nicht erlernbar sei. Konrad von Würzburg formuliert dies im Prolog zu seinem *Trojanerkrieg*:

swaz künste man verrihten
hie kan ûf al der erden,
diu mac gelernet werden
von liuten, wan der eine list,
der tihten wol geheizen ist
und iemer ist alsô genant. (vv. 82–87)

(Jede „Kunst", die man in der ganzen Welt ausübt, kann von den Menschen erlernt werden – bis auf die eine, die zu Recht „Dichten" heißt und auch immer so genannt wird.)

Das Lob der Dichtkunst macht den Dichter zum „Erwählten" Gottes (*einen tihter ûz erwelt*; v. 91), auf dessen Gnade das Gelingen seines Dichtens angewiesen ist, allerdings auch nur auf sie: *...daz im unser trehtîn / sinn unde mundes günne, / dâ mite er schône künne / gedenken unde reden wol* (vv. 98–101); Gott der Herr muss ihm Verstand und Redegabe verleihen, wenn er „schön denken" und „gut reden" solle. Widerspricht dies dem im vorherigen Kapitel Gesagten? Ersetzt die göttliche Gnade hier Dialektik und Rhetorik (vom Schreiben ist in solchen Zusammenhängen ohnehin kaum je die Rede)? Dagegen spricht vielleicht schon die Tatsache, dass wohl kein mittelhochdeutscher Dichter rhetorisch so versiert war wie Konrad von Würzburg. Wenn ausgerechnet er die Bedeutung der Rhetorik dementiert, dann zeigt dies jedenfalls, wie mit der eher ‚handwerklich' orientierten Vorstellung literarischer Produktion ein anderes Konzept konkurriert: das vom göttlich inspirierten Dichter (vgl. RLW s. v. Inspiration). Antike Modelle vom Dichter als Seher (*poeta vates*), der mit höheren Mächten in Verbindung steht, oder das alttestamentliche Konzept vom Propheten, der sich trotz seiner Unwürdigkeit als Sprachrohr Gottes begreift, kommen hier zusammen. Der Ort, an dem dies thematisiert wurde, war seit der Antike wiederum der Prolog der epischen Dichtungen. Dort wurden die Musen als zuständige Gottheiten angerufen (vgl. RLW s. v. Invocatio). Für die christlichen Autoren des Mittelalters waren heidnische Göttinnen natürlich nicht weiter akzeptabel. Sie wurden deshalb meist ersetzt durch den dreifaltigen Gott der christlichen Theologie, speziell durch diejenige Person der Trinität, mit der man das „Ein-Hauchen" (lat. *in-spirare*) assoziieren konnte: durch den Heiligen Geist (*Spiritus sanctus*). In vielen Dichtergebeten wird der Geist um Beistand beim Dichten angerufen. Das bekannteste dieser Gebete stammt aus dem Eingang des *Willehalm* des Wolfram von Eschenbach, das vielfach nachgeahmt wurde. Dem Anruf der Trinität (*Âne valsch du reiner, / du drî unt doch einer, / schepfaere über alle geschaft, / âne urhap dîn staetiu kraft / ân ende ouch belîbet*; vv. 1,1–5) folgen diejenigen Verse, die trotz eindringlicher Interpretationsversuche immer noch etwas rätselhaft geblieben und deshalb nicht leicht zu übersetzen sind:

der rehten schrift dôn unde wort
dîn geist hât gesterket.
mîn sin dich kreftec merket:
swaz an den buochen stêt geschriben,
des bin ich künstelôs beliben.
niht anders ich gelêret bin:
wan hân ich kunst, die gît mir sin.
diu helfe dîner güete
sende in mîn gemüete
unlôsen sin sô wîse,
der in dînem namen geprîse
einen rîter der dîn nie vergaz. (vv. 2,16–27)

(Dein (Heiliger) Geist hat den Klang und den Sinn der (Heiligen) Schrift stark gemacht. Mein Verstand (meine Einsicht) nimmt Dich als sehr energischen wahr. Von dem, was in den Büchern geschrieben steht, habe ich kein Wissen erlangt. Ich bin nur auf eine Weise gelehrt: Wenn ich „Kunst" besitze, dann diejenige, die mir die Einsicht verleiht. Deine Güte möge eine so ernste und weise Einsicht hilfreich in mein Herz senden, dass ich in Deinem Namen einen Ritter loben kann, der Dich niemals vergessen hat.)

Der fromme Ritter ist der Markgraf Willehalm, von dem die Geschichte handelt. Um sie gut erzählen zu können, bittet der Dichter den Heiligen Geist um hilfreiche Unterstützung. Auf diese göttliche Eingabe in den „Verstand" oder den „Sinn" des Dichters kommt es an, nicht auf dessen durch Bücher erlangtes Können („Kunst"). Die vieldiskutierte Stelle ist nicht in dem Sinne zu verstehen, Wolfram bezeichne sich als gänzlich ungebildet oder als Autodidakt ohne gelehrte Bildung, erweist er sich doch in seinen Werken als einer der gelehrtesten Autoren der deutschen Literaturgeschichte; vor allem im *Parzival* bleibt kaum ein Wissensdiskurs seiner Zeit unangesprochen. Erst recht ist es nicht sinnvoll, wie es bis heute immer wieder geschieht, dies als Bekenntnis zu nehmen, Wolfram von Eschenbach könne weder Lesen noch Schreiben, er sei also ein Analphabet gewesen, der seine Dichtungen einem Schreiber diktiert haben müsse. Aber selbst wenn man Wolframs literarische Bildung akzeptiert, bleibt die Frage: Weshalb dieser Abwehrgestus gegen die „Kunst", die aus „Büchern" entsteht, gegen die Buchgelehrsamkeit? Der Hinweis auf eine vergleichbare Bibelstelle (Ps. 70,15 *quoniam non cognovi litteraturam*) stellt Wolfram in eine lange Tradition vor allem geistlicher Dichter vom Psalmisten bis hin zu Annette von Droste-Hülshoff (*Das geistliche Jahr*), die das eigene Können und Wissen herunterspielen, um die Bedeutung der göttlichen Inspiration für ihr Werk umso stärker hervorheben zu können. Von mittelalterlichen Mystikerinnen wird das noch durch ein Gender-Argument unterstützt: Als „schwache" Frauen könnten sie überhaupt keine Bildung besitzen – weshalb ihre visionären Texte notwendigerweise direkt vom Heiligen Geist stammen müssen. Diente dies auch zur Legitimation von oftmals kühnen theologischen Aussagen, die sonst Gefahr gelaufen wären, mit der Lehre der Kirche in Konflikt zu geraten, bekommt die Ablehnung des Buchwissens für die Dichtung in eher weltlichen Zusammenhängen eine Art von Werbecharakter: Die Lesenden können sich darauf einstellen, etwas geboten zu bekommen, das nicht einfach aus der Literatur zusammengestellt wurde. Dies hat nichts mit einem Anspruch auf Originalität zu tun, der im Mittelalter weniger ausgeprägt war (RLW s. v. Originalität), sondern mit Absicherung des Gesagten durch die Kompetenz des Dichters; so betont Wolfram im *Parzival*, der immerhin auch ein Ritterroman ist, den eigenen Ritterstand (v. 115,1 *schildes ambet ist mîn art*), und er dementiert dort die Relevanz der Schulbildung für sein Dichten mit ähnlicher Übertreibung wie im *Willehalm*: *ine kan decheinen buochstap* (v. 115,27)! Ob nun als Berufung auf göttliche Eingebung oder auf die Erfahrung eines Menschen, der weiß, wovon er spricht – in keinem Fall besagt die Ablehnung der Bücher, dass auf die Hilfe der Kunst für das Dichten verzichtet würde. Eher scheint im Gegenteil die Kritik an der Rhetorik eine der ältesten Traditionen der Rhetorik selbst zu sein.

Probleme mittelalterlicher Autorschaft

Die ganze Diskussion um das Verhältnis von (rhetorischer) Kunst und (göttlicher) Inspiration lenkt den Blick zentral auf den Autor, den man in einer Zeit, in der literarisch anspruchsvolle Texte in der Regel in Versform verfasst waren, unproblematisch als „Dichter" bezeichnen kann (RLW s. v. Dichter). Das ist in der gegenwärtigen Literaturwissenschaft nicht unumstritten. Die postmoderne Dekonstruktion von „Autor" und „Autorschaft" kommt der Mediävistik sehr entgegen, lässt sich doch eine Literaturgeschichte, die primär an Autoren und ihren Werken orientiert ist, nicht problemlos ins Mittelalter fortsetzen. Das hat mehrere Gründe:

– Von kaum einem Autor der mittelhochdeutschen Epoche kennen wir mehr als den Namen. Fast alle weiteren biographischen Informationen, sogar die nackten Lebensdaten, die man häufig in Nachschlagewerken findet, sind entweder auf indirekte Weise erschlossen oder den Werken selbst entnommen. Im ersten Fall müssen es notwendig Vermutungen bleiben, und im zweiten Fall wissen wir nicht, ob die Aussagen der Sprecherinstanzen (Lyrisches Ich, Rollen-Ich, Erzähler usw.) sich zugleich auf den faktischen Autor beziehen oder nicht. Nur wenn man diese Unterscheidung ignoriert, dann kann man behaupten, dass Hartmann von Aue schwer unter dem Tod seines Herrn gelitten habe, dass Wolfram von Eschenbach ein Familienvater gewesen sein müsse, denn er spreche ja von seiner Tochter, die mit Puppen spiele (*Willehalm* 33,24), und dass Walther von der Vogelweide am Ende seines Lebens vom Kaiser doch noch ein Lehen bekommen habe, worüber er sich in der Strophe *Ich hân mîn lêhen, al die werlt* (L. 28,31) entsprechend freut. Dagegen muss man festhalten: Nichts davon hält einer historischen Überprüfung stand, auch nicht die vielen Aussagen, die wir in der mediävistischen Forschungsliteratur der letzten Jahrzehnte über die soziale Stellung der Autoren finden. In der Regel sind nicht einmal die Namen der Dichter außerhalb von Dichtungen überliefert (den eigenen sowie denen von ‚Kollegen'). Es könnte sich deshalb bei Autornamen wie Hartmann, Wolfram oder Gottfried durchaus um pseudonyme Bezeichnungen handeln (vgl. RLW s. v. Pseudonym), bei denen weitgehend offen bleibt, wer sich tatsächlich dahinter verbirgt. Wir müssen uns also immer bewusst sein, dass wir z. B. nicht in derselben Weise von „Gottfried" sprechen können, wie wir von „Goethe" sprechen.

- Die Autoren der mittelhochdeutschen Dichtungen sind jedoch nicht nur schwer fassbar, weil sie sich als historisch verbürgte Personen nicht nachweisen lassen. Kaum eine der vielen handschriftlichen Fassungen kann man auf den ursprünglichen Autor eines Werks zurückführen. Wenn man die Ansätze der „New Philology" auch nur einigermaßen ernst nimmt, dann hat man viele Bearbeiter von vielen Texten anzusetzen. Es ginge dann mit dem Begriff eines einheitlichen „Werks" auch der des gemeinsamen „Autors" verloren. Man muss schon mit der ‚alten' Philologie eines Karl Lachmann beides, Werk wie Autor, rekonstruieren. Das bleibt zwar selbstverständlich ein neuzeitliches Konstrukt, mit dem sich aber durchaus arbeiten lässt, wenn man sich dieses Problems bewusst bleibt.
- Die Autor-Problematik wird noch verschärft durch die Tatsache, dass ein Teil der mittelalterlichen Literatur ganz ohne Autorennennung auskommt. Es hat wenig Sinn, dies als Defizit aufzufassen, etwa in der Art: „Der Autor ist leider nicht bekannt …" Und Studien, die herausbekommen wollen, wer der Dichter des *Nibelungenlieds* war, versprechen keinen großen Erkenntnisgewinn. Denn in den meisten solcher Fälle scheinen die Autornamen nicht verloren gegangen, sondern mit Absicht verschwiegen worden zu sein. Wir sollten deshalb lieber nach der Funktion von Anonymität und Namensnennung in der Literatur fragen (vgl. RLW s. v. Anonymität). Wohl nur bei einfacher Gebrauchsliteratur entfällt das Bedürfnis, den Verfasser der Texte anzugeben. Allenfalls noch in mündlicher Dichtung, die vom Autor selbst vorgetragen wird, muss er sich nicht nennen, da man ihn ja sieht; sobald diese jedoch verschriftlicht wird und damit unabhängig vom Autor gelesen und vorgetragen werden kann, stellt sich die Frage: „Wer hat das verfasst?" Wenn sich das nicht mit einer historisch verbürgten Namensnennung beantworten lässt, dann wird oft ein Name dazu erfunden. Von dieser Regel weicht mit erstaunlicher Konsequenz diejenige deutschsprachige Literatur ab, die auf heroische Traditionen zurückgeht: Bis auf minimale Ausnahmen ist die ganze deutsche Heldendichtung, auch diejenige, die eindeutig als Buchepos konzipiert wurde, ohne Verfasserangabe überliefert. Die Anonymität ist hier ein Gattungsmerkmal für das Genre Heldenepos. Sie soll offenbar den Eindruck vermitteln, der Dichter trete zurück hinter einen Erinnerungsdienst für die Gemeinschaft, der die *alten maeren* der Heldentradition immer schon erzählt worden sind. Wenn der Dichter des *Nibelungenlieds* das erneut tut, dann kann er sich nicht mit Namen nennen, ohne die Gattungsgrenzen zu sprengen. Ganz im Gegensatz zu den höfischen Romanen, die beinahe sämtlich (bis auf den anonymen *Wigamur*) mit Autornamen versehen sind – wer auch immer sich dahinter verbirgt. Erstaunlicherweise ist die geistliche Dichtung keine besondere Domäne der Anonymität. Zwar sind Gebetstexte, liturgische Formeln, Beichtspiegel, einzelne Legenden oder Predigten oft ohne Autornennung überliefert, die größeren und bedeutenderen Werke werden jedoch sehr häufig einem Urheber zugeordnet. Das beginnt bereits in der althochdeutschen Literatur mit dem *Evangelienbuch* des Otfrid von Weißenburg und setzt sich fort in den frühmittelhochdeutschen Dichtungen einer Frau Ava

(z.B. *Johannes* oder *Antichrist*), mit der *Rede vom Glauben* des Armen Hartmann oder im *Loblied auf den Heiligen Geist* des Priesters Arnolt; danach wird es die Regel. Offensichtlich haben die Lesenden in der Autornennung kein Hindernis für eine identifikatorische Lektüre gesehen. Eher lässt sich im Gegenteil eine Tendenz beobachten, gerade bei Gebetsdichtungen die Namen der Verfasser nicht zu unterdrücken: bei den Psalmen Davids, bei den großen Hymnen des Venantius Fortunatus oder bei den Liedern Paul Gerhardts, die man nicht mit weniger Inbrunst singt, wenn man weiß, von wem sie stammen.

Demutshaltung und Autorname

Bei geistlicher Dichtung steht der Autornennung also nicht so sehr das Bedürfnis der Rezipienten entgegen, sich in dem bekennenden Ich der Dichtungen wieder zu erkennen. Wohl aber gibt es eine gewisse Scheu auf Seiten der Autoren selbst, sich zu nennen, würde eine demütige Haltung, sich nicht so sehr in den Vordergrund zu rücken, doch eher den geistlichen Themen angemessen sein. So ist es zu erklären, dass Autornennungen nicht nur ausdrücklich begründet werden, sondern auch auf eine solche Weise geschehen, dass der (Selbst-)Vorwurf, der Todsünde des Stolzes erlegen zu sein, gar nicht erst aufkommen konnte. So sagt Hartmann von Aue im Prolog des *Armen Heinrich* von sich selbst in der dritten Person:

dar umbe hât er sich genant,
daz er sîner arbeit
die er dar an hât geleit
iht âne lôn belîbe,
und swer nâch sînem lîbe
si hœre sagen oder lese,
daz der im bittende wese
der sêle heiles hin ze gote. (vv. 18–25)

(Er hat seinen Namen deshalb genannt, damit die Mühe des Dichtens nicht unbelohnt bleibe, indem jeder, der nach dem Tod des Dichters diese Geschichte vortragen hört oder selber liest (bzw. vorliest), für dessen Seelenheil zu Gott ein Bittgebet spricht.)

Hartmann nennt seinen Namen, damit der Rezipient nach dessen Tod für den Autor, der möglicherweise noch im Fegefeuer büßt, ein Gebet sprechen kann. Friedrich Ohly fragte einmal spitz: „Tat es je ein Germanist?" Die Frage zeigt, wie fremd uns diese Vorstellungen geworden sind, sowohl die von der Gebetsleistung als Autorenhonorar, als auch diejenige, nach welcher Gott den Namen desjenigen wissen muss, für den wirksam Fürbitte geleistet werden soll. Es hätte nicht ausgereicht, anonym für den „Autor des *Armen Heinrich*" zu beten. So kann Hartmann seinen Namen ins Spiel bringen, ohne sich dem Vorwurf des Hochmuts auszusetzen. Ob das nur ein geschickter Vorwand war, um Eitelkeit religiös zu bemänteln, sei dahingestellt; es zeugt jedenfalls auch von dem Bestreben, die eigenen Werke nicht unsigniert in die Welt hinausgehen zu lassen. Und es zeigt: Autordemut ließ sich mit Autorstolz durchaus in Einklang bringen.

Das Verlangen nach Autorisation

Von Seiten der Lesenden scheint es von jeher ein Bedürfnis gegeben zu haben, einen Text durch einen Autor beglaubigen, also „autorisieren" zu lassen. Während in der mündlichen Kommunikation ein Sprecher vor einem steht, dem man Vertrauen schenken kann oder auch nicht, will man im Bereich der Schrift, in dem ein persönliches Gegenübertreten nicht möglich ist, zumindest einen Ersatz dafür haben. Über den Namen des Autors hinaus erwartet man einige Details aus seinem Leben. Für die Kirchenväter benutzte man – anknüpfend an Sueton – zunächst meist *De viris illustribus* genannte Schriftstellerkataloge, die von Hieronymus über Gennadius von Marseille bis hin zu Honorius Augustodunensis und Hugo von Trimberg (*Registrum multorum auctorum*) um Werk- und Lebensdaten erweitert wurden (LexMA s.v. Schriftstellerkataloge). Für die Philosophie setzte z.B. Walter Burleigh (*De vita et moribus philosophorum*) die antike Tradition (z.B. bei Diogenes Laertius) fort, berühmte Aussprüche narrativ in Anekdoten aus dem Leben der Philosophen einzubinden. Den Zugang zu den in der mittelalterlichen Schule gelesenen Werken boten lateinische Einführungen *Accessus ad auctores*, in denen u.a. der Punkt *vita poetae* abgehandelt wurde (LexMA s.v. Accessus ad auctores). Die provenzalische Troubadourlyrik schließlich ist oft mit einem narrativen Prosatext verbunden, der dem unter einem Namen überlieferten Liedœuvre einen biographischen Rahmen gibt (LexMA s.v. Vidas und razos). Die mittelhochdeutsche Literatur hingegen scheint Dichterbiographien weniger zu kennen. Zwar geben Gottfried von Straßburg (*Tristan*, v. 4621–4820) und Rudolf von Ems (*Alexander*, vv. 3105–3268) kritische Überblicke über die Autoren ihrer Zeit, doch diese Literaturexkurse enthalten ebenso wenig Biographisches wie die dichterischen Totenklagen, die etwa Walther von der Vogelweide über Reinmar (*Owê daz wîsheit unde jugent*; L. 82,24) oder Frauenlob über Konrad von Würzburg (*Gevîolierte blüete kunst*) verfassten. Im Mittelhochdeutschen antworten wohl eher die vielen ironischen (Auto-)Biographiefragmente der Erzählerinstanzen innerhalb der epischen Dichtungen spielerisch auf dieses Bedürfnis der Leserschaft, zum Namen des Dichters noch einige seiner Lebensumstände zu erfahren. In einzelnen Fällen lösen die Namen der Autoren sich allerdings fast vollständig von ihrem Œuvre. Neidhart etwa wird zum Schwankhelden, z.B. in den *Neidhartspielen* des 15. Jh.s. Und um den Dichter Tannhäuser rankt sich die Sage vom Venusberg, für die es in seinen Versen keinen Anhaltspunkt gibt; vor allem aufgrund der Oper von Richard Wagner (*Tannhäuser und der Sängerkrieg auf Wartburg*, 1845) haben wir heute die paradoxe Situation, dass nahezu jeder den Tannhäuser kennt oder zu kennen glaubt, aber kaum jemand auch nur eine Strophe von ihm gelesen hat.

Autorenbilder

Noch wichtiger als das Erzählen von Lebensdetails ist die Präsentation von Bildern der Autoren. Das bekannteste Beispiel ist der *Codex Manesse*, die Große Heidelberger Liederhandschrift (Heidelberg, UB, Cpg. 848), in der jedem Liedœuvre der mittelhochdeutschen Dichter nicht nur der Name, sondern auch ein Autorbild vorangestellt ist. Für viele Einzelüberlieferungen von Dichtungen in den Handschriften gilt dasselbe, ebenso wie für ein Rechtsbuch wie den *Sachsenspiegel*. Es versteht sich von selbst, dass diese Autorenbilder keinen photographischen Charakter haben – ebenso wenig wie die Biographisierungen der Autorennamen einer historischen Überprüfung standhalten. Umso wichtiger ist es, die Aussagen dieser Bilder mit den jeweiligen literarischen Texten in Verbindung zu bringen, was ein höchst aufschlussreiches Forschungsvorhaben der aktuellen Mediävistik ist. Insgesamt lässt sich sagen, dass die Literatur des Mittelalters ohne den Autor nicht auskommt. Deshalb sollte auch die Mediävistik auf diesen Begriff nicht verzichten.

3. Dichtung in Versen. Dichtung in Prosa?

Primat der Versform

Die Autoren der deutschen Literatur des Mittelalters können, wie gesagt, problemlos als „Dichter" im engeren Sinne bezeichnet werden, da sie sich in ihren volkssprachigen Werken fast ausnahmslos metrisch gebundener Sprache bedienen, nicht der Prosa. Dieser „Primat der Versform" (Max Wehrli) ruft heute vor allem im Bereich erzählender Literatur immer wieder Erstaunen hervor, da für viele Leser „Prosa" inzwischen fast ein Synonym für „Epik" geworden ist. Demgegenüber muss man festhalten, dass Epik zunächst einmal mit Prosa nicht viel zu tun hat. Im Gegenteil: Von den großen Epen der älteren Weltliteratur ist keines in Prosaform verfasst. Die Gegenüberstellung von gebundener und ungebundener Sprache in der Literatur, von Poesie und Prosa also, muss auf einer anderen Ebene gedacht werden als die Unterscheidung zwischen den Hauptgattungen Lyrik, Epik und Dramatik. Während Lyrik sich in aller Regel einer Versform bedient, können Texte aus den Bereichen von Epik und Dramatik in gebundener wie auch in ungebundener Sprache verfasst sein. Heute sind Versromane und Versdramen gegenüber solchen Werken in Prosa die seltene Ausnahme; im Mittelalter war es genau umgekehrt. „Regel und Ausnahme haben die Plätze gewechselt" (Jan-Dirk Müller). Aus der mittelhochdeutschen Literatur ist – anders als aus der französischen – überhaupt nur ein einziger Prosaroman bekannt: der monumentale *Prosa-Lancelot*, der in dieser Hinsicht zumindest in Deutschland lange keine Nachfolger gefunden hat. Erst seit dem 17. Jh. kann für die Gattung Roman die Prosaform als konstitutiv gelten, die auch noch lange danach häufig durch Verseinlagen unterbrochen wird (RLW s. v. Roman).

Verwendung von Prosa im Mittelalter

Für die alt- und mittelhochdeutsche Textüberlieferung lässt sich feststellen, dass neben den schriftlich verbreiteten Predigten vor allem Texte der Sach- und Gebrauchsliteratur in Prosa verfasst wurden. Doch auch dies gilt nur mit Einschränkung: Literarische Lebens- und Verhaltenslehren wie die (fragmentarische) Lehrdichtung des Wernher von Elmendorf, der *Welsche Gast* von Thomasîn von Zirklaere und der *Renner* Hugos von Trimberg sind in eingängigen Reimpaarversen verfasst. Das Fachschrifttum im engeren Sinne, auch z. B. das medizinische, das die Germanistik noch bis vor kurzem unter dem Stichwort „Fachprosaforschung" untersucht hat (vgl. RLW s. v. Fachprosa), erweist sich häufig als durch Vers und Rhythmus geprägt, weshalb man es heute neutraler als „Fachliteratur der Artes" behandelt. Selbst solche Werke, die offensichtlich von vornherein und bewusst in Prosa verfasst wurden, wie der *Sachsenspiegel*, die *Sächsische Weltchronik* oder der *Lucidarius*, sind immerhin mit Vorreden in Reimform versehen. Beim *Lucidarius*, einer volkssprachigen Laienunterweisung im Anschluss an das lateinische *Elucidarium* des Honorius Augustodunensis, wird in einem Prolog (A) sogar die Prosaform ausgerechnet in Versen begründet; danach hat Herzog Heinrich der Löwe († 1196) seine Kapläne damit beauftragt, den deutschen *Lucidarius* „ohne Reime" zu verfassen:

sine capellane er hiez
die rede suochen an den schriften
und bat daz sie ez tichten
an rimen wolden
wan sie ensolden
niht schriben wan die warheit
alz ez ze latine steit.

(Er befahl seinen Kaplänen, den Text aus den Büchern herauszusuchen, und bat sie darum, das Werk ohne Reime zu verfassen; sie sollten nichts als die Wahrheit schreiben, so wie sie sich in lateinischer Sprache vorfindet.)

Dieser Hinweis des *Lucidarius*-Prologs auf den lateinischen Wortlaut der Vorlage lenkt den Blick darauf, dass Prosa der lateinischen Literatur des Mittelalters weitaus vertrauter war als der volkssprachigen. Freilich zeigen sich auch hier poetische Elemente wie das Einfügen rhythmischer Strukturen (LexMA s. v. Cursus) und sogar von Reimen in Pausen (LexMA s. v. Reimprosa). Vor allem über die *Consolatio philosophiae* des Boethius kam die Form des Prosimetrums (RLW s. v. Prosimetrum) aus der Antike in das Mittelalter; Prosa wechselt sich dabei regelmäßig mit Verspartien ab. Ein frühmittelhochdeutsches geistliches Werk, das *St. Trudperter Hohelied*, knüpft an diese Traditionen der durch Verseinlagen unterbrochenen lateinischen Kunstprosa an (was erst durch die typographische Hervorhebung in der Neuedition von Friedrich Ohly deutlich wird).

Prosaauflösung im Übergang zur Neuzeit

Der *Lucidarius*-Prolog verweist freilich nicht nur darauf, dass die lateinische Vorlage in ungebundener Prosa-Form gehalten war. Er bringt zudem ein Argument, das in der weiteren Diskussion um Vers und Prosa eine entscheidende Rolle spielen wird: Wer Prosa verwendet, verbindet damit einen programmatischen Anspruch auf „Wahrheit“. Wenn im 15. Jh. eine deutsche Prosa-Epik zunächst weniger dadurch entsteht, dass man neue Romane gleich in Prosa verfasst, sondern dadurch, dass erst einmal mittelhochdeutsche Versdichtungen wie der *Tristan*, der *Willehalm*, der *Wigalois* und viele andere in Prosa umgeschrieben („aufgelöst“) werden, dann kann dieses erstaunliche Phänomen der Prosaauflösung verschiedene Gründe haben, von denen keiner als allein ausschlaggebend gelten kann.

- Da ist einmal das soziologische Argument von der Ablösung des Adels durch das Bürgertum als wichtigstem Träger von Literaturproduktion und -rezeption zum Ende des Mittelalters hin. Das setzt als selbstverständlich voraus, dass es der Bürger im Unterschied zum Adligen lieber ‚nüchtern‘ mag, er also von seiner ganzen Grundhaltung her zur Prosa tendiert – eine Voraussetzung, die so pauschal nicht zu bestätigen ist. Dagegen spricht schon, dass zur selben Zeit an der Schwelle zur Neuzeit weiterhin Versromane entstanden und auch die alten Versepen weiter rezipiert wurden; einen radikalen Wechsel des Publikums und seines Geschmacks hat es somit nicht gegeben.
- Ein zweites Argument geht von der linguistischen Beobachtung aus, dass es im 15. Jh. keine überregionale Schriftsprache (mehr) gab, weshalb es zunehmend schwierig geworden sei, Reime für alle deutschsprachigen Leser nachvollziehbar zu bilden und die alten aufgrund der Lautveränderungen im Vokalismus aufrechtzuerhalten. Dieses Phänomen einer Dezentralisierung der deutschen Sprache betrifft freilich teilweise auch die Prosa, wes-

halb dann z. B. Luthers Bibelübersetzung mit eigenen Glossaren für die unterschiedlichen Sprachlandschaften ausgestattet wurde, damit sie überhaupt im ganzen deutschen Sprachgebiet benutzt werden konnte.

- Von einem dritten Argument war schon kurz im Kapitel über die medialen Voraussetzungen der mittelalterlichen Literatur die Rede: Obwohl das mündliche Vortragen von Literatur bis heute eine übliche Rezeptionsform geblieben ist, die in dem Medium des Hörbuchs sogar gerade eine neue Blüte erlebt, lässt sich über die Länge der ganzen deutschen Literaturgeschichte betrachtet sicher eine Tendenz vom mündlichen Vortrag, der immer eine gewisse Gedächtnisleistung voraussetzt, zur (stillen) Einzellektüre feststellen. Wo aber das Gedächtnis nicht als Speicher benötigt wird, da können mnemotechnische Hilfen prinzipiell auch fortfallen. Sieht man die Funktion von Vers, Reim oder Strophengliederung vor allem hierin, dann wäre die Prosaform epischer Texte zumindest in dieser Hinsicht die logische Konsequenz der Entwicklung zu stiller, visueller Lektüre.
- Das vierte Argument schließlich knüpft an die Aussagen vieler Quellen wie der genannten Reimvorrede des *Lucidarius* an, wonach „ungereimte" Präsentation des literarischen Textes dessen „Wahrheit" verbürgen soll. Das setzt den alten Topos „Dichter lügen" voraus: Von Platon über die Kirchenväter und mittelalterliche Theologen wie Rupert von Deutz stand vor allem mit dem Reimvers als Inbegriff des Dichterischen der Vorwurf der „Lüge" im Raum. Mit der Verwendung von Prosa ließ sich dieser Vorwurf offenbar vermeiden.

Dass mit der Wahl der Prosaform ein programmatischer Anspruch auf „Wahrheit" verbunden war, ist bei Sachtexten wie dem *Lucidarius* oder den exegetischen Werken eines Rupert von Deutz gut nachzuvollziehen. Nicht unproblematisch hingegen bleibt dies bei den Werken der mittelhochdeutschen Romane, die in Prosa „aufgelöst" wurden. Ihnen wurde hiermit offensichtlich ihr fiktionaler Charakter bestritten, was sich auch darin zeigen könnte, dass sie, wie dann auch die neu entstehenden Prosaromane der Frühen Neuzeit, als *historia* bezeichnet werden, also als Tatsachenbericht, vergleichbar dem eines Geschichtsschreibers: Der bekannteste Text dieser Art ist sicher die *Historia von D. Johann Fausten*. Durch beides, durch die Prosa wie durch die *Historia*-Titel, wird Fiktionalität dementiert. Wie kommt es zu dieser Tendenz der Defiktionalisierung von eindeutig fiktionaler Literatur? Wollte man darin eine ernst gemeinte Hinwendung zur ‚Realität', zur ‚Wirklichkeit' sehen, dann beruhte der Erfolg der Prosa im Übergang zur Neuzeit auf einem großen Missverständnis. Näher liegt es deshalb, dies in den Rahmen der vielen Wahrheitsbeteuerungen, Quellenberufungen oder Behauptungen von Augenzeugenschaft zu stellen, mit denen schon die Erzählerinstanzen der mittelalterlichen Epik auf ironische Weise deutlich machen, dass ihre Geschichte gerade nicht wahr, sondern erfunden ist. So wäre dann das Bestreiten von Fiktionalität durch die Wahl der Prosaform in frühen deutschen Prosaroman paradoxerweise ein Fiktionalitätssignal.

Funktionen von Poesie

Die Funktionen der Prosa lassen sich vielleicht schon deshalb so schwer benennen, weil Prosa meist nur negativ als Nicht-Poesie bestimmt wird. Deshalb verspricht es, ergiebiger zu sein, umgekehrt nach den Funktionen der Verssprache zu fragen.

- Die Nähe der Poesie zur Mündlichkeit wurde bereits mehrmals angesprochen. Beim mündlichen Vortrag bietet sie dem Sprecher Hilfen der Erinnerung wie auch der improvisierenden Neuformulierung. Auf der Seite des Rezipienten hängt die Entscheidung, ob jemand die Poesie der Prosa vorzieht, nur zum kleinen Teil von der Frage ab, ob er lesen und schreiben kann – weshalb der Verweis auf die Semi-Oralität der vormodernen Gesellschaft nicht hinreichend erklären kann, weshalb bis mindestens ins 18. Jh. hinein der Reimvers als Inbegriff ‚schöner' Literatur galt. Auch wenn sie nur gesprochen erklingt, nicht gesungen, dann wirkt gebundene Sprache auf schriftgelehrte Hörer wohl nicht weniger intensiv als auf Analphabeten. Wie bei der Musik kommen allein schon die rhythmischen Strukturen poetischer Sprache dem Gehirn und dem Nervensystem sehr entgegen und haben ebenfalls einen enormen Einfluss auf die Emotionen des Menschen. Wo Dichtung therapeutische Funktion haben soll, etwa als Heilmittel gegen Melancholie (wie Hartmann seinen *Armen Heinrich* als ein Werk versteht, *dâmite er swaere stunde / möhte senfter machen*; vv. 10f.), dort kommt es wie in der Musiktherapie vor allem auf den Rhythmus an. Wer Verse spricht oder hört, der stimmt sich in ihr Metrum ein, indem er die nächste Betonung fast punktgenau erwartet und erwarten darf. Diese berechtigte „Vorauserwartung" (Wolfgang Kayser), die den entscheidenden Unterschied zum Rhythmus der Prosa ausmacht, scheint dem Glücksempfinden der Hörer sehr nahe zu kommen. Ähnliches gilt offenbar für den Reim, der ebenfalls den Reiz, wenn nicht gar die ‚Magie' poetischer Sprache steigert. Doch da menschliche Körperrhythmen nicht stur nach einem Metronom ablaufen, kann eine zu häufige Wiederholung den ästhetischen Genuss bei Versen auch wieder zerstören. Vor allem bei langen Texten wirkt ein kaum variiertes Metrum schließlich als ‚leiernd', und ein immer gleiches Reimschema ermüdet nach einiger Zeit Sprecher wie Hörer. Vielleicht ist dies auch einer der Gründe dafür, dass in der Epik die Versform von der Prosa fast vollständig verdrängt wurde.
- Texte in Versen sprechen aber nicht nur die Gefühle der Rezipienten auf besondere Weise an. Sie heben zudem sich selbst wie auch die Gegenstände, von denen sie handeln, aus der normalen Alltagskommunikation heraus. Verse beanspruchen, erinnerungswürdig und für feierliche Anlässe geeignet zu sein; sie verleihen Wert oder bestätigen diesen. Im mittelalterlichen Schulunterricht des Triviums wurde das Umformulieren von Prosatexten in Versform eingeübt, wohl nicht zuletzt, um sich das hohe Ansehen gebundener Rede zunutze zu machen (RLW s. v. Versifizierung). Noch Bertolt Brecht hat sich in einer Versversion des *Kommunistischen Manifests* von Marx und Engels versucht (*Das Manifest*, 1945). Wenn vormoderne Fachliteratur relativ häufig nicht in Prosa verfasst ist, dann mag das auch daran liegen, dass solche Texte für feierliche Anlässe bestimmt waren. Es geht dann nicht primär darum, über Dichtung Wissensinhalte oder gar praktische Handgriffe zu vermitteln, vielmehr: Wissenschaftliche Disziplinen und Berufsstände feiern sich in diesen Texten selbst.
- Neben einem Plus an Wertgebung ist mit dem Versgebrauch ein Mehr an literarisch-formalem Anspruch verbunden. Die volkssprachige Prosa konnte sich in der Neuzeit erst langsam einen Status eigenen Rechts erobern; bei der Versdichtung war diese Sonderstellung durch die besondere

Form bereits kenntlich gemacht und akzeptiert (RLW s.v. Poetizität). Die sprachlichen Forderungen an Rhythmus und Reim im Vers begründen zugleich auch das Recht, in dieser Hinsicht von der Norm abweichen zu dürfen. Dichterische Freiheit (RLW s.v. Poetische Lizenz) zeigt sich zunächst in ungebräuchlicher Wortstellung, ungewöhnlicher Betonung oder gewagtem Metapherngebrauch. Darüber hinaus scheint man in Versen über Dinge sprechen zu dürfen, bei denen, geschähe es in Prosa, Probleme mit Autoritäten entstehen könnten. Ein Beispiel dafür ist die kirchliche Verkündigung, die Predigt, die traditionell in Prosa gehalten ist; wenn Laien Auslegungen von Evangelien verfassen (z.B. Michel Beheim, Johann von Soest), dann können sie dies in Versen tun, ohne mit dem Predigtmonopol des Klerus in Konflikt zu geraten. Und noch eine grundsätzliche Lizenz ist mit Versgebrauch verbunden. Die Behauptung, der Vers signalisiere „Lüge“, von der oben bei den Argumenten für die Prosaauflösung die Rede war, muss nicht zwingend nur als Vorwurf verstanden werden; diese Behauptung verweist auch umgekehrt darauf, dass mit der Versform ein anderer Wahrheitsbegriff verbunden sein kann als der strenge der Philosophen und Theologen. Kurz gesagt: In Versen durfte man ‚lügen'! Solange Prosa auf „Wahrheit“ verweist, darf man das in ungebundener Sprache nicht. Fiktionale Epik war somit im Mittelalter auch deshalb nur bedingt in Prosa möglich, weil sie offenbar der Versform allein schon als Fiktionalitätssignal bedurfte.

Reim I: Stabreim

Die Versdichtung des Mittelalters, egal ob Epik oder Lyrik, ist nahezu immer mit einem Reim verbunden, und zwar in aller Regel mit dem Endreim (RLW s.v. Reim). Stabreime, die offenbar germanisches Erbe sind (vgl. die altnordische *Edda* oder den angelsächsischen *Beowulf*), finden sich hingegen fast nur am unmittelbaren Beginn der deutschen Literaturgeschichte (RLW s.v. Stabreim, Stabreimvers). Die altniederdeutsche Bibeldichtung *Heliand* nutzt sie, das *Hildebrandslied*, sowie die *Merseburger Zaubersprüche* und das eschatologische Gedicht *Muspilli*. Wenn im 19. Jh. der Stabreim noch einmal eine gewisse Blüte erlebt (etwa bei Fouqué oder bei Wagner), dann handelt es sich um ein archaisierendes Anknüpfen an die tatsächlichen oder vermeintlichen Traditionen der Germanen, die man wieder beleben wollte. Beim Stabreim wird ein Gleichklang im Anlaut, eine Alliteration (RLW s.v. Alliteration), zum metrischen Prinzip erhoben. Ein Stabreimvers ist – vereinfacht ausgedrückt – ein Langvers (RLW s.v. Langvers) mit einem ersten (Anvers) und einem durch eine feste Zäsur davon getrennten zweiten Teil (Abvers), wobei mindestens ein Wort mit einem weiteren in dem jeweils anderen Teil dadurch korrespondiert, dass bei beiden der Anlaut der Wurzelsilbe derselbe Konsonant, dieselbe Konsonantenverbindung (*sk*, *sp* und *sp*) oder derselbe Vokal ist. Diese lautlichen Korrespondenzen sind die „Stäbe“, auf denen die Betonungen liegen. Ein Beispiel aus dem *Hildebrandslied* (v. 3): ***H**iltibrant enti **H**adubrant untar **h**eriun tuem* (Hildebrand und Hadubrand, zwischen zwei Heeren). Die Langverse des Stabreims, die wiederum (vor allem paarweise) zu Strophen gruppiert werden können, bieten die Möglichkeit zu einem sehr eindrücklichen, oft geradezu aggressiven Versvortrag, bei dem die semantisch ausgezeichneten Wörter extrem hervorgehoben werden, und zwar auf Kosten des ganzen übrigen Sprachmaterials, das akustisch stark zurücktritt. Seit dem *Evangelienbuch* des Otfrid von Weißenburg (um 870) ist in der deutschen Dichtung der Stabreim durch den Endreim abgelöst.

Reim II: Endreim

Endreime treten zunächst ebenfalls in zweigliedrigen Langversen auf (ab wann man sie als Reimpaare edieren dürfe, ist eine alte Streitfrage der Mediävistik). Die Verbindung zwischen An- und Abvers wird dabei nicht wie beim Stabreim durch Gleichklänge im Anlaut hergestellt, sondern durch Gleichklang am Wortende einer Versgrenze. Damit verknüpft der Endreim nicht nur zwei Verse oder Versteile miteinander, er trennt sie zugleich. Für den Klangeffekt des Endreims, der an ein Echo erinnert, gab es offenbar in der germanischen Dichtungstradition keine Vorbilder. Auch in der antiken Literatur, aus der er letztlich übernommen wurde, blieb er randständig und war (als rhetorisches Schmuckmittel) nicht unumstritten. Erst die lateinische Hymnendichtung des Christentums, angeregt vielleicht durch jüdische Gebetsdichtung, gab den Anstoß zu der bei Otfrid erkennbaren großen Neuerung in der Volkssprache, welche trotz aller immer wieder einmal aufkommenden Kritik die Form der deutschen Poesie ein Jahrtausend lang bestimmen sollte. Mit dem Wechsel vom Stab- zum Endreim war eine Veränderung der Struktur des Verses verbunden. Während der Stabreim eine Versform bildet, die expressiv wenige zentrale Wörter herausschleudert und ins Gedächtnis der Hörer gleichsam einhämmert, erzeugt der Endreimvers einen harmonischen Klang, der sich vom Sinn der Texte weitgehend loslösen kann, aber wie Musik allein schon über die Form die Emotionen der Menschen positiv anspricht. Auch wenn dieses Betonen der Harmonie gewiss mittelalterlichen Ordo-Vorstellungen entgegen kommt, bleibt doch fraglich, ob diese Poesieart vorrangig als „Vers christlicher Liebe und Frömmigkeit verstanden sein will", wie Max Wehrli sagte. Der Wechsel vom Stab- zum Endreim wird nicht monokausal zu erklären sein, auch nicht als klare Abgrenzung vom Heidentum, da ja zumindest mit dem *Heliand* ein wichtiges christliches Werk in Stabreimversen vorliegt. Der frühe Endreim der althochdeutschen und frühneuhochdeutschen Dichtung unterscheidet sich allerdings in mehrfacher Hinsicht vom Endreim, wie wir ihn heute noch kennen – und durch Autoren wie Robert Gernhardt wieder schätzen gelernt haben. Uns kommt mancher dieser frühen Reime als „unrein" vor, da wir einen Gleichklang vom letzten betonten Vokal des Wortes an verlangen. Zunächst wurde aber eine bloße Übereinstimmung von Vokalen („Anklang", „Assonanz") als hinreichend empfunden, etwa im *Ludwigslied* (v. 56): *Ioh allên heiligôn thanc!   Sîn uuarth ther sigikamf* (Auch allen Heiligen gebührt Dank! Er hat gesiegt). Dabei konnte der Reim noch durchaus auf Endsilben liegen, wie im *Georgslied* (v. 1): *Gorio vuor zi mahalo mit michilemo herio* (Mit großen Heer zog Georg zum Gericht). Hauptsilben reimten auf Nebensilben, so im *Memento mori* (v. 1): *Nu denchent, wip unde man,   war ir sulint werdan* (Denkt darüber nach, Frauen und Männer, wohin ihr gelangen werdet). Und während wir vom Reim nicht nur Gleichklang, sondern zugleich Klangdifferenz verlangen, sind (später so genannte) „rührende" Reime im Alt- und Frühmittelhochdeutschen durchaus nicht anstößig; von Kaiser Karl heißt es im *Rolandslied* des Pfaffen Konrad (vv. 691 f.): *nieman ne was ime gelich: / sin antlizze was zirlich* (niemand sah aus wie er: / so schön war sein Gesicht). Auch identische Reime kommen vor; *Von der Siebenzahl* (vv. 83 f.): *Nu biten wir den vater der gnaden, / daz er unser ruoch ze gnaden* (Nun lasst uns den Vater der Barmherzigkeit bitten, / dass er uns gnädig sein wolle). Dies alles ändert sich radikal am Ende des 12. Jh.s, als sich in der mittelhochdeutschen höfischen Dichtung die Reimstandards herausbilden, die im Grunde bis heute gelten. Ein wichtiger Markstein war hier der *Eneasroman* (vor 1190) des Heinrich von Veldeke, den Rudolf von Ems dafür rühmt (*Alexander*, v. 3114), dass er *rehter rîme alrêrst began* – was sich auf Reime wie auf Verse überhaupt beziehen lässt. Spätestens um 1200 waren in der deutschen Literatur die freieren Klangspiele des alten Endreims nicht mehr akzeptabel (was gelegentlich als Indiz für die Datierung von Texten herangezogen wird). Mit der Reglementierung des Reims vor 1200 wurden jedoch zugleich die Möglichkeiten, Reimschemata zu bilden, stark erweitert. Vor allem in der Minnelyrik entstanden in dieser Zeit Gedichte mit Kreuzreim (ababcdcd), umarmendem Reim (abba), Schweifreim (aabccb) und in vielen anderen Formen. Anders in der Epik: Der höfische Roman hat konsequent am Paarreim festgehalten, ihn jedoch trotz des prinzipiell gleichförmigen Reimschemas zu einer kunstvollen und äußerst flexiblen Literaturform ausgebildet.

4. Mittelalterliche Epik

Gliederungsprobleme

Stoffkreise

Da im Mittelalter auch in der Epik die Versform dominiert, ist eine Einteilung der erzählenden Literatur in formaler Hinsicht nach Vers und Prosa nicht möglich. Auch chronologische Ordnungsprinzipien stoßen schnell an ihre Grenzen, da einzelne Gattungen sich nur selten auf bestimmte Epochen beschränken (RWL s. v. Gattung). Selbst eine Einteilung nach literarischen Gattungen ist nicht ganz unproblematisch, lässt sich doch ein reflektiertes Gattungsbewusstsein für die deutschsprachige Literatur kaum nachweisen. Freilich gibt es durchaus klar abgegrenzte Werkreihen, die sich offensichtlich kaum vermischen. Sie sind vor allem an Stoffen oder größeren Stoffkreisen orientiert. Eine mhd. Programmstrophe vom Marner nennt mehrere davon:

Sing ich dien liuten mîniu liet,
sô wil der êrste daz,
wie Dieterîch von Berne schiet,
der ander, wâ künec Ruother saz,
der dritte wil der Riuzen sturm,   *sô wil der vierde Ekhartes nôt,*
Der fünfte, wen Kriemhilt verriet,
dem sehsten tæte baz,
war komen sî der Wilzen diet.
der sibende wolde eteswaz
von Heimen ald von Witechen sturm,   *von Sigfrids ald von Ecken tôt.*
Sô wil der ahte dâ bî nicht wan hübschen minnesanc.
dem niunden ist diu wîle bî den allen lanc.
der zehend enweiz niht wie,
nû sust nû sô, nû dan nû dar,   *nû hin nû her, nû dort nû hie.*
dar über hæte manger gerne der Nibelunge hort.
der wigt mîn wort
noch ringer danne ein ort:

des muot der ist in schatze verschort.
sus gât mîn sanc in manges ôre, als der mit blîge in marmel bort.
sus singe ich und sage iu, des iu niht bî mir der künec enbôt.

(Wenn ich den Leuten meine Lieder vortrage, dann möchte der erste hören, wie Dietrich von Bern ins Exil ging, der zweite will erfahren, wo König Rother herrschte, der dritte, was es mit dem Kampf der Reussen auf sich hat, der vierte wünscht sich die Geschichte vom getreuen Eckhart, der fünfte will erfahren, wen Kriemhild verraten hat, dem sechsten käme es mehr entgegen, wenn er erführe, was aus dem Volk der Wilzen geworden ist, der siebte hörte gern etwas von Heime oder von den Kämpfen Witteges, oder von Siegfrieds oder von Eckes Tod. Der achte hat nichts anderes lieber als höfische Minnelyrik. Dem neunten ist das alles viel zu langweilig. Der zehnte weiß gar nicht was er will, mal so mal so, mal vorwärts mal rückwärts, mal hin mal her, mal dort mal hier. Und überhaupt hätten viele lieber den Schatz der Nibelungen. Wer seinen Sinn im Besitz vergräbt, der schätzt meine Worte geringer als einen Pfennig. So geht mein Gesang in manche Ohren auf dieselbe Weise hinein wie bei dem Versuch, Marmor mit Blei zu durchbohren. So singe ich euch dasjenige, was mir nicht der König euch zu sagen befohlen hat.)

In dieser Klage über den Geschmack und das Verhalten des Publikums, dem es ein Dichter niemals recht machen kann, werden anhand von Personen-, Orts- und Völkernamen epische Stoffe genannt, die es zu einiger Popularität gebracht haben. Mit Ausnahme des *König Rother* (vv. 1f. *Bî dem westeren mere / saz ein kuninc der hiez Ruother*) dominiert dabei die Heldenepik, die jedoch nicht von anderen epischen Stoffgruppen abgegrenzt wird, sondern vom Interesse an Lyrik („höfischer Minnesang"), aber auch von literarischem Banausentum, über das sich der Dichter selbstbewusst hinwegsetzen will. Sucht man eine Stelle, an der über solches Nennen von Stoffen hinaus die Gattungsdifferenzierung thematisiert wird, dann muss man wohl einen Seitenblick auf die französische Dichtung des Mittelalters werfen. Jean (Jehan) Bodel formuliert in seinem *Sachsenlied* (*La Chanson des Saisnes*, vv. 6–11):

N'en sont que trois materes à nul home entendant:
De France et de Bretaigne et de Romme le grant;
Ne de ces trois materes n'i nule samblant.
Li conte de Bretaigne s'il sont vain et plaisant
Et cil de Romme sage et de sens aprendant,
Cil de France sont voir chascun jour aparant.

(Es gibt nur drei Sagenkreise für den, der sich darauf versteht: / Von Frankreich, von der Bretagne und vom großen Rom. / Und diese drei Sagenkreise unterscheiden sich ganz und gar. Die Erzählungen der Bretagne sind nichtig und bloß unterhaltsam, / Die von Rom lehrreich und voller Sinn, / Die von Frankreich sind wahr, wie jedweden Tag offenkund wird. *Übersetzung nach Hans Robert Jauß*)

Das Zentralwort für die Unterscheidung ist frz. *matière*, lat. *materia*, was wir sonst mit „Stoff" übersetzen (RLW s.v. Stoff), hier aber eine größere Einheit bezeichnet, etwa „Stoffkreis". Diese Stoffkreise sind zunächst nicht nach Figuren, sondern topographisch ausgerichtet. „Frankreich" steht dabei für die Heldenepik der französischen Literatur, die „Bretagne" für die Artus- und Gralsepik und „das große Rom" – pars pro toto für die ganze Antike – für den mittelalterlichen Antikenroman. Neben der räumlichen Abgrenzung werden Charakterisierungen vorgenommen (nichtig, lehrreich, wahr, unterhaltsam), die sich sowohl auf die Werke selbst wie auf ihre Wirkung beim Leser beziehen. Daran kann im Folgenden angeknüpft werden, wenn das französische Bodel-Schema auf die deutsche Epik des Mittelalters übertragen und entsprechend erweitert wird.

Antikenroman

Mediävalisierung antiker Erzählstoffe

Bodels Begriff *matière de Romme* bezieht sich auf den Antikenroman. Damit sind keine Romane aus der Antike gemeint, sondern mittelalterliche Romane, die antike Stoffe verwenden und neu bearbeiten. Selbstverständlich sind Figuren, Stoffe und Erzählmotive aus der Antike auch in mittelalterliche Werke anderer Gattungen eingegangen, im Antikenroman konstituieren sie jedoch eine eigene Erzählwelt, die durch bekannte Namen aus Mythos und Geschichte markiert ist. Sie erscheint wohl als vergangene, nicht jedoch als gänzlich fremde Welt. Denn das Mittelalter grenzte sich ja nicht grundsätzlich von der Antike ab, sondern verstand sich eher als deren Fortsetzung. Deshalb sah man auch umgekehrt kein Problem darin, Motive höfischer Zivilisierung in die *matière de Romme* einzubauen, obwohl sie in der Antike gewiss keine große Rolle gespielt haben. Wenn man, wie es häufig geschieht, von „antikisierenden Romanen" spricht, dann muss man bedenken, dass die Stoffe der Antike hier eher „mediävalisiert" oder, wie man früher sagte, „verritterlicht" werden. In Stoffen der Antike entwirft sich wohl erstmals ein frühes höfisches Menschenbild in der Epik. Möglich wurde dies vor allem, da lateinische Literatur der Antike zentraler Bestandteil des mittelalterlichen Schulunterrichts war. Am Beispiel etwa von Vergils *Aeneis* und der *Thebais* des Statius konnte man lernen, wie große epische Stoffe in schriftlicher Form vorbildlich gestaltet waren; das musste für mittelalterliche Autoren zur Herausforderung werden, es der antiken Dichtung gleichwertig nachzutun. Vorreiterfunktion hatte hier die französische Literatur, der aber bald deutsche Dichter folgten, womit ein langes Kapitel deutscher Adaptationen französischer Vorgängertexte begann.

Alexanderroman

Die zentrale Herrschergestalt der Antike war und blieb auch im Mittelalter Alexander der Große († 323 v. Chr.), der Makedonenkönig, der mit seinen Eroberungszügen „bis an die Grenzen der Welt gelangte", wie es in der Bibel heißt (1 Makk. 1,3 *et pertransiit usque ad fines terrae*). Die Geschichte seines Lebens, sein rasanter Aufstieg zur Weltherrschaft und sein plötzlicher Gifttod, nicht zuletzt die abenteuerliche Orientfahrt, kam der Phantasie der Lesenden sehr entgegen. Auch ließ sich mit ihr ein fürstenspiegelartiges Bild des idealen Herrschers entwerfen – wie zugleich ein abschreckendes Exempel politischer Hybris. Neben den einschlägigen Kapiteln bei den Geschichtsschreibern reicht eine romanhafte Bearbeitung der Alexandergeschichte aus der Spätantike in vielen Fassungen und Sprachen in das Mittelalter hinein. Dieser äußerst populäre anonyme *Alexanderroman* wurde häufig zur Grundlage für Bearbeitungen durch mittelalterliche Autoren. Das bedeutendste mittellateinische Werk in dieser Reihe ist gewiss die *Alexandreis* des Walter von Châtillon, wo bereits die Form des Verses, der Hexameter, einen Anspruch auf Klassizität anmeldet. Diese mittelalterliche Dichtung sollte zeitweilig Vergils *Aeneis* aus dem Schulunterricht verdrängen, weshalb sie teilweise mit erklärenden Glossen überliefert wurde, wie es sonst nur für Klassiker-Texte üblich ist. Von den französischen Fassungen des 12. Jh.s war vor allem der umfangreiche *Roman d'Alexandre* eines Alexandre de Bernay einflussreich, dessen (zunächst) paarweise reimende Zwölfsilbenverse als *vers alexandrin* bekannt wurden, wonach wir noch heute das vornehmste Versmaß der Barockdichtung benennen: den „Alexandriner" (RLW s.v. Alexandriner). Der älteste Antikenroman in deutscher Sprache ist das *Alexanderlied* des Pfaffen Lamprecht. Die drei bekannten Fassungen unterschiedlicher Länge, die nach den Aufbewahrungsorten der Handschriften benannt werden (Vorau, Straßburg, Basel), stammen wohl nicht direkt vom Autor, der sich bereits im Werkeingang selbstbewusst mit Namen nennt:

Daz liet, daz wir hie wirken,
daz sult ir rehte merken.
Sîn gevôge ist vil gereht.
Iz tihte der paffe Lamprecht
unde saget uns ze mêre,
wer Alexander wêre. (*Straßburger Alexander*, vv. 1–6)

(Die Dichtung, die wir hier präsentieren, die sollt ihr aufmerksam wahrnehmen. Sie ist ganz hervorragend gemacht. Der Pfaffe Lamprecht hat sie verfasst. Sie berichtet uns davon, wer Alexander gewesen ist.)

Die Selbstbezeichnung als „Pfaffe" hat übrigens keinen negativen Beigeschmack, sie benennt nur die Zugehörigkeit zum Klerikerstand. Auch am Beginn der eher weltlichen Epik können somit geistliche Autoren stehen; ob das auch weiterhin der Fall sein wird, lässt sich zumindest an den Namen dann nicht mehr erkennen, da sie in der Regel auf die Herkunft verweisen, nicht auf den Stand (z.B. Wolfram von Eschenbach, Gottfried von Straßburg). Lamprecht macht von vornherein deutlich, dass er der Autorität der Heiligen Schrift den Vorrang gibt gegenüber der fabulösen Überlieferung des Alexanderromans, zum Beispiel bei der Behauptung, Alexander sei nicht der leibliche Sohn König Philipps gewesen (die er bei seinem Publikum als bekannt vorauszusetzen scheint): *Philippus was sîn vater genant. / Daz mugit ir wol hôren / in libro Machabeorum* (*Straßburger Alexander*, vv. 10–12). Die Abhängigkeit von einer französischen („welschen") Vorgängerfassung wird in Form einer Quellenberufung auf einen Albéric de Pisançon formuliert, demgegenüber sich der Autor als übersetzender Nachdichter versteht: *Elberîch von Bisenzun, / der brâhte uns diz liet zû, / der hetiz in walischen getihtit. / Ih hân is uns in dûtischen berihtet* (*Straßburger Alexander*, vv. 13–16). Ein mittelalterlicher Roman entsteht hier schon durch die Terminologie: Ein männlicher Adliger heißt selbstverständlich *ritter*, mit Varianten wie *degen* und *helt*. Auch das weibliche Gegenstück findet sich, die *frouwe*, die Herrin. Das Schloss von König Philipp heißt *pelence*, Pfalz. Die diversen Rangbezeichnungen in Persien und anderswo werden ersetzt durch vertrautes mhd. *herzog, fürste, graf* und *marcgraf*. Aber nicht nur sprachlich gesehen ist man bei Lamprecht auch im fernen Orient zuhause. Mittelalterliche Ritualisierungen von Gewalt zeigen sich im Ausdruck *sicherheit geben* und vor allem in dem Rechtsbegriff *vride*; wie ein mittelalterlicher Herrscher gebietet Alexander nach dem Tod des Darius Landfrieden für Persien: *Dô Darius was begraben, / Alexander hîz ubir al sagen / fride unde gnâde* (*Straßburger Alexander*, vv. 3890–3892). Die vielen „Wunder" des Ostens, die später auch Marco Polo gefunden zu haben vorgibt, werden in einem dem Roman eingefügten Brief an seine Mutter Olympias und seinen Lehrer Aristoteles von Alexander quasi-authentisch selbst berichtet (*Straßburger Alexander* vv. 4918–6588). Dabei betont er stets das eigene Erleben: So „sehen" sie das Einhorn und den Vögel Phönix. Mit den Blumenmädchen, die auf der Wiese im Wald wachsen, haben er und seine Leute Geschlechtsverkehr (*unde namen si ze wîben*, v. 5322), bis diese, wie Blumen eben, im Herbst verwelken: *Di blûmen gare verturben, / und di scônen frowen sturben*, vv. 5343 f.). Bei dem Versuch schließlich, das (irdische) Paradies zu erobern, das Gott nach der Bibel „im Osten" angelegt hatte (Gn.2,8), wird in detailliertem Pseudo-Realismus beschrieben, wie man an der schier endlosen Mauer entlang laufen muss, bis man schließlich das Tor findet, an dem man rütteln kann, was allerdings auf die Bewohner des Paradieses nicht den geringsten Eindruck macht:

> *Dô begunden si bôzen,*
> *slân unde stôzen*
> *mit grôzem unsinne.*
> *Di sêlen dar inne*
> *und die engelische scare,*
> *di ne nâmen des neheine ware.* (vv. 6865–6870)

(Da fingen sie an, wild daran zu rütteln, zu schlagen und zu stoßen. Die Seelen und die Schar der Engel im Innern reagierten darauf überhaupt nicht.)

Spätere mittelalterliche Alexanderromane haben eine starke Tendenz zur Aufschwellung (die von den alten Poetiken als *dilatatio materiae* empfohlen wurde). Der auf zehn Bücher konzipierte *Alexander* des Rudolf von Ems bricht nach über 21.000 Versen im sechsten Buch ab. Mit fast 30.000 Versen vollständig überliefert ist der *Alexanderroman* eines Ulrich von Etzenbach, ebenfalls auf zehn Bücher aufgeteilt, was auf Rezeption der so gegliederten *Alexandreis* Walters von Châtillon verweisen könnte. Ulrichs Werk ist dem König von Böhmen gewidmet; in einem der Dichtergebete heißt es: *got muoz helfe senden / dem edelen künege Wenzelabe, / dem ich dise rede habe / vorbrâcht ze êren* (vv. 27730–27734). Zu Ehren des Böhmerkönigs Wenzelaus hat der Dichter diesen *Alexander* geschrieben, also als Fürstenlob und wohl auch als Fürstenlehre. Solches Mäzenatentum hat Folgen für die Gestaltung, denn wenn sich der königliche Gönner in der Figur Alexanders wieder finden sollte, dann konnte sie nicht – wie beim Pfaffen Lamprecht geschehen – als Exempel für Hochmut erscheinen. Stattdessen wird die Mediävalisierung des antiken Stoffs auf die Spitze getrieben: Alexander avanciert zum vollkommenen Ritter und Herrscher, der alle höfischen Tugenden in sich vereinigt. Gegenüber der indischen Königin Candacis wird er zum Minneritter (*frouwe, ich wil dîn ritter sîn*, v. 17275); das Denken an sie verleiht ihm Kraft und *hohen muot* – auch nachdem er Roxane geheiratet hat. Blutige Schlachten werden oft ersetzt durch Turniere auf glänzenden höfischen Festen, die wohl etwas mit dem zeitgenössischen Böhmerhof, aber gewiss nichts mit der antiken Welt zu tun haben. Auch mittelalterliche Glaubensvorstellungen werden in die alte Welt rückprojiziert, zum Beispiel die von der Hölle. Im zehnten (und letzten) Buch von Ulrichs Roman, das wegen seiner bunten Zusammenstellung disparatester Motive aus dem Alexanderstoffkreis lange als konfus und als epigonal kritisiert wurde, erscheint es durchaus als konsequent, wenn nach Alexanders berühmter Fahrt auf den Meeresboden in einer Taucherglocke und der Himmelsreise mit dem Greifenflug auch die Erkundung der Welt unter der Erde auf dem Programm seiner Curiositas steht.

Alexander der unverzagte
die wîsen meister frâgte
wie er mohte dar komen,
als er het vernomen
daz ein werlt under in wære,
die im noch dienst verbære.
daz dûht in unbillich wesen. (vv. 24833–24839)

(Der mutige Alexander befragte die weisen Gelehrten, wie er weiter gelangen könnte, denn er hatte gehört, dass es unter ihnen eine Welt gäbe, die ihm den Dienst bisher versagte; das war ihm nicht recht.)

Im Hinblick auf die Unterwelt, so zeigt diese Stelle, lässt sich der für das 10. Buch konstatierte „Paradigmenwechsel des Verhaltensmusters: Vom Erobern zum Entdecken" (Hartmut Kugler) so pauschal nicht bestätigen. Für den bis an die Grenzen der Ökumene vorgestoßenen Welteroberer ist es vielmehr unerträglich, dass (noch) eine Welt existieren soll, „die ihm den Dienst verweigert". Seine Gelehrten klären ihn in mittelalterlich-theologischem Sinne auf über dieses „Land, in das man nur gelangt, indem man stirbt". Alexander hingegen ist fest entschlossen, lebend dorthin zu kommen, um die Teufel auf die Erde zu zerren und im Kampf zu besiegen: *ich sol mit strîtes sachen / ir frî die werlt machen / und ir gewalt legen nider.* (vv. 24935–937; Ich will im Kampf die Welt von ihnen befreien und ihre Macht zerstören.) Der weitere Verlauf von Ulrichs Alexanderroman ist die Geschichte des Scheiterns dieses Vorsatzes. Auf Anstiftung des Teufels hin verübt Antipater den Giftmord an Alexander. Alexanders Tod ist damit die konsequente Folge seines Missachtens der natürlichen Grenzen, die dem Menschen gesetzt sind. Seine Hybris besteht nicht nur im Bestreben, die ganze Welt erobern oder entdecken zu wollen, sondern vor allem auch darin, zu meinen, man könnte das Böse überhaupt besiegen und ausrotten. In der irrigen Annahme des Teufels, Alexander müsse der verheißene Messias sein, der die Hölle zerstört (vv. 24964–24976), klingt der Gedanke an, dass es allein Gott zustehe, das Böse in der Welt zu vernichten.

Eneasroman

Steht Alexander am Anfang des Griechischen Zeitalters, so markiert der Name Äneas den Beginn des Römischen Weltreichs, das man sich im Mittelalter als fortbestehend dachte. Damit kommt dem Stoff von Äneas (im Mittelalter meist: „Eneas" geschrieben) wie in der lateinischen Literatur der Antike weiterhin die Funktion einer Gründungssage zu. Es ist die Geschichte eines trojanischen Helden, der aus dem brennenden Troja sein Leben retten kann, per Schiff flieht, nach Karthago verschlagen wird, wo er die Königin Dido heiratet, sie jedoch bald wieder verlässt, um nach langer Auseinandersetzung mit dem Nebenbuhler Turnus die italische Prinzessin Lavinia zu heiraten, die Herrschaft in Italien zu übernehmen und ein Geschlecht zu begründen, aus dem die Brüder Romulus und Remus hervorgehen sollten: die Begründer Roms. Der *Eneasroman* des Heinrich von Veldeke, der in mhd. Reimpaarversen überliefert ist, geht nicht direkt auf die *Aeneis* Vergils zurück; auch hierbei gab es wieder eine altfrz. Zwischenquelle, den anonymen *Roman d'Énéas*. Wenn Heinrich von Veldeke von späteren Dichtern als eine Art Stammvater der deutschen Literatur gefeiert wurde (etwa im *Tristan* Gottfrieds von Straßburg), dann lässt dies außer Betracht, dass es durchaus frühere Ansätze gab, eine volkssprachige Literatur zu begründen, zeigt aber auch, wie sehr der deutsche *Eneasroman* dichterische Standards gesetzt hat, hinter die kein Autor der nachfolgenden höfischen Literatur wieder zurückfallen wollte, und zwar nicht nur im Hinblick auf die Reinheit der Endreime, von der schon die Rede war. Für die späteren Autoren stellte der *Eneasroman* „so etwas wie ein rhetorisches Musterbuch dar mit vorbildlichen Beschreibungen von Personen, Tieren, Waffen, Grabmälern, Zweikämpfen, Festveranstaltungen, Totenklagen, Dialogen [...], mit Briefen, Liebesszenen, feudalen Beratungsszenen und Heldenkatalogen" (Horst Brunner). Der Modellcharakter betrifft freilich weniger die Erzähltechnik, die gegenüber dem antiken Vorbild stark vereinfacht wird: Entwickelt Vergil eine kunstvolle Gestaltung der erzählten Zeit, indem er etwa die Geschichte der Belagerung Trojas erst in der Erzählung des Aeneas gegenüber Dido wie in einer filmischen Rückblende nachtragen lässt, nehmen die mittelalterlichen Bearbeitungen dieses Stoffs den *ordo artificialis* zurück zugunsten eines schlichten Erzählens in der Reihenfolge des Geschehens (*ordo naturalis*) – hier wird das *Nibelungenlied* dann seinem Publikum eine weit kunstvollere Zeitgestaltung zumuten. Der *Eneasroman* setzt die Mediävalisierung der antiken Stoffe fort und entwirft noch radikaler, als es im *Alexanderroman* geschehen war, ein höfisches Menschen- und Gesellschaftsbild. Dazu gehört die definitive Etablierung der Liebe als zentralen Diskurs des mittelalterlichen Romans, was gewiss auch im Zusammenhang mit der seit dem 12. Jh. intensivierten Rezeption der Dichtungen Ovids steht. Im *Eneasroman* erscheint die Erotik bereits mit einer erstaunlich breiten Entfaltung ihrer Spielarten. Über Hunderte von Versen wird das Verliebtsein der Lavinia und der Prozess seines Bewusstwerdens behandelt, einschließlich der körperlichen Symptome des Liebesleids (vv. 262,16ff.), welches dem jungen Mädchen wie eine Krankheit erscheinen muss:

> *frowe, ich bin verirret,*
> *ichn weiz waz mir wirret,*
> *weder diu suht oder der rite,*
> *dâ ich bin gevangen mite,*
> *daz ist mir wol worden schîn.* (vv. 279,27–31)
>
> (Herrin, ich bin ganz verwirrt und weiß gar nicht, was mir fehlt; vielleicht ist es eine Krankheit oder das Fieber, jedenfalls etwas Schlimmes, das merke ich ganz deutlich.)

Die Mutter kann der Tochter diesen ambivalenten Zustand nur in Form des Oxymorons vom „süßen Leiden" der Minne erläutern: *dû hâst das sûze ungemach* (v. 280,4). Im Minnegespräch zwischen Mutter und Tochter klingt auch eine Varietät der Erotik an, die im Mittelalter als „stumme Sünde" galt, über die man nur in Andeutungen und Umschreibungen sprach. Um Eneas ihrer Tochter Lavinia gegenüber ganz extrem herabzusetzen, unterstellt sie ihm Homosexualität: *ezn is ze sagenne niht gût, / waz er mit den mannen tût, / daz er der wîbe niene gert* (vv. 282,39–283,1 Man soll nicht darüber sprechen, was er mit Männern macht; Frauen begehrt er jedenfalls nicht). Die größte Spannung des Romans ist wohl diejenige zwischen *mâze* und *minne*, zwischen der von der höfischen Kultur geforderten Selbstbeherrschung und der Macht der Liebe. Zwei Modelle von Minne stehen sich schroff gegenüber, ohne dass sie als frei zu wählende Alternativen von ‚guter' und ‚schlechter' Liebe erkennbar wären: Der unglücklichen und vom ganzen Handlungskonzept her zum Scheitern verurteilten Liebe der Dido, die konsequenterweise Selbstmord begeht, kontrastiert die gelingende Liebe der Lavinia, die gegenüber Vergil stark ausgestaltet wird. Wie weit der Dido vom mittelalterlichen Dichter Eigenverantwortung für das Scheitern ihrer Liebe zu Eneas zugesprochen wird, ist eine alte mediävistische Streitfrage. In ihrer Klage vor dem Selbstmord erklärt die Königin jedenfalls dem abwesenden Geliebten, ihn ‚unmäßig' geliebt zu haben: *ich minnete ûch zunmâzen* (v. 76,19). Dieser Gefahr, das rechte Maß des Liebens zu verfehlen, sieht sich allerdings auch Lavinia ausgesetzt; sie ist entschlossen, sich vom Turm herabzustürzen, falls Eneas den Kampf gegen Turnus verlieren sollte (vv. 323,31–40), und sie bekennt, nicht anders als einst Dido, dass sie ihn ‚unmäßig' liebe: *den minne ich zunmâzen* (v. 270,17). Nur führt die Liebe in diesem Fall zu einem Happy End: *sie was dô ir minne / komen ze gûtem ende / ân alle missewende* (vv. 345,2–4). Die Spannung im Roman zwischen *mâze* und *minne* ist zwar entfaltet, aber offensichtlich nicht aufgelöst. Wenn man den unterschiedlichen Ausgang der in jedem Fall unmäßigen Liebe nicht auf einen Missgriff bei der Partnerwahl zurückführen will (so Hans Fromm: „Es geht nicht um die rechte Liebe, sondern um die rechte Frau"), dann scheint das antike Konzept von der Wahl der Götter und des Schicksals in diesem mittelalterlichen Roman zumindest indirekt weiterhin wirksam zu sein. Auch sonst werden antike Vorstellungen nicht immer ganz konsequent dem mittelalterlichen Denken angepasst. Der Abstieg des Eneas in die Unterwelt erscheint zwar ähnlich wie eine Höllenbesichtigungsreise in der zeitgenössischen Visionsliteratur, doch wird eine Distanz zum eigenen Jenseitsglauben etwa dadurch signalisiert, dass der Fährmann Charon in scherzhaftem Ton daran erinnert, auch der „berühmte Orpheus, der brillante Harfenspieler," sei schon da gewesen (vv. 95,1 f.). Da mit dem Antikenroman keine theologische Wahrheit beansprucht wird, gerät dieses ‚heidnische' Jenseits mit den Lehren des Christentums nicht in Konflikt. Die Götter Vergils dürfen somit Götter bleiben; sie werden gewiss in ihrer Macht eingeschränkt, aber sie müssen nicht, wie im christlichen Texten sonst, zu Teufeln umfunktioniert werden. Ganz und gar mittelalterlich erscheint hingegen das höfische Festwesen, bei dem die Bezüge zur höfischen Gegenwart ausdrücklich hergestellt werden. Sobald es zur Hochzeit zwischen Lavinia und Eneas kommt, zieht dies nicht nur zahllose Fürsten und Ritter aus allen Himmelsrichtungen an:

Die spilman und diu gerende diet
die versûmden sich niet,
die werltlîchen lûte.
daz tâten sie noch hûte,
dâ solîch hôchzît wâre:
gefrieschen sie daz mâre,
si zogen allenthalben zô. (vv. 344,19–25)

(Die Spielleute und die Berufssänger, dieses weltliche Volk, zögerten ebenfalls nicht, herzueilen – wie sie das noch heute tun würden, wenn ein solches Fest stattfände; sobald sie davon erführen, kämen sie von allen Seiten her.)

Das Auftreten von Spielleuten und deren meist höchst opulente Entlohnung (vv. 345,37 ff.) gehört seither zum Standardrepertoire jeder Festbeschreibung der höfischen Literatur. Man übertrumpfte sich gleichsam beim Verschenken (*daz man dâ gab ze strîte*; v. 346,40). Das Prestige eines Festes, des Gastgebers und seiner Gäste hing offenbar von der Menge der Reichtümer ab, die auf diese Weise regelrecht verschwendet wurden. Hier siegte offenbar das feudale Ideal der Freigebigkeit (lat. *largitas*, mhd. *milte*) gegen das höfische Ideal des Maßhaltens. So ließ sich zeigen, dass man es sich leisten konnte, und man sorgte zugleich für globale Imagepflege:

> *herzogen unde grâven*
> *den spilmannen sie gâven*
> *grôzlîchen unde sô,*
> *daz si dannen schieden frô*
> *und lob dem kunige sungen*
> *ieslîch nâch sîner zungen.* (vv. 346,27–32)

(Herzöge und Grafen beschenkten die Spielleute so reichlich, dass diese froh von dannen zogen und – jeder in seiner Sprache – dem König Loblieder sangen.)

Wieweit dies mit der nichtliterarischen Wirklichkeit im Mittelalter übereinstimmt, ist schwer zu überprüfen. Bei dem Hochzeits- und Krönungsfest des Eneas jedenfalls weist Heinrich von Veldeke darauf hin, es sei nur von dem Hoffest Kaiser Friedrich Barbarossas in Mainz (1184) übertroffen worden, für das der Dichter eigene Augenzeugenschaft reklamiert (*die wir selbe sagen*; v. 34719). Und dieses Verwirklichen herrscherlicher Idealität durch die Staufer sieht er vor allem darin, dass „viele tausend Mark verbraucht und verschenkt wurden" (vv. 347,24 f.). Solche „Stauferpartien" im *Eneasroman* haben gewiss die Funktion eines Herrscherlobs (RLW s. v. Panegyrikus). Zugleich aktualisieren sie den antiken Stoff sehr konkret durch den Vergleich mit zeitgenössischen Ereignissen. Gelangt somit die Festbeschreibung der Literatur in die Wirklichkeit hinein, so gibt es auch den umgekehrten Fall, in dem die Wirklichkeit in die Literatur hineinzugreifen scheint. Zumindest behauptet dies der Epilog, der die Entstehungsgeschichte des *Eneasromans* zu einem kleinen Literaturkrimi gestaltet. Heinrich von Veldeke hatte, so erfahren wir dort, den größten Teil der Erzählung schon in deutscher Sprache (nach-)gedichtet, und zwar genau bis zu der Stelle, „an der Herr Eneas den Brief von Frau Lavinia gelesen hatte" (vv. 352,29), als er nicht weiter arbeiten konnte, denn: *her hete daz bûchelîn verloren* (v. 352,34). Während in der ganzen europäischen Literaturgeschichte von der Antike bis zur Romantik immer wieder Manuskripte von Dichtern gefunden werden, ergänzt Heinrich von Veldeke diese alte Tradition um die Variante, ein Manuskript einmal verloren gehen zu lassen! Das liegt dann freilich nicht an der Zerstreutheit des Dichters, sondern an der Gier des Publikums, dieses Buch unbedingt lesen zu wollen, auch wenn es noch gar nicht fertig ist. Zunächst leiht eine Leserin es sich *ze lesene und ze schouwen* (v. 352,36) aus, doch als sie, eine Gräfin von Kleve, heiratet, wird es auf dem Fest gestohlen und heimlich nach Thüringen verbracht. Heinrich von Veldeke nennt den Bücherdieb mit Namen: Es soll ein Graf Heinrich gewesen sein. Erst neun Jahre später habe Heinrich von Veldeke dann am Hof des Landgrafen von Thüringen die Möglichkeit erhalten, das Werk zu vollenden. Die vielen Versuche, diese Ereignisse und Personen historisch zu identifizieren, mussten scheitern. Die Frage, ob diese Geschichte ‚stimmt', ist aber auch nicht entscheidend. Wichtiger ist wohl ihre Funktion, die Bedeutung und den Rang eines Buches hervorzuheben, das man dem Dichter gleichsam aus der Hand reißt. Wenn sich Leser so sehr um ein Buch bemühen, dass sie sogar bereit sind, es zu stehlen, dann kann man sicher sein, es mit einem ganz besonderen Werk zu tun zu haben.

Trojanerkrieg

Der altfranzösische *Roman de Thèbes* hat offensichtlich keine Umsetzung in die mittelalterliche Literatur des deutschen Sprachgebietes gefunden. Nur indirekt wurden die Geschichten vom tragischen Schicksal des Ödipus und seiner Familie, die durch die lateinische *Thebais* des Statius weit bekannt waren, in der deutschen Literatur des Mittelalters verarbeitet: vor allem im *Gregorius* von Hartmann von Aue. Mehrfach übersetzt und ausgestaltet haben deutsche Dichter hingegen den *Roman de Troie* eines Bénoît de Sainte-Maure. Dieser sehr erfolgreiche *Trojaroman* bietet mit den Ereignissen des Trojanischen Krieges gleichsam die Vorgeschichte des *Eneasromans*. Man wollte wissen, woher das ideale Rittertum kam, das man mit der Gestalt des Eneas verknüpfte. Eine frühe Fassung, das *Liet von Troye* des Herbort von Fritzlar verweist ausdrücklich auf *Von veldiche meister heinrich* (v. 17381) und nennt denselben Landgrafen von Thüringen als Auftraggeber (vv. 92 ff.). Herbort kürzt allerdings gegenüber seiner Vorlage so stark, dass die Höfisierung des antiken Stoffes im Vergleich zu Heinrich von Veldeke wieder zurücktritt. An seine Stelle tritt ein drastischer Detailrealismus, vor allem bei den Kampfschilderungen, und auch eine gute Portion Humor. Ganz im Gegensatz zu den Kürzungstendenzen dieser ersten deutschen Trojadichtung weitet ein Jahrhundert später Konrad von Würzburg den Stoff nach allen Regeln der Rhetorik aus, so dass ein riesiger Antikenroman entstand, der über 40.400 Verse umfasst, obwohl er nicht einmal fertig geworden ist, sondern bereits kurz vor Hektors Tod abbricht. Ein unbekannter Autor hat dann eine Fortsetzung von gut 9.400 Versen dazu verfasst. Dieses gigantische Ausmaß entspricht dem erklärten Anspruch des Autors, alles bisher Erzählte zu übertreffen: *ich wil ein mære tihten, / daz allen mæren ist ein her* (vv. 234 f.). Weder der Umfang noch der Fragmentcharakter von Konrads *Trojanerkrieg* haben der Beliebtheit beim zeitgenössischen Publikum Abbruch getan – ein literarischer Erfolg, der sich heute nicht immer leicht nachvollziehen lässt. Konrad ist ein Meister des „geblümten Stils" von hoher ästhetischer Qualität, bei dem es mehr auf das Wie als auf das Was ankommt. Das verlangt Verständnis für das Stilideal der *obscuritas*, wenn man das Werk genießen will. Mit dem *Roman de Troie* greift auch Konrad nicht direkt auf Homers *Ilias* zurück (die dem Mittelalter schon wegen mangelnder Griechischkenntnisse unvertraut blieb), ergänzt die französische Vorlage jedoch um eine Vielzahl weiterer „Quellen", die er in seine große Dichtung „einfließen" lässt (*als in daz wilde tobende mer / vil manic wazzer diuzet, / sus rinnet unde fliuzet / vil mære in diz getihte grôz*; vv. 236–239). Dazu gehört vor allem die *Achilleis* des Statius. Diesen Quellen entnimmt er weitgehend das Material für eine lange Vorgeschichte, welche die Kindheiten der Helden Paris und Achill in den Mittelpunkt rückt, die Konrad als ebenbürtige Gegner gestaltet. Die Paris-Geschichte setzt mit einem Schwangerschaftstraum ein, der die Handlung in Gang bringt und zugleich das Zukünftige voraus deutet: Königin Hecuba erblickt eine Fackel, welche aus ihrem Herzen hervorkommt und die Stadt Troja entzündet, die daraufhin bis auf den Grund abbrennt. König Priamus nimmt sogleich die alleinige Deutungshoheit über den Traum für sich in Anspruch. Während ähnliche Träume im Mittelalter durchaus positiv gewertet werden konnten, etwa im Fall der Mutter des hl. Dominikus, bei der eine brennende Fackel auf das zukünftige Predigeramt des Sohnes bezogen wird, mit dem dieser „das Feuer, das der Herr auf die Erde zu bringen gekommen ist, über die ganze Welt verbreiten werde" (Jordan von Sachsen), zieht König Priamus das unheilbringende Omen des Traums keinen Augenblick in Zweifel: Wüchse dieses Kind heran, *sô würde Troye danne / von sîner schulde wüeste* (vv. 396f.). Er befiehlt deshalb, das Kind, den kleinen Paris, zu töten. Die Interpretation eines einzigen Traumes entscheidet über Leben oder Tod des Kindes. Doch wie in solchen Geschichten üblich, tötet man das Kind dann doch nicht, sondern setzt es heimlich aus. Von einer Hirschkuh gesäugt, wächst Paris prächtig heran, zeichnet sich als Richter in Stierkämpfen aus und wird der Geliebte einer Nymphe. Nach dem ausführlichen Erzählen vom berühmten Urteil des Paris, der Hochzeit der Thetis, dem Erkennen des Paris und seiner (Wieder-) Einsetzung als Königssohn in Troja setzt Konrad von Würzburg erneut ein mit einer parallelen Kindheits- und Jugendgeschichte des Achill. Auch hier ist ein Orakel der Auslöser: die Weissagung des Proteus, der Sohn der Thetis werde einst vor Troja umkommen. Dieses Kind wird nicht ausgesetzt, sondern in einem äußerst extremen Erziehungsprogramm durch den Zentauren Schyron (Chiron) von der Mutter darauf gedrillt, ein Held zu werden, um dem Schicksal durch eigene Kampfestüchtigkeit entgehen zu können (*si wolte in dar ûf ziehen, / daz er mit strîtes listen / sich möhte dâ gefristen / vor schedelicher vreise*; vv. 5818–5821). Bei dieser spartanischen Mischung aus körperlichem Überlebenstraining und Mutproben wirken die höfischen Künste des Mittelalters ein wenig wie Fremdkörper:

> *sîn zühte meister Schyron*
> *lêrt in behendekeite vil:*
> *schâchzabel, schirmen, seitenspil*
> *und singen mit dem munde,*
> *daz muoste er gar von grunde*
> *biz ûf ein ende kunnen.*
> *von allen hovewunnen*
> *lêrte er in den überfluz.* (vv. 6162–6169)
>
> (Sein Erzieher Schyron brachte ihm viele Fähigkeiten bei: Schachspielen, Fechten, ein Musikinstrument beherrschen sowie Singen, das musste er von Anbeginn bis zur Vervollkommnung erlernen. Alle Unterhaltungen, die man einem Hof pflegt, lehrte er ihn reichlich.)

Mit Ausnahme dieser musischen Qualifikationen wird der große Held Achill vor allem zu der enormen Kriegstüchtigkeit herangezogen, die ihm letztlich zum Verhängnis wird. Während literarische Helden sich sonst in ihrem Leben kaum verändern, allenfalls nur immer stärker werden, zeigt Konrad von Würzburg ausführlich, wie einer dazu gemacht wird, was er ist. Das Thema von Sozialisation und Erziehung, das für das Zivilisierungskonzept der höfischen Welt des Mittelalters zentral ist, wird dabei in die antike Mythologie zurück verlegt. Das gilt auch für den zweiten Akt seines Erziehungsprogramms. Während seine Mutter der mythologischen Überlieferung nach ihn nach Skyros bringen lässt und dort unter den Töchtern des Lykomedes als Mädchen gekleidet versteckt, um ihn vor dem prophezeiten Heldentod vor Troja zu bewahren, kommt bei Konrad eine pädagogische Intention dieses berühmten weltliterarischen Falls von Crossdressing hinzu:

ze hôhen und ze werden
juncfrouwen füere ich dînen lîp.
ich wil dich cleiden als ein wîp
und in ir schar dich mischen.
dar under und dâ zwischen
gelernest dû wol zühtic sîn.
dîn lîp und daz gemüete dîn
sint worden gar ze wilde,
des wil ich frouwen bilde
dich lâzen kiesen unde sehen.
und mac dir daz heil geschehen,
daz dû von in gezemet wirst,
wan dû vermîdest und verbirst
vil mangen site vrevelich,
den Schyron hât gelêret dich. (vv. 14204–14218)

(Ich bringe dich zu hochgestellten, edlen jungen Damen und werde dich, wie eine Frau gekleidet, unter sie mischen, damit du bei ihnen lernst, wohlanständig zu sein. Du bist vom Verhalten und von der Gesinnung her zu wild geworden, deshalb sollst du erfahren, wie Frauen sind. Hoffentlich wird dir das Glück zuteil, von ihnen gezähmt zu werden und die vielen schlimmen Sitten abzulegen, die Schyron dir beigebracht hat.)

Wenn dies nicht reine Willkür sein soll, mit der überzogene Erziehungsziele durch die Anwendung des genauen Gegenteils wieder zurückgenommen werden sollen, dann äußert sich hier ein Menschenbild, in welchem beide Geschlechter gleichermaßen zu ihrem Recht kommen sollen. Eine nur männliche Ausrichtung der Erziehung bliebe unvollständig. Ein guter, d. h. wohl höfischer Mann ist, wer sich in die Situation von Frauen versetzen kann, wofür der Kleiderwechsel ein sichtbares Zeichen ist. Dass dabei die Polarisierung „wild"/Mann vs. „zahm"/Frau dem Bedürfnis nach rigiden Geschlechterstereotypen dennoch entgegen kommt, steht auf einem anderen Blatt. Die mütterliche Belehrung über weibliches Schreiten, Bewegen und Sprechen, die in antiken Texten nur der Tarnung Achills dient (vgl. Statius, *Achilleis*, vv. I,330f. *et picturato cohibens vestigia limbo / incessum motumque docet fandique pudorem*), gerät zu einer umfassenden Reglementierung des Verhaltens von Frauen, wie sie auch in höfischer Unterweisungsliteratur für adelige Töchter wie etwa bei der Winsbeckin formuliert sein könnte. Als Dame muss Achill sich züchtig fortbewegen (*dîn schrit sol werden enge / und setze lîse dînen fuoz!* vv. 15000f.). Vor *wilden blicken* (v. 15010) sollen die Augen eines Mädchens sich hüten. Auch Lachen und Grinsen (vgl. v. 15017) gelten als unangemessen. Um ‚böse Worte' (v. 15020) zu vermeiden, sprechen Frauen ohnehin besser nur wenig: *gerede ouch selbe niht ze vil!* (v. 15023). Lautes Reden ist ebenso verpönt (*die stimme dîn verkêre / und lâ si werden cleine!* vv. 1550f.) wie schnelles (*al dîniu wort lancseime ziuch!* v. 15053). Das Benehmen gegenüber Männern wird geregelt, wie auch das Bewegen in langen Kleidern, die nicht durch den Dreck gezogen werden sollen (*diu cleider edel unde rîch /*

trag vorne mit der hende enbor, / daz si niht hangen in daz hor; vv. 15134–15136). Achill ist bereit, mit dem Kleider- auch den sozialen Rollenwechsel zu vollziehen, doch nur um sich auf diese Weise der Königstochter Deidamia, in die er sich gleich beim ersten Anblick verliebt hat, nähern zu können, damit er also – wie es mittelhochdeutsch drastisch heißt – *die kiuschen maget hêr / beslâfen möhte deste baz* (vv. 14850f.). Und so ist das weibliche Umerziehungsprogramm bei Achill nur zum Teil erfolgreich. Zwar stehen diesem schönen Jüngling Frauenkleider so gut wie sonst keiner Frau (vgl. vv. 14950–14957). Und die Jungfrauen am Hofe drängeln sich danach, Achill für sich als ‚Freundin' zu gewinnen (vv. 15346ff.). Doch wer meinen wollte, Weiblichkeit sei allein ein soziales Konstrukt, wird auf humorvolle Weise eines anderen belehrt. In mehreren Szenen unterhaltsam gestalteter Geschlechterrollenkomik bricht das ‚Männliche' aus dem vermeintlichen Mädchen Jocundille immer wieder heraus. Als ihm Handarbeiten wie das Spinnen lästig wurden, *sô warf er zuo der wende / unwirslîch ûz der hende / beidiu kunkel und gespunst* (vv. 15877–15879). Und für ein Wurfspiel verwendete Jocundille nicht wie üblich kleine Zweige, sondern rupfte dafür gleich ganze Bäume mit ihren Wurzeln aus (vv. 16347ff.). Dass Achill sie auch noch weit schleuderte, rief keineswegs Skepsis unter den Mädchen hervor, sondern deren staunende Bewunderung über eine solche *vrechiu maget* (v. 16372). Was Konrad augenzwinkernd kommentiert: *ez wart in keime rîche / sô vrischiu tohter nie gesehen* (vv. 16374f.). Achills geliebte Deidamia bemerkt die Tarnung erst, als er sie in einer an Walthers *Lindenlied* erinnernden *locus-amoenus*-Szenerie auf einem Blumenbett unter einem Baum (vgl. vv. 16556ff.) – vergewaltigt (vv. 16716f.), wobei ihr der Erzähler auch bei den Versuchen, sich zu wehren, letztlich Einverständnis unterstellt:

er wart von ir hin unde her
gestôzen und gedrungen.
si vâhten unde rungen
mit ein ander ûf dem grase
sô lange, biz der grüene wase
wart ir zweiger bettewât
und ein vil minneclich getât
ergienc dâ von in beiden.
diu schœne wart gescheiden
von ir magetuome:
ir kiuscheite bluome
wart mit vröuden ab genomen. (vv. 16998–17009)

(Er wurde von ihr hin und her gestoßen und weggedrängt. Sie kämpften und rangen so lange miteinander, bis die grüne Wiese zur Bettwäsche für sie beide wurde und ein Werk wirklicher Liebe sich an ihnen ereignete. So verlor die Schöne ihre Jungfräulichkeit: Die Blüte der Keuschheit wurde ihr beglückt entwendet.)

Dieser Durchbruch des Männlichen kann zunächst für die Öffentlichkeit noch verheimlicht werden, obwohl gleich der ersten Liebesnacht ein Kind entspringt. Als jedoch Ulixes (Odysseus), der Achill auf Skyros ausfindig machen soll, in der berühmten Enttarnungsszene seine Geschenke ausbreitet und Achill, anders als die Mädchen, zu den mitgebrachten Waffen greift, kommt es zur demonstrativen Umkleidung. Während es bei Statius nur hieß, Achill habe die weiblichen Hüllen fallen gelassen (*Achilleis*, v. I,878 *illius intactae cedidere a pectore vestes*), zerreißt er sie bei Konrad in einem für ihn auch bei Homer (vgl. *Ilias* vv. I,1 ff.) typischen Zornesausbruch (vv. 28544–28551), und er legt sich sogleich die von Ulixes mitgebrachte Rüstung an; *dar zuo begreif er unde nam / ein swert und einen glanzen schilt* (vv. 28558 f.). Innerhalb kürzester Zeit ist aus dem vermeintlichen Mädchen dann doch der große griechische Held geworden, den es danach gelüstet, kämpfend in den Trojanischen Krieg einzugreifen.

Matière de Bretagne: Artus- und Gralsroman

König Artus als (indirektes) Leitbild höfischer Idealität

Der *Trojanerkrieg* des Konrad von Würzburg wurde wohl auch deshalb bis weit in die Neuzeit so erfolgreich rezipiert, weil man trotz aller Freiheit der Darstellung die mythologischen Erzählungen um den Trojanischen Krieg letztlich doch als historisch verbürgt ansah. Textpassagen aus Konrads Antikenroman konnten deshalb in mittelalterliche Weltchroniken eingehen. Ganz anders sieht dies im Artusroman aus (RLW s. v. Artusroman), also bei demjenigen Stoffkreis, der topographisch an die Bretagne geknüpft war. Es versteht sich von selbst, dass dabei nicht antik-griechische, sondern eher keltische Mythen aufgegriffen werden, die nicht über Schulautoren wie Vergil, Ovid oder Statius vermittelt wurden, bei denen aber auch keine direkten mündlichen Erzähltraditionen im deutschen Sprachgebiet angenommen werden dürfen. Viel mehr noch als beim Antikenroman sind deshalb bei der Artusepik vermittelnde Vorlagen von Belang, die wiederum in der mittelalterlichen französischen Literatur zu verorten sind, vor allem in den Versromanen des Chrétien de Troyes. Ein wichtigerer Unterschied zum Antikenroman scheint jedoch in einer anderen Form von Wahrheitsanspruch des Erzählten zu liegen. Einen Hinweis darauf gab bereits Bodel mit der Charakterisierung der *conte de Bretaigne* als *vain et plaisant*, was vielleicht (auch) als „erfunden, aber unterhaltsam" verstanden werden kann. Die vielen märchenhaften Züge dieser Romane, in denen Feen, Zwerge, Riesen, Drachen und Zauberer wie selbstverständlich auftreten, wo sich also – wie im Märchen üblich (vgl. RLW s. v. Märchen) – niemand über das Wunderbare wundert, verweisen ebenfalls auf ein Verständnis von Dichtung, das nicht vorrangig an historischer Überprüfbarkeit orientiert ist. Zudem wird in kaum einer literarischen Gattung des Mittelalters über die Möglichkeiten des Erzählens und über die Wahrheit von Literatur so ausführlich reflektiert wie im Artusroman. Einen wichtigen Ort dafür bieten wiederum die Prologe und Epiloge der Romane. Der Prolog zum *Iwein* des Hartmann von Aue formuliert das Programm für diese Gattung:

Swer an rehte güete
wendet sîn gemüete,
dem volget sælde und êre.
des gît gewisse lêre
künec Artûs der guote,
der mit rîters muote
nâch lobe kunde strîten.
er hât bî sînen zîten
gelebet alsô schône
daz er der êren krône
dô truoc und noch sîn name treit.
des habent die wârheit

sîne lantliute:
sî jehent er lebe noch hiute:
er hât den lop erworben,
ist im der lîp erstorben,
sô lebet doch iemer sîn name.
er ist lasterlîcher schame
iemer vil gar erwert,
der noch nâch sînem site vert. (vv. 1–20)

(Wer sich um das wirklich Gute bemüht, der hat Glück und Ansehen im Leben. Das beweist ganz sicher der gute König Artus. Er war in der Lage, mit ritterlicher Gesinnung Ruhm zu erkämpfen. Zu seiner Zeit hat er so vorbildlich gelebt, dass er damals die Krone der Ehre getragen hat, so wie sein Name diese heute noch trägt. Die Bewohner seines Landes bestätigen das. Sie behaupten (sogar), er sei noch am Leben. Er hat (jedenfalls) Ruhm erlangt, so dass, wenn er auch gestorben ist (oder: sein sollte), sein Name immer leben wird. Jeder, der nach seinem Vorbild handelt, ist auch heute ganz sicher vor Schande gefeit.)

Zwei Arten des Nachlebens werden hier am Beispiel von König Artus vorgeführt. Mit großen Helden verbindet man häufig die Vorstellung ihrer Unsterblichkeit, ihrer körperlichen Weiterexistenz nach dem Tode in einem mythischen Zustand, aus dem grundsätzlich eine Wiederkehr möglich wäre. So weiß es die Sage von Kaiser Friedrich I. Barbarossa, der im Kyffhäuser ‚schlafen' soll, während sein Bart immer länger wird (vgl. Brüder Grimm, *Deutsche Sagen*, Nr. 23). Und bei König Artus ist es die unzugängliche Nebelinsel Avalon, auf der er nach seiner ‚tödlichen' Verwundung weiterleben soll (was nicht ausschließt, dass in Glastonbury sein Grab gezeigt wird). Hartmann spielt darauf an mit der Bemerkung, die *lantliute* leugneten hartnäckig seinen Tod. Hartmann lässt das offen; ihm kommt es auf den Ruhm an, der Artus unsterblich mache. Nicht der Mensch lebe weiter, sondern sein *name*. Dass man nach dem Tode eines Helden weiterhin lobend von ihm spricht, und zwar ganz konkret von dieser unverwechselbaren Person, ist eine Form von Unsterblichkeit, die in altindogermanischer Tradition – nach den Forschungen von Martin L. West – jeder anderen Weise des Nachlebens in der Unterwelt oder wo auch immer vorgezogen wurde. Einer der Vorläufer der Artusromane, der altfranzösische *Roman de Brut* von Wace, unterstellt Artus, sein Handeln im Leben bereits darauf ausgerichtet zu haben: „Sehr liebte er die Anerkennung und den Ruhm und wünschte, dass seine Taten der Nachwelt im Gedächtnis blieben." Der *Iwein*-Prolog Hartmanns ethisiert nun dieses Streben, indem mit dem Nachruhm des Artus zugleich ein verbindliches Muster idealen Rittertums aufgestellt wird (vgl. vv. 18–20): Wer nach Artus' Vorbild handelt, der braucht sich auch heute um sein Ansehen keine Sorgen zu machen. Der Garant für höfisches Verhalten ist somit die Dichtung, die weiterhin von Artus spricht. Aber spricht sie wirklich von ihm? Es ruft immer wieder Erstaunen hervor, wenn man bemerkt, wie wenig die Artusromane nach der Art des Chrétien de Troyes von König Artus handeln. Historiographische Werke wie die *Historia regum Britanniae* (um 1135) des Geoffrey von Monmouth berichten zwar ausführlich von der problematischen Geburt Arthurs (wie er dort heißt), vom Tod seines Vaters Utherpendragon, von Arthurs vielen Schlachten und Siegen, und schließlich von seiner Entrückung nach Avalon; ein Wissen, das über spätere Kompilationen des Stoffes wie *Le Morte Darthur*

(1485) von Thomas Malory in die Neuzeit gelangte. Die hochmittelalterlichen Artusromane Chrétien'scher Prägung wissen davon jedoch nichts oder wollen davon nichts wissen. Artus erscheint in ihnen als eine merkwürdig passive Gestalt, die kaum wirklich und erst recht nicht beispielhaft-positiv handelt. Als Organisator von höfischen Festen und Jagden ist er zwar stets präsent, doch erfahren die Lesenden über ihn so gut wie nichts. Das wirft schwierige literaturwissenschaftliche Fragen auf. Hätten wir bei der Artusepik den in der Weltliteratur singulären Fall, dass eine ganze Gattung nach einer Nebenfigur benannt ist? Und wie sollte König Artus eine Vorbildfunktion für alle Ritter haben, wenn er selbst keine vorbildlichen Taten vollbringt? Die übliche Antwort, Artus habe sie bereits *vor* der erzählten Zeit der Romane vollbracht, ist sicher zutreffend, doch bleibt sie unbefriedigend, da an sie nicht einmal rückblickend erinnert wird. Konnten die Autoren die Geschichten von Artus beim Publikum als bekannt voraussetzen? Das mag vielleicht in Frankreich der Fall gewesen sein, für die deutschsprachige Leserschaft aber traf dies gewiss nicht zu. Weshalb verschweigen dann Chrétien und seine deutschen Nachfolger die Erzählungen von den Ruhmestaten von König Artus? Vielleicht, damit im Bewusstsein der Lesenden die Vorstellung eines vollkommenen Ritters auf indirekte Weise erst entsteht. Sie kann entstehen durch das Erzählen von den scheiternden und von den gelingenden Versuchen der Artusritter, es ihrem großem Vorbild nachzutun. Die Artusritter kennen ihr Leitbild bereits genauer, die Lesenden lernen es durch sie erst kennen. Die Artusromane handeln deshalb weniger von Artus als von solchen Rittern, die „nach seiner Sitte ausfahren“ (vgl. *Iwein*, v. 20), den jeweiligen Protagonisten, nach denen die Artusromane dann konsequenterweise auch benannt sind. Höfische Idealität konstruiert sich narrativ in dem Bestreben, würdig zu sein, mit König Artus an einem Tisch zu sitzen.

Die Tafelrunde

Das zentrale Symbol der runden Tafel (LexMA s.v. Tafelrunde) wurde wohl erstmals von Wace (*Roman de Brut*) in die Artuswelt eingeführt. Wie man sich noch heute oft bei schwierigen Verhandlungen, die nicht durch Rangstreitigkeiten der Beteiligten beeinträchtigt werden sollen, an einem „runden Tisch“ zusammenfindet, so diente die *table ronde* bei Wace dazu, die Barone des Königs in der Sitzordnung untereinander gleich zu behandeln. Bei Chrétien wird daraus eine Auszeichnung, an ihr sitzen zu dürfen; die dazu gehörten, waren „die besten Ritter der Welt“ (*de ces de la Table Reonde, / qui furent li meillor del monde*; Chrétien, *Erec et Enide*, vv. 1669f.). Im Unterschied zu französischen Autoren, die dem König oft einen separaten Platz zuzubilligen scheinen, lässt Hartmann keinen Zweifel daran, dass Artus mit an der Tafel bei seinen Rittern sitzt; im *Erec* werden Erec und Enite von der Königin zum König geführt:

diu küneginne si nam
vriuntlîchen bî ir hant
und gienc, dâ si den künec vant
sitzen nâch sînem rehte
mit manegem guoten knehte
dâ zuo der tavelrunde. (vv. 1611–1616)

(Die Königin fasste sie beide auf vertraute Weise an den Händen und führte sie vor den König, der, wie es sich gehörte, mit vielen hervorragenden Rittern an der Tafelrunde saß.)

Der Anzahl der Ritter, die dort Platz nehmen dürfen, variiert; in Hartmanns *Erec* sind es 140, von denen viele in einem langen Katalog namentlich aufgeführt werden. Wichtig dabei ist, dass man diese *werdekeit* nicht erbt, sondern erwerben muss; und vor allem, dass sie auch wieder verloren geht, wenn das Ansehen des Ritters sinkt. Es zeigt sich zumindest in Ansätzen eine ‚moderne' Leistungsethik, die gesellschaftlichen Rang an eigenes Handeln bindet – wenngleich ein solcher „Tugendadel" immer in einem Spannungsverhältnis zum „Geblütsadel" bleibt und aus dieser Spannung ein besonderer Reiz der vormodernen Literatur erwächst.

„Doppelweg" und „Krise" des Helden

Im Artusroman ist der Aufstieg des Ritters zu Ansehen und Ruhm nicht gradlinig gestaltet. Zumindest in einem eklatanten Fall verliert der Held die bereits erworbene Zugehörigkeit zu Artushof und Tafelrunde wieder. Er muss – beinahe – von vorn anfangen, was dem Artusroman eine charakteristische Zweigliedrigkeit verleiht. Im Anschluss an Hugo Kuhn spricht man meist vom „doppelten Kursus" oder mit Hans Fromm vom „Doppelweg". Auch wenn dieses Konzept nicht unumstritten ist, so fallen doch die spiegelbildlichen Korrespondenzen zwischen den Aventiuren aus den beiden Teilen auf, die durch einen plötzlichen Ehrverlust deutlich voneinander getrennt sind. Diese Art von Einschnitt erinnert an das antike Konzept der „Peripetie" (RLW s.v. Peripetie), wird jedoch, da die Möglichkeit zum Neuanfang in ihm bereits angelegt ist, meist als „Krise" bezeichnet. Es ginge zu weit zu sagen, der Held mache vor der Krise alles falsch und nach der Krise alles richtig; eine solche Schwarz-Weiß-Malerei wäre großer Literatur wie der Artusepik unangemessen. Aber dennoch läuft der erste Zyklus von Aventiuren konsequent auf ein Scheitern beim nachhaltigen Bewahren des bereits erlangten Ruhms hinaus. Das wirft die Frage nach dem Grund für dieses Scheitern auf. Lässt sich ein Fehlverhalten des Helden erkennen, das zu seiner Krise führt?

Hartmann von Aue: *Erec*

Das Modell von Krise und doppeltem Kursus ist zunächst am *Erec* entwickelt worden, sowohl an dem von Chrétien als auch an der deutschen Fassung Hartmanns. Dieser erste Artusroman im engeren Sinne begründet mit seiner Gattung auch die Literaturfähigkeit des Themas der Ehe in der mittelalterlichen Epik. Erec, der junge Sohn des Königs Lac, gewinnt in seiner ersten großen Aventiure seine Frau, die verarmte Grafentochter Enite. Der Roman endet also nicht damit, dass ein Paar sich findet, sondern er setzt damit ein. Und so beginnen auch die Probleme, die er gestaltet. Erec erlangt durch den Sieg über Iders, der ihn im Angesicht der Königin gedemütigt hatte, seine verlorene Ehre zurück und steigert zugleich sein Ansehen so sehr, dass seine neue Braut und er am Artushof glanzvoll empfangen werden. König Artus besteht darauf, dem Paar das Hochzeitsfest auszurichten, welches in all seiner Pracht beschrieben wird. Nach einem erfolgreich bestandenen ersten Turnier, bei dem sich Erec erneut *sîn loben* verdient (v. 2825), zieht er mit Enite in sein Heimatland, wo ihnen der Vater die Herrschaft überträgt. Sobald sie jedoch als König und Königin inthronisiert sind, verändert sich Erecs Verhalten (*sîn site*) grundlegend:

> *Êrec was biderbe unde guot,*
> *ritterlîche stuont sî muot*
> *ê er wîp genæme*

und hin heim kæme:
nû sô er heim komen ist,
dô kêrte er allen sînen list
an vrouwen Ênîten minne.
sich vlizzen sîne sinne
wie er alle sîne sache
wante zuo gemache.
sin site er wandeln began.
als er nie würde man,
alsô vertreip er den tac.
des morgens er nider lac,
daz er sîn wîp trûte
unz daz man messe lûte.
sô stuonden si ûf gelîche
vil unmüezlîche.
ze handen si sich viengen,
zer kappeln si giengen:
dâ was ir tweln alsô lanc
unz daz man messe gesanc.
diz was sîn meistiu arbeit:
sô was der imbîz bereit.
swie schiere man die tische ûf zôch,
mit sînem wîbe er dô vlôch
ze bette von den liuten.
dâ huop sich aber triuten.
von danne enkam er aber nie
unz er ze naht ze tische gie. (vv. 2924–2953)

(Erec war tapfer und hervorragend, stets ritterlich gesinnt – bevor er geheiratet hat und in seine Heimat zurückkehrte. Jetzt aber, wo er heimgekehrt war, ging es ihm nur noch um die Liebe zu Frau Enite. Er war nur noch darauf aus, es sich gemütlich zu machen. Alle seine Verhaltensweisen veränderten sich. Er verbrachte den Tag so, als ob er nie der (hoch angesehene) Mann geworden wäre, der er war. Am Morgen legte er sich nieder, um seine Frau zu lieben, und zwar so lange, bis man begann, zur Messe zu läuten. Dann standen sie beide in aller Ruhe auf und gingen Händchen haltend in die Kapelle. Dort blieben sie so lange, bis die Messe zu Ende war: Das war schon die größte Mühe, die sie hatten. Danach stand das Essen auf dem Tisch. Kaum hatte man die Tafel aufgehoben, als Erec und seine Frau wieder von den Leuten fort ins Bett flohen, wo es mit dem Liebesspiel dann weiter ging. Von dort kam er erst zum Abendessen wieder zurück.)

Diese pikant-humorvolle Beschreibung von Erecs Tagesablauf will nicht darüber hinwegtäuschen, wie traurig es um Erec steht: Der Held versagt ausgerechnet auf dem Höhepunkt seines Glücks. Es ist zwar in Erecs Königtum der Idealfall herrscherlicher Legitimation eingetreten, bei dem der Geblütsadel des Königssohns mit der eigenen Leistung des Artusritters zusammen kommt. Aber es zeigt sich zugleich, wie gefährdet ein Prestige ist, das auf Leistung beruht: Sobald diese in Frage gestellt wird, gerät auch das Ansehen ins Wanken. Zunächst ist man am eigenen Hof darüber entsetzt (*Des begunde mit rehte / ritter unde knehte / dâ ze hove betrâgen*; vv. 2974–2976); schließlich verbreitet sich seine *schande* (vgl. v. 2986) über die ganze Welt: *in schalt diu werlt gar* (v. 2988). Allgemeiner Kritikpunkt ist der Verlust der *vreude* des Hofes (v. 2989): Wo keine Turniere und keine Feste veranstaltet werden, da ist ein Hof für fremde Ritter und Damen unattraktiv, denn dort findet kein höfisches Leben statt. Als Schuldige hat man schnell Enite und deren angeblich schlechten Einfluss auf den jungen König ausgemacht (vgl. vv. 2996–2998). Darin äußert sich das grundsätzliche Problem, die Anforderungen von Ehe und Rittertum in Einklang zu bringen. Bei einem traditionellen Helden war die Frage, ob dieser heiratet oder nicht, eher episodischer Natur; sein weiteres Handeln wurde dadurch kaum bestimmt. Da aber in den Diskursen des hohen Mittelalters die Ehe zum Gegenstand theologischer und juristischer Reflexion wird, und im Minnesang der Zeit das Thema „Liebe" in der Lyrik dominiert, stellt sich verschärft auch in der Epik das Problem, wie die Ansprüche wechselseitiger Partnerschaft mit denen eines erfolgreichen Rittertums zu vereinbaren sind. Ein Ritter, der seine Gattin liebt, ein Held, der sich um seine Kinder kümmert – kann das überhaupt funktionieren? Können „Familienmänner" (Walter Erhart) Helden sein? Erecs Umfeld verneint das, indem es dessen ritterlichen Ehrverlust allein der Tatsache zuschreibt, dass er nun verheiratet ist. Allerdings ist es Enite, die das Problem zur Kenntnis nimmt. Nur sie bemerkt überhaupt, dass der eigene Hof sich über das königliche Paar bereits mokiert. Erst durch Enite wird Erec bewusst, dass er in eine Krise geraten ist. Begleitet allein von seiner Frau, bricht er auf, um durch eine höchst merkwürdige Reihe von neuen Abenteuern sein Ansehen wieder zu erlangen (und möglichst noch weiter zu steigern). Als dies gelungen ist, wird er von Artus erneut ehrenvoll empfangen und kann in sein Land zurückkehren. Dort regiert Erec als idealer Herrscher, er verhält sich nicht mehr wie zuvor, als er sich um Enite willen „verlegen" hatte: *dô er sich durch si verlac* (v. 10123).

Hartmann von Aue: *Iwein*

Erecs „Verligen" im ersten Kursus war der Auslöser für die Krise des Helden. Hartmanns zweiter Artusroman knüpft direkt an dieses Fehlverhalten an. Auch dessen Titelheld, Iwein, gewinnt durch ritterliche Tat mit Laudine eine Gattin (und deren Land), und der Leser kann gespannt darauf sein, ob es ihm gelingt, Erecs Fehler zu vermeiden. Der stets vorbildliche Ritter Gawein ermahnt seinen Freund Iwein jedenfalls sogleich nach dessen Hochzeit, sich nicht wegen der Schönheit seiner Frau in Schande bringen zu lassen:

geselle, behüetet daz enzît
daz ir iht in ir schulden sît
die des werdent gezigen
daz si sich durch ir wîp verligen.
kêrt ez niht allez an gemach;
als dem herren Ereke geschach,
der sich ouch sô manigen tac
durch vrouwen Enîten verlac.
wan daz er sich erholde
sît als ein ritter solde,
sô wære verwâzen sîn êre.
der minnete ze sêre. (vv. 2787–2798)

(Lieber Freund, achtet von Anfang an darauf, dass Ihr nicht in den Fehler derjenigen verfallt, denen man vorwirft, sie würden sich um ihrer Frau willen ‚verligen'! Kümmert Euch nicht nur um Eure Bequemlichkeit, wie das bei Herrn Erec der Fall war, der sich lange Zeit wegen Frau Enite ‚verlegen' hatte. Wenn er das nicht wieder gut gemacht hätte, wie es sich für einen Ritter gehört, dann wäre seine Ehre völlig verloren gewesen. Er hat einfach zu sehr geliebt.)

Um den jungen Ehemann über diesen intertextuellen Verweis auf den *Erec* hinaus vor einem Leben in Schande zu warnen, zeichnet Gawein ihm gegenüber das abschreckende Zerrbild eines verheirateten Ritters. Charakteristisch sei für den sorgenden Hausvater die abnehmende Bereitschaft, auf Turniere zu reiten, und vor allem solche im Rahmen höfischer Feste selbst zu veranstalten. Empfängt er dann, wenn es sich nicht vermeiden lässt, mal einen Gast, dann klagt er ununterbrochen über die hohen Kosten der Haushaltsführung und damit auch der Bewirtung, so dass der Gast es bald bereut, überhaupt hergekommen zu sein (vgl. vv. 2845–2849). Iwein überzeugt dies sofort. Er erlangt von seiner Gattin Laudine die Erlaubnis, ein Jahr lang weiterhin auf Abenteuerfahrt gehen zu können. Die Frage nach der Vereinbarkeit von Ehe und Rittertum wird scheinbar vertagt, wobei sowohl die traditionelle Jahresfrist („Verjährung") als auch Laudines Geschenk eines magischen Ringes dieser Absprache rechtliche Verbindlichkeit verleihen. Das Freundespaar Iwein und Gawein zieht nun durch die Lande von Turnier zu Turnier und ist dabei so erfolgreich, dass Iwein darüber die Jahresfrist vergisst, vor der er zu seiner Frau zurückkehren muss (*unz er der jârzal vergaz*; v. 3055). Erst sechs Wochen später dämmert es Iwein am Artushof, dass er seine Frau vergessen hat – als auch schon Laudines Dienerin Lunete erscheint, um im Auftrag ihrer Herrin Iwein vor König Artus als *triuwelôsen man* (v. 3183) zu verklagen. Die Fortnahme des Ringes macht den Bruch mit Laudine augenscheinlich. Iweins Reue kommt zu spät (*diu versûmde riuwe*; v. 3209). Ohne es recht zu bemerken, hat auch er versagt. Er wollte Erecs Fehler vermeiden, und ist dabei in das genau entgegen gesetzte Extrem verfallen: Während Erec das Rittertum zugunsten der Ehe geopfert hatte, ignorierte Iwein zugunsten des Rittertums, dass er inzwischen verheiratet ist. Auch hier ist es wiederum die Frau, die das Versagen bemerkt, es aber in diesem Fall wesentlich energischer kundtut, als es Enite gegenüber Erec getan hatte. Und die Krise des Helden findet einen subjektiveren Ausdruck: Erec hatte die Achtung der anderen verloren – von den eignen Hofleuten bis zur ganzen „Welt" –, Iwein hingegen verliert nun vor allem den Respekt vor sich selbst: *er verlôs sîn selbes hulde* (v. 3221). Das zeigt sich in der drastischen Gebärde vom Zerreißen der Kleider, einem traditionellen Ausdruck von extremem Zorn, Reue und Verzweiflung:

> *dô wart sîn riuwe alsô grôz*
> *daz im in daz hirne schôz*
> *ein zorn und ein tobesuht.*
> *er brach sîne site unde sîne zuht*
> *und zarte abe sîn gewant,*
> *daz er wart blôz sam ein hant.*
> *sus lief er über gevilde*
> *nacket nâch der wilde.* (vv. 3231–3238)

(Sein Reueschmerz nahm so sehr zu, dass ihm Zorn und Raserei ins Gehirn stiegen. Er verletzte jeden Anstand und seine Erziehung, indem er sich die Kleidung vom Leib riss und ganz und gar nackt war. So lief er nackt über die Felder in den Wald hinein.)

Dieses Zerreißen der Kleider verweist zugleich darauf, dass Iwein den Verstand verloren hat (*er löufet nû nacket beider, / der sinne unde cleider*; vv. 3359f.). Iwein muss deshalb viel elementarer neu beginnen, als dies bei

Erec der Fall gewesen war. Das gelingt durch das Märchenmotiv von einer Zaubersalbe, welche den Wahnsinn heilt. Iwein erlangt mit Verstand und Kleidung auch seine Identität zurück (vgl. v. 3509: *,bistûz Îwein, ode wer?'*). Er kann nun im zweiten Handlungsdurchlauf daran gehen, seine Ehre wieder herzustellen. Dieser zweite Aventiurenzyklus ist ganz auf das Befreien von Bedrängten und Verfolgten ausgerichtet. In noch recht konventionellem Rahmen bleibt dabei die erste Aktion, der Sieg über Grafen Aliers, der die Herzogin von Narison bedrängt hatte; hierbei ist höchstens erstaunlich, dass Iwein das Angebot von Hand und Land der befreiten Herzogin ausschlägt. Weit mehr lässt erstaunen, worauf sich die zweite Rettung bezieht: auf einen Löwen. In einem Kampf zwischen Löwe und Drache schlägt sich Iwein auf die Seite des „edleren" Tiers (v. 3864). Und dieses dankt ihm die Unterstützung durch die Unterwerfungsgeste des Kniefalls nach Art des mittelalterlichen Lehnsrechts: *sich bôt der leu ûf sînen vuoz / unde zeigte im unsprechenden gruoz / mit gebærden unde mit stimme* (vv. 3869–3871). Iwein wird dadurch zum „Löwenritter", und er will auch (nur) so genannt werden: *ich heize der riter mit dem leun* (v. 5502). Der Löwe begleitet ihn nun als leibhaftiges Wappentier, als Vasall sowie als Freund, wobei die *triuwe* und die *minne* des Tiers so sehr auf die Spitze getrieben wird, dass es, als Iwein, durch eine schwere Verwundung bewusstlos geworden, scheinbar gestorben ist, Selbstmord begehen will:

> *des wart in unmuote*
> *der leu, er wânde er wære tôt,*
> *unde was im nâch dem tôde nôt.*
> *er rihte daz swert an einen strûch*
> *unde wolde sich stechen durch den bûch,*
> *wan daz im der herre Îwein*
> *dannoch lebendiger schein.*
> *der rihte sich ûf unde saz*
> *unde wante dem leun daz*
> *daz er sich niht ze tôde stach.* (vv. 3950–3959)

> (Das brachte den Löwen in Verzweiflung, denn er meinte, Iwein sei tot. Deshalb wollte er (ebenfalls) sterben. Er stellte das Schwert an einen Strauch und wollte es sich gerade durch den Bauch stechen, als es ihm so schien, Herr Iwein sei doch noch am Leben. Der richtete sich auf, so dass er saß, und hielt den Löwen davon ab, sich zu erstechen.)

Da dem Löwen die nötige Feinmotorik fehlt, um einen Schwertstreich gegen sich selbst führen zu können, greift er zu einer technischen List. Wenn diese Szene vom verhinderten Suizidversuch eines Löwen bei Hartmann auch nicht ganz so detailliert ausgestaltet ist wie bei Chrétien, so entbehrt sie doch ebenfalls nicht der Komik, durch die der Kontrast umso stärker ausgedrückt wird: Das Tier hat offensichtlich diejenigen Qualitäten im Übermaß, die ein Mensch haben sollte, aber erst mühsam erwerben muss. Der Löwe zeigt, was Iwein noch fehlt, um ein vollkommener Ritter zu sein. Das bezieht sich nicht nur auf *rehtiu triuwe* (v. 4005), für die der Löwe Iwein (und damit den Lesenden) ein *bilde* gibt (v. 4001); es betrifft auch die Zuverlässigkeit in zeitlicher Hinsicht, die der Titelheld im ersten Kursus völlig hat vermissen lassen. Nahm er sich damals zuviel Zeit, gerät er nun immer wieder in Zeitnot, läuft Gefahr, zu spät zu kommen. Der Löwe weiß genau, wann es geboten ist, in einen Kampf einzugreifen (z. B. vv. 5375 f. *dô dûhte den leun er het zît / sich ze heben in den strît*). Iwein hingegen ist hin und her gerissen: Soll er auf den Riesen Harpin warten, um die Kinder seines Gastgebers zu retten, oder soll er nicht warten und weiter reiten, damit er im Gerichtskampf Laudines Dienerin Lunete retten kann, die hingerichtet werden soll? Wie er dieses Zeitdilemma – *ein zegâch geteiltez spil* (v. 4873) – von sich aus auflösen würde, das erfahren wir nicht, denn der Riese kommt gerade noch rechtzeitig, um besiegt zu werden, so dass Iwein am selben Tag auch noch die zweite Rettungstat vollbringen kann. Und beim Kampf zwischen den unerkannten Freunden Iwein und Gawein am Schluss des Romans verhindert nur die einbrechende Nacht, dass der Kampf katastrophal ausgeht. Ist Iwein wirklich ein besserer Ritter geworden? Oder waren die Glücksumstände für ihn im zweiten Zyklus einfach günstiger als im ersten? Die Frage lässt sich nicht leicht beantworten. Wohl aber kann man davon ausgehen, dass Iwein nach der Versöhnung mit Laudine seinen alten Fehler, auf seine Frau *nie kein ahte* (v. 8088) zu haben, gewiss nicht wieder begehen wird. Alles Nähere lässt das Ende des Romans, wie bei einem Märchenschluss, offen.

„Nachklassische" Artusromane

Durch Hartmanns Adaptation der französischen Artusromane des Chrétien de Troyes war auch in deutscher Sprache eine erfolgreiche Gattung der Epik begründet, für die allerdings das Strukturmuster des „Doppelwegs" nicht durchweg bestimmend bleibt. Andere, eher reihende Baumuster treten an seine Stelle, weshalb der Held im *Lanzelet* Ulrichs von Zatzikhoven, später dann vor allem in den „nachklassischen" Artusromanen keine Krise durchlaufen muss. Für die späteren Dichtungen waren somit weniger *Erec* und *Iwein* als der *Wigalois* des Wirnt von Gravenberg stilbildend, in dem der Held von vornherein der vorbildliche Vertreter der Artusidealität ist, der sich in immer neuen Aventiuren bewährt. Diese Romane folgen nicht mehr notwendig französischen Vorlagen. In einigen Fällen, etwa bei der *Crône* Heinrichs von dem Türlîn und erst recht bei Strickers *Daniel vom blühenden Tal*, stellt sich der Eindruck ein, die Gattung selbst werde parodiert. Von der Form des Reimpaarverses weicht man freilich nur selten ab: Wolframs *Titurel*-Fragment etwa und der anschließende *Jüngere Titurel* sind in Strophen gedichtet. In Prosaform ist in der deutschen Literatur nur der späte *Prosa-Lancelot* verfasst.

Der Gral und seine Geheimnisse

Die wichtigste Erweiterung der *Matière de Bretagne* führte Chrétien in seinem letzten, Fragment gebliebenen Artusroman ein: *Li Contes del Graal ou Le roman de Perceval*. Wolfram von Eschenbach hat aufgrund dieser Vorlage mit seinem *Parzival* einen der bedeutendsten Romane der deutschen Literatur geschaffen. In ihm wird der Artusgesellschaft eine mindestens ebenso faszinierende Sphäre an die Seite und gegenüber gestellt: die Welt des Grals. Wolframs *Parzival* übertrifft wohl nicht nur an literarischem Rang, sondern auch an zeitgenössischer Popularität die übrigen Artusromane; über 80 Handschriften (bzw. davon erhaltene Fragmente) zeugen von einer starken Verbreitung im Mittelalter bis hin zum ersten Druck Straßburg 1477. Das liegt gewiss auch am Reiz des Geheimnisvollen, den das Motiv des Grals bis heute ausübt. Zur Rezeption von Chrétiens *Perceval* schrieb Karl Bertau: „Das große Rätselraten hatte begonnen." Dieses europaweite Rätselraten wurde durch Wolfram von Eschenbach entscheidend befördert, wobei der *Parzival* wie wohl jedes Buch über den Gral mehr Rätsel stellt als auflöst. Noch Dan Browns internationaler Bestseller *The Da Vinci Code*

(2003) bezieht einen Teil seiner Spannung aus der Geheimnisstruktur der Gralsthematik, die Verschwörungstheorien aller Art reiche Nahrung bietet. Durch den Gral kommt in die märchenhafte Erzählwelt der mittelalterlichen Artusromane zudem eine Dimension der Transzendenz, bei der in der Schwebe bleibt, ob es sich um kirchentreues Christentum, um unorthodoxe Laienfrömmigkeit, um häretische Gegenpositionen oder doch wohl eher um eine freie literarische Gestaltung religiöser Themen handelt, die sich über Fragen von Dogmatik und Rechtgläubigkeit oftmals kühn hinwegsetzt.

Wolfram von Eschenbach: *Parzival*

Standen in den frühen Artusromanen *Erec* und *Iwein* Konflikte zwischen den Ansprüchen der Ehe und denen der adligen Gesellschaft im Zentrum, so geht es in Wolframs *Parzival* um die Sozialisation eines jungen Adligen. Dazu wird freilich weit ausgeholt. Anders als bei Chrétien setzt Wolframs Handlung nicht mit dem Auszug des jungen Helden in die Welt ein, sondern mit der Geschichte seiner Eltern. Dies kommt dem genealogischen Denken des Mittelalters sehr entgegen, in welchem personale Identität eng an das Wissen von der Herkunft des Menschen gebunden ist. Und es bietet Wolfram die Möglichkeit, eine starke Erzählerinstanz zu etablieren, die recht frei und selbstbewusst über Handlung und Personal des Romans verfügt – etwa indem sie dem Leser deutlich macht, der Protagonist sei im Hinblick auf die Erzählung noch nicht auf die Welt gekommen, was den Erzähler allerdings nicht davon abhält, ihm schon einmal einen freundlichen Willkommensgruß entgegen zu rufen:

ein mære wil i'u niuwen,
daz seit von grôzen triuwen,
wîplîchez wîbes reht,
und mannes manheit alsô sleht,
diu sich gein herte nie gebouc.
sîn herze in dar an niht betrouc,
er stahel, swa er ze strîte quam,
sîn hant dâ sigelîchen nam
vil manegen lobelîchen prîs.
er küene, træclîche wîs,
(den helt ich alsus grüeze)
er wîbes ougen süeze,
unt dâ bî wîbes herzen suht,
vor missewende ein wâriu fluht.
den ich hie zuo hân erkorn,
er ist mæreshalp noch ungeborn,
dem man dirre âventiure giht,
und wunders vil des dran geschiht. (vv. 4,9–26)

(Ich will euch eine Geschichte erneuern, eine Geschichte, die von der Macht der Treue handelt, sie spricht von wirklichem Frausein und von aufrichtigem Mannsein, das sich keiner Härte gegenüber verbogen hat. Sein (des Protagonisten) tapferes Herz ließ ihn nie im Stich. Er war (wie) aus Stahl, wo immer er in den Kampf kam; seine Hand errang siegreich oft großen Ruhm. Er war kühn, aber nur mäßig weise; ihn grüße ich bei dieser Gelegenheit, hallo Held! Für Frauenaugen war er eine Wonne und hat viele Frauenherzen in Liebeskrankheit versetzt. Vor allem Schlechten schreckte er zurück – er, den ich mir ausgewählt habe, von dem die Geschichte handelt, in der so Erstaunliches geschieht, er ist, was den Roman betrifft, noch gar nicht geboren worden.)

Diese humorvollen Erzählerbemerkungen enthalten Grundzüge einer Poetik des Romans. Er handelt nicht von ‚kleinen' Themen, sondern vom Menschsein in seiner ganzen Fülle und geschlechtsspezifischen Ausfaltung, es geht um Liebe und Kampf, um Treue und Stärke. Der Roman ist fiktional: Ein durch solche Bemerkungen eingestimmter Leser wird einem Autor nicht den Vorwurf machen, was da erzählt werde, sei erlogen. Trotz der Fiktionalität beansprucht der Roman jedoch nicht zugleich, originell zu sein, zumindest nicht hinsichtlich des *mære*, der Geschichte, die nicht erfunden, sondern „erneuert" (v. 4,9) wird, also auf neue Weise wiedererzählt. Das hat wohl weniger etwas damit zu tun, dass es zu Wolframs Zeit noch kein ausgeprägtes Originalitätsbewusstsein gegeben hätte, als vielmehr mit dem Reiz, den es für Leser wohl immer schon hatte und haben wird, bekannte Erzählungen, nicht nur Mythen und Märchen, in aktualisierter Gestaltung präsentiert zu bekommen: Die Aufmerksamkeit ist dann nicht nur auf das Was, sondern vor allem auf das Wie gerichtet, und die Freude am Neuen verbindet sich dabei mit der Lust am Wiedererkennen. Noch weniger als heute jemand Christa Wolf dafür tadeln würde, dass sie mit *Kassandra* (1983) und *Medea. Stimmen* (1996) antike Mythen neu bearbeitet, oder Peter Handke dafür, dass er mit *Don Juan (erzählt von ihm selbst)* (2004) einen frühneuzeitlichen Dramenstoff aufgreift, hätte man im Mittelalter einen solchen Vorwurf erhoben, zumal die *Inventio* der Rhetorik mehr als „Finden" (von Vorgegebenem) denn als „Erfinden" verstanden wurde. Damals wie heute ist entscheidend, was man daraus macht. Thomasin von Zirklaere etwa baut dieses Kriterium in sein Lob der literarischen Bearbeitung ein: Wer etwas, das nicht von ihm selber stammt, *gevuoclîchen kan / setzen im sîme getiht*, der vollbringt dieselbe Leistung wie derjenige, *derz vor im êrste vant*; ein guter Bearbeiter eignet sich das „Gefundene" im Handumdrehen an: *der vunt ist worden sîn zehant* (*Welscher Gast*, vv. 116–122). Das trifft gewiss auf Wolfram zu, der souverän sein intertextuelles Spiel nicht nur mit dem französischen Vorgängertext Chrétiens treibt. Er parodiert zugleich die Autoritätsbezogenheit von Autoren und wohl auch von Lesern, indem er zu den tatsächlich benutzten französischen Vorlagen noch eine hinzuerfindet, welche wiederum auf eine weitere Quelle zurückgehen soll, die ein Provenzale namens Kyot „in heidnischer Sprache verfasst" vorgefunden habe: *Kyôt ist ein Provenzâl, / der diese âventiur von Parzivâl / heidensch geschriben sach* (vv. 416,25–27). Kyot musste zunächst eine fremdartige Schrift (*der karakter â b c*, v. 453,15) erlernen, um lesen zu können, was ein gelehrter Heide namens Flegetânis zuvor in den Sternen gelesen hatte … Über solche im Mittelalter durchaus verbreiteten Quellenmystifikationen dürften sich die zeitgenössischen Rezipienten nicht weniger amüsiert haben als über Wolframs Umgang mit traditioneller Topik. Wo das Herrscherlob die Formel *fortitudo et sapientia* kennt, löst Wolfram diese feste Verbindung für seinen Helden auf: „Tapfer" (*fortis*) sei er zwar, aber (bislang) nur mäßig „weise" (*sapiens*): *er küene, træclîche wîs* (v. 4,18). Damit ist auf die Sozialisationsthematik des Romans verwiesen, die ihn zu einem Vorgänger der späteren Entwicklungs- und Bildungsromane werden lässt. Wie erwirbt ein Kind, das mit den besten Voraussetzungen (adlige Herkunft, Kraft, Schönheit, Gutwilligkeit) ausgestattet ist, geistige und ethische Qualitäten, die es zum vollen Menschsein braucht, und es hier gar zum Amt des Gralskönigs befähigt? Wolfram gestaltet dies zunächst in einer Art von narrativem Gedankenexperiment. Er spielt den Fall durch, was aus einem adeligen Kind wird, dem jede höfische Erziehung vorenthalten wird. Die Mutter, von Wolfram Herzeloyde genannt, hat freilich andere Absichten für die Isolationserziehung ihres wunderschönen Knaben. Sie will verhindern, dass Parzival ebenso als Ritter ums Leben kommt wie sein Vater Gahmuret, dessen ritterliches Leben und Sterben die ersten beiden Bücher des *Parzival* bunt und ausführlich geschildert hatten. Sie zieht sich mit dem Kind in eine Einöde namens Soltâne zurück, wo es nur Bauern gibt, denen bei Todesstrafe verboten ist, das Wort „Ritter" in den Mund zu nehmen. Die Lesenden werden Zeugen dafür, wie dieser Versuch misslingt. Zwar erhält der Junge, der um seine königliche Erziehung gebracht wird, keine Waffen zum spielerischen Einüben in das Kriegs- und Jagdhandwerk, doch schnitzt er sich *bogen unde bölzelîn* (v. 118,4) kurzerhand selbst, um damit auf Vogeljagd zu gehen. Größere Tiere erlegt er mit einem ganz unstandesgemäßen Wurfspieß. Als die Mutter die Vögel in Soltâne töten lassen will, weil deren Gesang Sehnsuchtsgefühle im kleinen Parzival hervorruft, verlangt dieser wie ein Herrscher Landfrieden (*fride*) für sie (v. 119,11), und er fragt in der Gebärde des Richters: „Was wirft man den Vögeln vor?" *(waz wîzet man den vogelîn?*; v. 119,10). Und als dann Parzival erstmals in seinem Leben vorbeiziehende Ritter zu sehen bekommt, weiß er zwar nicht, was ein „Ritter" ist, doch steht sein Entschluss schnell fest, genau dies zu werden. Da im Gespräch mit den Rittern der Signalname „Artus" fällt, ist Parzivals Aufbruch in die Welt ein Aufbruch zu König Artus. Die Mutter erkennt, es nicht verhindern zu können, aber sie steckt ihn in *tôren kleider* (v. 126,26) in der Hoffnung, wenigstens das Narrengewand könne ihn vor dem Ritterberuf noch schützen. So entspricht das Äußere dem inneren Zustand des Helden. Dass *der knappe tump unde wert* (v. 126,19) in solchem Status künstlich hervorgerufener *tumpheit* aus dem Wald heraus tritt, verweist auf einen weiteren Aspekt des *Parzival* als einem Sozialisationsroman: Durch die Isolation in Soltâne hält Wolfram gleichsam die Erziehung zurück, um dann Parzival in relativ kurzer Zeit alles nachholen zu lassen, was Kinder sonst in vielen Jahren erlernen. Dies ist vor allem ein literarischer Kunstgriff, der langwierige Lern- und Entwicklungsprozesse zu einer überschau- und deshalb gut erzählbaren Romanhandlung komprimiert und Probleme der Erziehung wie in einem sozialen Modellversuch vorführt. Wie meist bei Wolfram, geht es auch hierbei nicht ohne sarkastische Komik zu. Hatte die Mutter dem in die Welt hinaus ziehenden Jungen wenigstens im letzten Augenblick noch ein paar Lebensregeln mit auf den Weg gegeben, so gibt er sich alle Mühe, sie wörtlich zu befolgen, ohne – was Heranwachsende sonst durchaus beherrschen – die Situationen und die Umstände mit zu berücksichtigen, in denen sie angewendet werden. Es ist wohl einfach nur lustig, wenn Parzival sich nicht traut, ein von Blumen und Gras beschattetes Bächlein zu durchschreiten, da die Mutter ihn vor „dunklen Furten" gewarnt hatte (vv. 127,15f.). Höchst unangenehme Folgen hat Parzivals durchaus gut gemeintes Verhalten hingegen für die Herzogin Jeschute, die er allein in einem prachtvollen Zelt schlafend vorfindet. Da die Mutter ihm den Rat gegeben hatte, Ring und Kuss einer guten Frau zu erwerben (vv. 127,25–128,2), springt er kurzerhand auf ihr Bett und raubt beides mit Gewalt – was ihren Mann, den Herzog Orilus, dann zu schlimmen Verdächtigungen gegenüber seiner Gattin veranlasst. Auch die Mahnung der Mutter an den Sohn, niemals das Grüßen zu vergessen (vv. 127,19f.), beherzigt Parzival übergenau, indem er jeden, den er grüßt, auch noch darauf hinweist, dieses Grüßen geschehe auf den ausdrücklichen Wunsch seiner Mutter hin (z.B. v 145,9 *riet mîn muoter mir*). Komisch wirkt es gewiss, wenn sich der große Held als braves Muttersöhnchen zeigt; doch ist diese Komik ebenfalls nicht harmlos, wissen die Lesenden im Unterschied zum Helden doch, dass Herzeloyde nicht mehr lebt: Bei Parzivals Auszug in die Welt war sie aus Schmerz über den Verlust des Kindes tot zusammen gebrochen (vv. 128,20–22). Mit ihren Regeln lebt sie auf eine recht unernste Weise im Verhalten ihres Sohnes fort. Ebenfalls nicht ganz ernst dürfte die Aufforderung des Erzählers gemeint sein, an die Stelle der toten Mutter müssten nun diejenigen mit ihren guten Wünschen treten, die sich für das Wohlergehen eines Romanhelden in besonderer Weise zuständig wissen – die Leserinnen: *doch solten nu getriwiu wîp / heiles wünschen disem knabn, / der sich hie von ir hât erhabn* (vv. 129,2–4). Innerhalb der Erzählhandlung nimmt zunächst Sigune diese Rolle ein, von der er – auch dies extrem verspätet – seinen Namen erfährt (vv. 140,16f.). König Artus, zu dem Parzival nach Umwegen dann gelangt, wird übrigens nicht zu einem Ersatzvater für ihn im Hinblick auf höfische Erziehung. Artus erscheint hier noch passiver als sonst; so lässt er es zu, dass Parzival gegen Ither kämpft und diesen allein um seiner schönen Rüstung willen tötet. Wie sehr dem jungen Mann noch alle ethischen Normen fehlen, wird wieder mit makabrem Humor geschildert, wenn Parzival versucht, den von ihm Getöteten, der sich später auch noch als Verwandter erweist, aus seiner Rüstung heraus zu schütteln: *Parzivâl der tumbe / kêrt in dicke al umbe. / er kunde im ab geziehen niht: / daz waz ein wunderlîch geschiht* (vv. 155,19–21). Da Parzival nun eine Rüstung besitzt, hat Artus ihn indirekt doch zum ‚Ritter' gemacht. Wie man sich als solcher verhält, vermittelt dann Gurnemanz, ein alter Burgherr, der Ritterlehren mit Herrscherlehren verbindet. Dazu gehört auch der Rat, keine überflüssigen, d.h. wohl reiner Neugier entspringenden, Fragen zu stellen: *irn sult niht vil gevrâgen* (v. 171,17). In nur zwei Wochen wird er bei Gurnemanz zum perfekten Ritter. In Pelrapeire befreit er dann das Land und heiratet die junge Königin Condwiramurs. Wie sonst zu Beginn eines Artusromans hat Parzival am Ende des vierten Buches Land und Frau gewonnen. Er verlässt beide bald wieder, um seine Mutter zu suchen, und er findet – den Gral. In einem geradezu magischen Übergang erreicht er die Gralsburg, auf der eine geheimnisvolle Zeremonie veranstaltet wird. Dort wird vorgeführt, wie der Gral Essen und Trinken spendet sowie das Altern verhindert – aber nicht zugleich Gesundheit verleiht, was dem siechen Burgherrn, dem Gralskönig Anfortas, zur Katastrophe unendlich perpetuierter Schmerzen wird, von denen ihn nur eine aus Mitleid gesprochene Frage nahe liegender Menschlichkeit erlösen kann. Parzival weiß nicht, dass er selbst derjenige ist, der diese Frage stellen müsste. Er denkt nur an den Rat des Gurnemanz, nicht viel zu fragen, und um alles richtig zu machen, unterlässt er es: *durch zuht in vrâgens doch verdrôz* (v. 239,10). Das Romanthema der (höfischen) Erziehung (*zuht*) reicht dadurch hinein in die Gralsthematik des *Parzival*. Da der Held auch hier noch nicht in der Lage ist, an sich vernünftige Verhaltensregeln in der konkreten

Situation sinnvoll anzuwenden, muss er vor dem Gral versagen. Er wird unfreundlich aus der Gralsburg entlassen, von Sigune über sein Scheitern aufgeklärt und schließlich am Artushof, wo er zunächst höchst ehrenvoll empfangen und in die Tafelrunde aufgenommen wurde, auf dem Höhepunkt seines ritterlichen Ansehens also, von der hässlichen Gralsbotin Kundry dafür verflucht, dass er sich des leidenden Anfortas nicht mit einer Frage erbarmt hat: *da erwarb iu swîgen sünden zil* (v. 316,23). Parzival sieht sein Versagen ein und legt eine Art von Eid ab: *ine wil deheiner freude jehn, / ine müeze alrêrst den grâl gesehn, / diu wîle sî kurz oder lanc* (vv. 329,25–27). Er erklärt sich somit selbst zum traurigen Ritter und verbindet mit der Absage an die Freude eine Absage an Gott: *nu wil i'm dienst widersagn: / hât er haz, den will ich tragn* (vv. 332,7f.). Vier Jahre lang zieht er durch die Welt, wobei seine Abenteuer in den Erzählungen des Romans hinter denen seines Freundes Gawein zurücktreten. Erst wieder im neunten Buch reitet Parzival hinein in die Aufmerksamkeit der Leser und in die Nähe der Gralsburg. An einem Karfreitag kommt er zum Einsiedler Trevrizent, der für ihn zum zweiten Ersatzvater wird, hier nicht für die höfische Erziehung der Artuswelt, sondern für die ethisch-religiöse Sphäre des Grals. In einer Art von Beichte, der freilich der Charakter des kirchlichen Sakraments fehlt, wird er von seinen Sünden befreit. Nun wäre Parzival in der Lage, sich auf der Gralsburg zu bewähren, doch müssen er und die Lesenden sich noch mehrere Bücher gedulden, die wieder vor allem von Gawein handeln, bis beide Freunde in Buch XIV aufeinander treffen, selbstverständlich kämpfend. Hier tritt Artus als Friedensstifter auf. Im XV. Buch kämpft Parzival freilich noch einmal, und zwar gegen seinen (unerkannten) Halbbruder Feirefiz, den Sohn seines Vaters Gahmuret und der von ihm verlassenen Mohrenkönigin Belacane. Feirefiz bringt den Reichtum des Orients und mit seiner schwarz-weiß-gescheckten Hautfarbe (*als ein geschriben permint, / swarz und blanc her unde dâ*; vv. 747,26f.) auch ein – durchaus komisches – Stück Exotik in die Handlung der *matière de Bretagne*. Als vortreffliche Ritter werden beide Brüder am Artushof festlich empfangen. Und wiederum erscheint bei einem höfischen Fest die hässliche Gralsbotin Kundry, doch diesmal mit einer guten Botschaft: Parzival wurde zum Gralskönig erwählt. Nun kann der todkranke Anfortas endlich durch die Mitleidsfrage erlöst werden, und der Heide Feirefiz lässt sich taufen, um die schöne Gralsträgerin Respanse de Schoye heiraten zu dürfen. Parzival regiert mit Condwiramurs das Gralsreich, bis ihr gemeinsamer Sohn Loherangrin die Verantwortung für den Gral einst übernehmen wird.

Gottfried von Straßburg: *Tristan*

Aus Wolframs wenigen Hinweisen auf das Schicksal des „Schwanenritters" Loherangrin am Schluss des *Parzival* hat ein späterer anonymer Autor eine eigene *Lohengrin*-Dichtung gestaltet (ca. 1290). Eine solche Art von epischer Fortsetzung, welche einen Erzählfaden eines abgeschlossenen Werkes aufgreift, um ihn zu einem eigenen Werk weiter zu spinnen, ist grundsätzlich zu unterscheiden von epischen Fortsetzungen, die ein Werk zu Ende führen, das Fragment geblieben war. Die Gründe dafür, dass literarische Werke nicht beendet werden, bleiben meist unbekannt. In vielen Fällen, wenn auch keineswegs in allen, wird der Autor über seiner Arbeit verstorben sein. „Der Tod nahm dem Dichter die Feder aus der Hand", heißt es dann gern pathetisch. Erstaunlicherweise hat der Fragmentcharakter eines

Werkes dessem Erfolg oft keinen Abbruch getan. Allerdings sind fragmentarische Werke in den Handschriften sehr häufig quasi-vollständig überliefert, d.h. zusammen mit späteren Fortsetzungen, die von anderen Autoren stammen. Dies gilt auch für das bedeutendste Romanfragment der deutschen Literatur des Mittelalters, den *Tristan* des Gottfried von Straßburg. Um den Abschluss von Gottfrieds *Tristan* haben sich gleich zwei Fortsetzer bemüht, Ulrich von Türheim und Heinrich von Freiberg, welche die Geschichte alternativ zu Ende erzählen. Beide greifen auf die vermutlich erste deutsche Bearbeitung dieses Stoffes zurück: auf den *Tristrant* des Eilhart von Oberg(e). Wie Eilhart benutzt auch Gottfried eine altfranzösische Vorlage, wenn auch eine andere, den nur teilweise erhaltenen *Tristan*-Roman des Thomas von Britannien (d'Angleterre). Der gesamteuropäisch verbreitete Stoff von Tristan und Isolde geht wohl auf (insel-)keltische Erzählungen zurück, gehört somit im Kern zur *matière de Bretagne*, jedoch ist sein Verhältnis zur arthurischen Welt nicht leicht zu bestimmen. Chrétien zählt „Tristan, der nie lachte", zu den Rittern der Tafelrunde (*Erec et Enide*, v. 1687); das Artuskompendium von Thomas Malory widmet der Tristan-Geschichte ein ganzes Buch; und einige Fassungen wie die *Tristan*-Fortsetzung des Heinrich von Freiberg sowie der französische *Tristan en prose* präsentieren Tristan dezidiert als Artusritter. Bei Gottfried von Straßburg hingegen erscheinen *der saelige Artûs* (v. 16861) und seine Tafelrunde (v. 16900) nur im Vergleich. Ein entscheidender Unterschied zum Artusroman liegt darin, dass Gottfrieds *Tristan* kein Eheroman ist, eher schon ein Roman des Ehebruchs: dem von Tristan mit Isolde, der Frau seines Onkels Marke. Der Roman handelt von der Allmacht der Liebe, die sich von keinen Grenzen einschränken lässt, nicht von denen der Ehe, nicht von denen der Gesellschaft, aber auch nicht von solchen der Religion: Die „Minne" erfährt im Gegenteil eine religiöse Überhöhung von unerhörter Kühnheit, was noch im 19. Jh. als „Gotteslästerung" (Karl Lachmann) verunglimpft wurde. Damit ist freilich keine hedonistische Verabsolutierung von Lust verbunden. Minne steht vielmehr immer im Spannungsfeld von Freude (*liebe*) und von Leid; Gottfried formuliert dies sentenzhaft: *swem nie von liebe leit geschach, / dem geschach ouch liep von liebe nie. / liep unde leit diu wâren ie / an minnen ungescheiden*; vv. 204–207). Kennzeichnend hierfür ist bereits der Name des Helden. Als der Protagonist auf die Welt kommt, ist sein Vater Riwalin bereits gestorben, und seine Mutter Blancheflur stirbt bei der Geburt: Die Pflegeeltern lassen ihn wegen dieser „traurigen" Umstände auf den sprechenden Namen „Tristan" taufen (*nu heizet triste triure*; v. 1999). Der Erzähler macht deutlich, dass dies nicht auf die Herkunft seiner Figur beschränkt bleiben wird:

von triste Tristan was sîn nam.
der name was ime gevallesam
und alle wîs gebaere.
daz kiesen an dem maere.
sehen wir trûreclîch ez was,
dâ sîn sîn muoter genas.
sehen wie vruo im arbeit
und nôt ze rucke wart geleit.
sehen wie trûreclîch ein leben
ime ze lebene wart gegeben.

sehen an den trûreclîchen tôt,
der alle sîne herzenôt
mit einem ende beslôz
daz alles tôdes übergenôz
und aller triure ein galle was.
diz maere, der daz ie gelas,
der erkennet sich wol, daz der nam
dem lebene was gehellesam.
er was reht alse er hiez ein man
und hiez reht alse er was: Tristan. (vv. 2003–2022)

(Sein Name „Tristan" leitete sich von „trist" her. Dieser Name passte sehr gut zu ihm und war in jeder Hinsicht angemessen. Lasst uns dies an der Geschichte überprüfen! Betrachten wir, wie traurig es zuging, als seine Mutter ihn zur Welt brachte! Betrachten wir, wie frühzeitig ihm Qualen und Mühen auferlegt wurden! Betrachten wir, welch trauriges Leben er führen musste! Betrachten wir (schließlich) seinen traurigen Tod, der sein ganzes Leiden auf eine Weise beendet hat, die alle Tode übertraf und bitterer war als jede Traurigkeit! Wer jemals diese Geschichte gelesen hat, der weiß, dass der Name dem Leben genau entsprach. Dieser Mann war, wie er hieß, und er hieß, wie er war: Tristan.)

Die ganze Erzählung wird zum Exempel des Namens. Jeder Lesende weiß, worauf er sich einlässt, wenn eine Liebesgeschichte so deutlich im Zeichen der Trauer steht. Weshalb aber sollte jemand überhaupt traurige Liebesgeschichten lesen? Weil er zu den *edelen herzen* (v. 47 u. ö.) gehört! Im Prolog zum *Tristan* stellt Gottfried strenge Anforderungen an sein exklusiv gedachtes Publikum. Für Leser, die sich bei der Lektüre nur vergnügen wollen, sei der Roman gänzlich ungeeignet. In dieser Polemik gegen die „Welt, die kein Leid verkraftet und es immer lustig haben will" (*diu keine swaere enmüge getragen / und niwan in vröuden welle sweben*; vv. 52 f.), mag eine kritische Haltung zum Ausdruck kommen gegenüber der adeligen Festkultur des Mittelalters, die sonst in den höfischen Romanen „Freude" zum ethischen Gebot erhebt; auch in diesem Punkt unterscheidet sich der *Tristan* vom Artusroman. Vor allem jedoch benennt Gottfried eine therapeutische Funktion solcher Art von Dichtung: Sie dient den Lesern dazu, eigenen Liebesschmerz, wenn nicht zu heilen, so doch zumindest zu lindern (*daz sî mit mînem maere / ir nâhe gênde swaere / ze halber senfte bringe, / ir nôt dâ mite geringe*; vv. 73–76). Diejenigen Liebeskranken, die sich vom eigenen Leiden nicht einfach ablenken lassen wollen, – und dies zeichnet die „edlen Herzen" aus –, finden in der Beschäftigung mit dem Leiden anderer Liebender Trost und Beglückung (vgl. vv. 101–122). Es ist eine Therapie nach dem *similia-similibus*-Prinzip, die Gleiches mit Gleichem behandelt, nicht mit dem jeweils Gegensätzlichen (*contraria contrariis*). Zur intensiven Wirkung des *Tristan* auf die Leser trägt die Suggestivkraft der Sprache bei, die in hoher Musikalität mit Wort und Bedeutung spielt; so hat man den Eindruck, Gottfried brächte die körperliche Umschlingung seines Liebespaars sprachlich zum Erklingen: *ein man ein wîp, ein wîp ein man, / Tristan Isolt, Isolt Tristan* (vv. 129 f.). Das gehört einmal zur Meisterschaft des „geblümten Stils", von dem bei Konrad von Würzburg schon die Rede war. Zudem entzieht sich in den artistischen Wortspielen und paradoxen Formulierungen des *Tristan* eine klar zu bestimmende Bedeutung ebenso sehr, wie die Minne ambivalent erfahren wird und die ethischen, rechtlichen und religiösen

Bewertungen letztlich in der Schwebe bleiben: Form und Gehalt eines literarischen Werkes scheinen in dieser Hinsicht auf bemerkenswerte Weise zu korrespondieren. Diese Phänomene, sowohl die Entscheidung für den „dunklen Stil" als auch die sprachlichen Ausdrucksformen gedanklicher Uneindeutigkeit, sind schon deshalb erstaunlich, da Gottfried im sog. „Literaturexkurs" desselben Romans den Dichter Hartmann von Aue ausgerechnet für seine „kristallklaren Worte" lobt: *wie lûter und wie reine / siniu cristallînen wortelîn / beidiu sint und iemer müezen sîn!* (vv. 4628–4630). Wenn man dieses Lob der „Klarheit", der *perspicuitas,* nicht als blanken Hohn lesen wollte, dann wäre es nur als Respektbezeugung vor der radikalen Gegenposition zu verstehen, der immerhin eine Daseinsberechtigung zugesprochen würde – sofern sie nur mit gleicher Perfektion gehandhabt wird wie von ihm selbst die *obscuritas,* der dunkle Stil. Eine gewisse Spannung zwischen der Handlungsebene und den Kommentaren der Erzählerinstanz ist wohl allen bedeutenden Romanen der Weltliteratur eigen; im *Tristan* tragen die Kommentare jedoch auch dort, wo sie sich zu langen Exkursen ausweiten, nicht zum leichteren Verständnis des Geschehens bei: Sie werfen im Gegenteil weitere Verstehensprobleme auf. So geht ein Gottesurteil, mit dem Isolde ihrem Gatten Marke ihre angebliche Unschuld demonstrieren soll, dank listiger Manipulation günstig für Isolde aus. Gottfried gibt im Kommentar eine quasi-theologische Erklärung dafür, die uns noch heute ziemlich ratlos lässt: *dâ wart wol g'offenbaeret / und al der werlt bewaeret, / daz der vil tugenthafte Crist / wintschaffen alse ein ermel ist* (vv. 15733–15736). Gott hängt seinen Mantel nach dem Wind? Dass dies ironisch zu verstehen ist, liegt auf der Hand. Ob aber damit ein falsches Gottesbild kritisiert wird, nach dem Gott sich von Menschen beliebig instrumentalisieren ließe, ob man ein Einverständnis Gottes mit allen Liebenden auch bei gravierenden Moralverstößen voraussetzen darf, oder was auch immer – letztlich nimmt niemand den Lesenden die Entscheidung darüber ab. Gottfrieds Dichtung ist nicht nur ein Liebesroman, in dem ein zufällig eingenommener Minnetrank – als magisches Zaubermittel oder (auch) als Symbol des Füreinanderbestimmtseins – zwei Menschen in Leben und Tod aneinander bindet. Der *Tristan* handelt wie der *Parzival* zudem von Bildung und Erziehung, hier freilich geschlechtsspezifisch differenziert, steht im Mittelpunkt doch ein Liebespaar. Bei der Ausbildung des jungen Adligen Tristan fällt die Betonung des Sprachlich-Musischen auf. Um Fremdsprachen zu erlernen, wird er gemeinsam mit einem Hofmeister in andere Länder geschickt (*durch vremede sprâche in vremediu lant;* v. 2063). Dazu kommen die Buchkünste der Septem artes liberales und zu *disen zwein lernungen / der buoche unde der zungen* (vv. 2093 f.) die Übung in Instrumentalmusik (*an iegelîchem seitspil,* v. 2097), in der es der hochbegabte Junge ebenso schnell zur Meisterschaft bringt wie in den eigentlichen Hofkünsten wie Reiten, Jagen, Turnieren usw. Damit ist Tristan gut gerüstet, um incognito als Spielmann Tantris die junge Königin Isolde in vielerlei Hinsicht – *sô schuollist, sô hantspil* (v. 7968) – zu unterrichten. Isolde erlernte durch ihn *brieve und schanzûne tihten, / ir getihte schône slihten, / si kunde schrîben unde lesen* (vv. 4139–4141). Die kämpferisch ausgerichteten Hofkünste bleiben hingegen bei der adligen Mädchenerziehung ausgeklammert. Stattdessen betont Gottfried die besondere Bedeutung der *morâliteit* für junge Damen:

diu kunst diu lêret schoene site (v. 8005). Hierin liegt ein Unterschied in der Erziehung, nicht in der ästhetisch-literarischen Bildung, die für beide Geschlechter im Adel gleichwertig zu sein scheint. Das starke Betonen der höfischen Umgangsformen verhindert im *Tristan* freilich nicht, dass sich die Handlung weitgehend aus List- und Betrugsmomenten zusammensetzt. ‚Opfer' der List ist immer wieder König Marke, die Figur des ‚Dritten' in dieser traurigen Liebesgeschichte. Bei Gottfried liebt Marke beide, seinen Neffen Tristan und seine Frau Isolde, und er versucht immer wieder, jeden Verdacht gegen die beiden wichtigsten Menschen in seinem Leben in sich zu unterdrücken. Tristan muss schließlich fliehen, als Marke die beiden Liebenden in flagranti ertappt. Diese Szene des Ehebruchs, welche die Lesenden durch die Augen des betrogenen Ehemanns wahrnehmen, hat jedoch in dieser Perspektive weniger etwas von einem juristisch zu ahndenden Vergehen als von einem traurig-schönen Bildensemble:

wîp unde neven die vander
mit armen zuo z'ein ander
gevlohten nâhe und ange,
ir wange an sînem wange,
ir munt an sînem munde.
swaz er gesehen kunde,
daz in diu decke sehen lie,
daz vür daz deckelachen gie
zuo dem oberen ende:
ir arme unde ir hende,
ir ahsel unde ir brustbein
diu wâren alsô nâhe in ein
getwungen unde geslozzen:
und waere ein werc gegozzen
von êre oder von golde,
ezn dorfte noch ensolde
niemer baz gevüeget sîn.
Tristan und diu künigîn
die sliefen harte suoze,
ine weiz nâch waz unmuoze. (vv. 18195–18214)

(Er fand seine Frau und den Neffen eng und fest umschlungen, ihre Wange an seiner Wange, ihren Mund an seinem Mund. Die Decke ließ ihn sehen, was oberhalb des Lakens nicht bedeckt war: Ihre Arme und ihre Hände, ihre Schultern und ihre Oberkörper, sie waren so vollkommen miteinander verbunden, dass ein aus Erz oder Gold gegossenes Kunstwerk nicht besser zusammengefügt sein könnte. Tristan und die Königin schliefen tief und fest nach einer großen Anstrengung – woher soll ich wissen, nach welcher ...)

Außer dem Erzähler, der sich auch hier wieder mit einer ironischen Bemerkung ins Spiel bringt, sprechen die Figuren im *Tristan* erstaunlich wenig. Das gilt in besonderer Weise für Marke, der deshalb bei Gottfried recht konturlos bleibt. So konnten neuzeitliche Bearbeiter des Stoffes diese ‚offene' Figur freier ausgestalten als die übrigen. Marke kommt etwa bei Richard Wagner am Schluss von *Tristan und Isolde* (1859) edelmütig angeeilt, um dem Liebespaar seinen Segen zu geben, doch er kommt zu spät, denn Isolde stirbt den Liebestod an Tristans Leichnam. Ganz anders hingegen im *König Hahnrei* (1913) des expressionistischen Dramatikers Georg Kaiser: Auch in diesem Stück sind schließlich beide Liebende tot, allerdings bringt Marke sie um, und zwar als die Liebe zwischen Tristan und Isolde nachlässt und ihm damit die Möglichkeit zum lieb gewonnenen Selbstbetrug abhanden kommt! Hier ist von der quasi-religiösen Überhöhung der bedingungslosen Minne im höfischen Roman nur die tödliche Wahnvorstellung eines impotenten Voyeurs übrig geblieben.

Heldenepik

Wer ist ein Held?

Den dritten Stoffkreis, den Bodel anführt, nennt er *matière de France,* und er sagt von ihm aus, die damit verbundenen Geschichten seien stets „wahr". Gemeint sind damit die epischen Heldendichtungen (RLW s. v. Heldendichtung). Dass Bodel sie mit „Frankreich" in Verbindung bringt, erstaunt nicht, ist er doch Franzose und denkt deshalb zunächst an die eigenen Heldentraditionen. Das Heldenzeitalter („heroic age") der Franzosen ist durchweg dasjenige der Karolinger. Die deutsche Literatur heroisiert übrigens nicht, wie man denken könnte, die Kämpfe germanischer Stämme gegen das römische Reich mit der berühmten Schlacht im Teutoburger Wald (9 n. Chr.), die für spätere Identitätsbildung der Deutschen so wichtig werden sollten; so ist der Cheruskerfürst Arminius („Hermann") allen populärwissenschaftlichen Spekulationen über eine Identifizierung mit dem Siegfried des *Nibelungenlieds* zum Trotz nie zum mittelalterlichen Sagenheld geworden. Die deutsche Heldenepik spielt vielmehr immer in der Zeit der Völkerwanderung. In der Heldendichtung wird wie in der Sage (RLW s. v. Sage) an historisch verbürgte Ereignisse und Personen angeknüpft – in diesem Sinne sind die Geschichten also „wahr". Es geht um bedeutende Menschen einer großen Zeit, die wirklich gelebt haben oder von denen man annimmt, dass sie wirklich gelebt hätten. Zugleich ging man davon aus, dass sie in vielerlei Hinsicht menschliches Maß überschritten: in Kraft, Körpergröße, Alter, aber auch im tragischen Sterben, weshalb ihnen oft übermenschliche Herkunft, göttliche oder dämonische, zugesprochen wurde. Ein solcher Held muss verstorben sein, doch sein Ruhm, seine Memoria, muss leben, weshalb man gerne von ihm erzählt; die Heldentaten definieren sich geradezu dadurch, dass von ihnen immer noch erzählt wird. Die Helden der deutschen Heldenepik entsprechen somit eher den Helden einer anscheinend weltweit verbreiteten heroischen Dichtung, weniger den Protagonisten der Artusepik, von denen gerade die Rede war. Im unterschiedlichen Heldenbild zeigt sich die Hauptdifferenz zum höfischen Roman. Der Held des Heldenepos entwickelt sich nicht, er zeigt keine Fortschritte in der Persönlichkeitsentfaltung, weder kontinuierlich noch in Folge krisenartiger Handlungseinbrüche. Er taugt wenig als Vorbild zur Identifikation und Nachfolge, er ruft vielleicht Bewunderung hervor, oft genug jedoch Erschrecken oder zumindest Erstaunen. Er lässt sich moralisch nicht fassen; als Ausnahmeerscheinung braucht er sich um Gesetze und Verhaltensregeln nicht zu scheren, und er tut dies auch meistens nicht. Vor allem schließlich: Der Held der Heldendichtung steht nicht für ein Programm der Zivilisierung menschlichen Verhaltens, wie es für den höfischen Roman selbst dann bestimmend bleibt, wenn der Protagonist dabei zunächst scheitert oder wenn – wie in Gottfrieds *Tristan* – dieses Konzept im Einzelfall an anthropologische Grenzen stößt. Die Heldendichtung feiert das genaue Gegenteil: rohe

Gewalt, maßlose Rache, Ströme von Blut. Besteht Zivilisierung vorrangig in rationaler Kontrolle und Mäßigung der Affekte – im Mittelhochdeutschen sprach man von *mâze* –, so äußert sich das Heroische gerade im ungezügelten Ausleben der Leidenschaften, in der Wahl der Extreme, nicht der Mitte, und im völligen Fehlen dessen, was man „Gewissen" nennt. Dieser Haudegen-Held ist gegenüber dem zivilisierten Ritter des höfischen Romans gewiss das ältere, archaischere Konzept. Auffällig ist jedoch, dass die großen deutschsprachigen Heldenepen zeitlich keineswegs vor den Artusromanen entstanden sind, sondern vielleicht teilweise noch parallel dazu, aber in den meisten Fällen sicher erst danach. Wie lässt sich das erklären? Wir können gewiss davon ausgehen, dass die heimischen Heldenstoffe lange mündlich tradiert wurden und deshalb im Unterschied zu den antiken und keltischen Stoffen zunächst gar nicht schriftlich vermittelt werden mussten. Weshalb sie dann aber doch im Zuge des Erfolges der höfischen Romane ebenfalls erfolgreich verschriftet und zu Buchepen gestaltet wurden, bleibt letztlich ein Rätsel. Möglicherweise empfand man das archaische Helden- und Weltbild der Sage nicht als überholt-anachronistisch, sondern als erwünschte Gegenposition zu der allzu edel und rational konzipierten Welt des Zivilisiert-Höfischen. Das wäre dann ein ähnliches Phänomen wie später im Sturm und Drang (RLW s. v. Sturm und Drang), wo es vergleichbare Räusche von Kraft, Gewalt und Blut gibt wie in der Heldenepik; das ungezügelte Ausleben der Affekte muss dort gegen aufklärerisches Mitleiden oder empfindsame Weinerlichkeit gerichtet sein, ansonsten wäre es oft weitgehend unmotiviert. Auf ähnliche Weise sind auch im Heldenepos die Gründe für die Gewaltausbrüche weniger wichtig als ihre gigantischen Ausmaße. Die mittelalterlichen Menschen scheinen dies ebenso genossen zu haben, wie das heutige Publikum Gewalt und Horror in populären Medien genießt.

Siegfried oder Dietrich: die Sagenkreise

Die bekannteste Gestalt der deutschen Heldenepik ist heute gewiss Siegfried. Das war nicht immer so. Bevor das *Nibelungenlied* seit dem 19. Jh. aus nicht-literarischen Gründen zum „Nationalepos" der Deutschen avancierte, galt Dietrich von Bern als der bedeutendere Repräsentant dieser Gattung. Wo immer Dietrich gegen Siegfried kämpft, siegt Dietrich. Und als Kaiser Maximilian I. („der letzte Ritter") sich in der Innsbrucker Hofkirche eine prächtige Grabstätte schaffen ließ, stellte er in überlebensgroßen Bronzefiguren (1513) außer seinen Ahnen auch König Artus und Dietrich von Bern daneben; einen Siegfried sucht man dort vergebens. Historisch betrachtet steht hinter der literarischen Figur Dietrich von Bern der Ostgotenkönig Theoderich der Große (452–526), der im Jahr 488 in Italien eingefallen war und sich dort letztlich als Alleinherrscher mit Residenz in Ravenna durchgesetzt hatte. Was faktisch ein Angriff von außen war, hat die Sage umgedeutet als legitimen Wiedereroberungsversuch des vom Usurpator Odoaker aus seinem angestammten „Bern" (wohinter Verona steht) vertriebenen Dietrich, der in der Zeit seines Exils beim Hunnenkönig „Etzel" (Attila) Zuflucht gefunden hatte. Man kann vermuten, dass diese Verdrehung der historischen Fakten, welche die Eroberung als eine Heimkehr ausgibt, aus dem Umkreis der in den Gotenkriegen Justinians besiegten Ostgoten stammt. Dort wurde das Gedächtnis an den bedeutenden König Theoderich gepflegt, und es sollte offensichtlich die Gotenherrschaft in Italien nachträglich gerechtfertigt werden. Für die heroische Dichtung war dadurch jedenfalls der gotisch-hunnische Sagenkreis begründet, in dessen Zentrum die überragende Gestalt des Dietrich von Bern steht. Während die Werke der Stoffkreise im Sinne Bodels kaum Berührungspunkte untereinander zeigen – ein Parzival würde niemals in einen Antikenroman oder in ein Heldenepos hineinreiten –, lassen sich innerhalb der deutschen Heldenepik die Sagenkreise durchaus miteinander verbinden; so tritt Dietrich von Bern auch in dem zweiten großen Komplex auf, den wir vor allem mit dem *Nibelungenlied* verbinden: im burgundisch-niederländischen Sagenkreis. Historisch gesehen steht dahinter zunächst das burgundische Königreich am Rhein unter König Gundahari, das 436/37 von den Römern mit Hilfe von hunnischen Truppen zerstört worden war. Die Erinnerung an diesen Untergang wird verknüpft mit der Überlieferung von Siegfried (in der nordischen Tradition als „Sigurd") und Brünhild, bei der wohl Erzählmotive des Mythos in die Form der Heldensage gegossen worden sind.

Das *Hildebrandslied*

Mit dem *Hildebrandslied* liegt das älteste schriftliche Zeugnis dieser heroischen Traditionen in deutscher Sprache vor. Allerdings handelt es sich nicht um ein umfangreiches Epos, sondern um ein relativ kurzes Gedicht in Stabreimversen, ein sog. „Heldenlied". Es gestaltet demnach keine ganze Heldenbiographie, es setzt vielmehr die Kenntnis der Sage um Dietrich von Bern voraus, in der diese Einzelszene zu verorten ist: „Zwischen zwei Heeren" (*untar heriun tuem*) treffen zwei Krieger aufeinander, die von vornherein als Vater und Sohn, als Hildebrand und Hadubrand bezeichnet sind. Sie selbst kennen die Identität des jeweils anderen freilich nicht, denn der Vater floh vor dreißig Jahren mit Dietrich vor dem „Hass Odoakers" (*otachres nid*) und hatte seine Frau und sein minderjähriges Kind „erbelos" (*arbeo laosa*) zurückgelassen. Nun kehrt der alte Waffenmeister Dietrichs mit einem Heer zurück und trifft unerkannt auf seinen Sohn, der auf der Seite seiner Feinde kämpft. Als Älterer nimmt er das Recht für sich in Anspruch, den Jüngeren nach seinem Vater und damit nach seinem Namen zu fragen. Und Hadubrand akzeptiert dieses Recht des „würdigeren Mannes" (*her uuas herero man*), indem er von Kämpfen seines Vaters erzählt, den er für tot hält. Hildebrand hört also von seinem Gegner seine eigene Geschichte. Er weiß nun, dass er seinen einzigen Sohn vor sich hat, den zu töten auch die Auslöschung seiner Familie bedeuten würde. Er versucht deshalb, den Kampf abzuwenden, indem er seinem Gegenüber die nahe verwandtschaftliche Verbindung deutlich macht und ihm ein kostbares Geschenk anbietet. Der Sohn traut beidem nicht, und er wirft dem Alten etwas vor, was dieser nicht auf sich sitzen lassen kann:

du bist dir, alter hun, ummet spaher,
spenis mih mit dinem wuortun, wili mih dinu speru werpan.
pist also gialtet man, so du ewin inwit fortos. (vv. 41–43)

(Du bist, alter Hunne, überaus verschlagen; du lockst mich mit deinen Worten, willst aber deinen Speer auf mich schleudern. Du bist (überhaupt nur) ein so alter Mann geworden, weil du stets Arglist gebraucht hast!)

Sind Kampfszenen in der Literatur wie auch in den modernen Medien wohl immer mit verbalen Auseinandersetzungen verbunden – als Reizreden oder als zynische Kommentare –, so zeigt sich in diesem Wortkampf eine Problematik, welche die Kommunikation zwischen den Generationen fast unmöglich macht. Die von Peter von Matt beschriebene „fixe Idee von der moralischen Überlegenheit der Jugend" ist keine Erfindung der 68er-Jahre des 20. Jh.s („Trau keinem über dreißig"!). In einer Kriegergesellschaft wie derjenigen der Heldendichtung kann ein Mann nur dann alt werden, wenn er besonders tapfer oder aber, wenn er besonders feige und hinterhältig ist. Hadubrand ist nicht der einzige junge Mann, der davon ausgeht, dass selbstverständlich das Letztere der Fall ist. So vermag er dem Alten keinen Glauben zu schenken, und dem Vater bleibt nicht anderes übrig, als das „Wehgeschick" geschehen zu lassen (*wewurt skihit!*) und gegen sein eigenes Kind zu kämpfen. Dabei wird er es wahrscheinlich töten, doch bleibt dies letztlich offen, denn die handschriftliche Überlieferung des *Hildebrandslieds* bricht an dieser Stelle ab. Es gibt allerdings keine Hinweise darauf, dass es beim Kampf nicht mit fairen Dingen zugehen wird. Dies scheint grundsätzlich für die Generationenproblematik der Heldenepik zu gelten: Wo junge Krieger gegen alte zum Kampf antreten, da haben die Jungen gegen die Alten kaum eine Chance. Die Kampferfolge der alten Haudegen strafen den Jugendlichkeitswahn der jungen Recken Lügen. Die oft schon greisen Helden sind durchaus nicht feige und trotz ihres hohen Lebensalters zu großen körperlichen Leistungen fähig, zumindest beim Kämpfen. So heißt es vom alten Dietrich von Bern am Ende der *Thidreks saga*: „Als König Thidrek fast kraftlos vor Alter war, blieb er dennoch rüstig mit den Waffen." Diese uralten Kämpen sind meist äußerst sympathisch und gelegentlich auch humorvoll dargestellt. Dort, wo sie junge Krieger töten, tun sie das höchst ungern: In der *Rabenschlacht*, von der unten die Rede sein wird, unternimmt dann Witege alles ihm Mögliche, um die Kinder Etzels und Helches von sich fortzutreiben, die partout mit ihm kämpfen wollen; sie fühlen sich im Recht und können nicht einsehen, dass sie gegen ihn keinen Erfolg haben sollen. Anderen ergeht es ähnlich. Die Heldenepik ist voller Tode junger Männer, die heroisch untergehen und auf diese Weise effektvoll aus der Handlung herausgenommen werden. Übrig bleiben wenige Alte, die in diesen Dichtungen stets erneut auftreten. Die Jungen gehen daran zugrunde, dass sie einen Vorrang vor der älteren Generation für sich beanspruchen, den sie nicht behaupten können – weder in moralischer noch in kämpferischer Hinsicht. Die Heldendichtung widerlegt somit die Jugendlichkeitsideologie, die in ihr selbst formuliert wird. Oder formuliert sie diese überhaupt nur, um sie zu widerlegen? Dann hätte das *Hildebrandslied* auch den Charakter einer Warnung an die Jugend, das Alter nicht gering zu achten. Dies würde vielleicht erklären, weshalb frühmittelalterliche Mönche diesen Text vermutlich im 9. Jh. in einen lateinischen Kodex eingetragen haben, der u.a. die Weisheitsbücher des Alten Testaments enthält, in denen dazu ermahnt wird, das Alter zu ehren. Ansonsten bliebe es bis heute rätselhaft, dass dieses Heldenlied fast vier Jahrhunderte vor dem Beginn der eigentlichen Heldenepik auf das Pergament gebracht worden ist.

Das *Nibelungenlied*

Der eher zufälligen Überlieferung des althochdeutschen *Hildebrandslieds* in einer einzigen Handschrift steht eine große Verbreitung des bedeutendsten Werkes der deutschen Heldenepik gegenüber: des *Nibelungenlieds*. Es entstand vermutlich am Ende des 12. oder am Beginn des 13. Jh.s und ist in insgesamt 37 teilweise stark voneinander abweichenden Handschriften erhalten; keine davon lässt sich als ein singuläres „Original" identifizieren (und es lässt sich bezweifeln, ob man ein solches suchen sollte). Die Fassungen werden in der Regel nach den Haupthandschriften A, B und C in zwei Gruppen zusammengefasst: in die *A/B-Gruppe mit dem letzten Vers *hie hât daz mære ein ende: daz ist der Nibelunge nôt*, sowie in die Gruppe *C, die mit dem Vers ... *daz ist der Nibelunge liet* endet (v. 2379,4). Die Forschung arbeitet meist mit der Fassung *B. Wie es der Gattungskonvention der Heldenepik entspricht, nennt sich der Autor nicht mit Namen. Die Dichtung besteht aus fast 2400 Strophen von jeweils vier paarweise endgereimten Langzeilen; es ist die sog. „Nibelungenstrophe", die in der Lyrik bereits beim Kürenberger verwendet worden war (RLW s. v. Epenstrophe). Das zeugt gewiss von der Sangbarkeit des Textes, wenngleich keine konkrete Melodie bekannt ist, nach der er vorgetragen worden wäre. Die Strophen werden in unterschiedlicher Anzahl von 39 kapitelähnlichen Erzähleinheiten zusammengefasst. Diese tragen in vielen Handschriften eigene Titel – z. B. *Wie Sîfrit erslagen wart* (Nr. 16) oder *Wie die Nibelunge zen Hiunen fuoren* (Nr. 25) – und werden dort meist *Aventiuren* genannt. Durch das *Nibelungenlied* zieht sich wie durch den *Tristan* die sprachliche Verbindung von *liep* und *leit*, doch anders als dort geht es nicht primär um die Ambivalenz der Minneerfahrung, welche nicht nur Freude bereitet; es handelt sich vielmehr um die Aussage, letztlich werde alles Gute immer ins Üble verkehrt: *als ie diu liebe leide z'aller jungeste gît* (v. 2378,4; vgl. v. 17,3). Das Exempel dafür ist der vollständige Untergang der Burgundenkrieger am Hunnenhof von König Etzel. In dieser radikal-pessimistischen Grundhaltung, die durch keine religiöse Perspektive gemildert wird, geht das *Nibelungenlied* freilich nicht auf. Faszinierend wirkt bis heute die Kühnheit, mit der es verschiedene Sagenstoffe miteinander kombiniert und die Tradition der heroischen Überlieferung mit der „modernen" Welt des Höfischen konfrontiert. Dies führt zu höchst folgenreichen Konflikten, die nicht als „Brüche" oder unbewältigte „Widersprüche" des Textes abgewertet, sondern als Herausforderung für die Interpretation ernst genommen werden sollten. Bereits die berühmte erste Strophe (die wohl nicht zum ältesten Textbestand des Werkes gehört) wirft eine Reihe von Problemen auf:

Uns ist in alten mæren wunders vil geseit
von helden lobebæren, von grôzer arebeit,
von fröuden, hôchgezîten, von weinen und von klagen,
von küener recken strîten muget ir nu wunder hœren sagen.

(In alten Geschichten wird uns viel Erstaunliches berichtet: von ruhmreichen Helden, von großer Kampfesmühe, von Glück und von Festen, von Weinen und Klagen, von den Kämpfen tapferer Krieger. Davon könnt ihr (auch) jetzt Erstaunliches vernehmen.)

Es beginnt mit dem medialen Aspekt von Mündlichkeit und Schriftlichkeit: Was als umfangreiches Buchepos daherkommt und die Heldenepik als schriftliche Gattung im Deutschen erst begründet, präsentiert sich in dieser Programmstrophe als etwas ganz und gar Mündliches – sowohl hinsichtlich der Quellen, den „gesagten" *alten mæren*, als auch in Bezug auf die Darstellungsform, die das „Sagenhören" im „Jetzt" voraussetzt. Das ist mehr als eine (wieder-)verwendbare Formel für einen Vorleser oder Sänger, der das *Nibelungenlied* vor einem Publikum vorträgt. Und es geht wohl auch über die fingierte Mündlichkeit hinaus, wie sie für Erzählerinstanzen in Romanen typisch ist. Die schriftliche Heldendichtung scheint sich zunächst dadurch zu legitimieren, dass sie ihren schriftlich-literarischen Charakter im Grunde bestreitet. Außerdem unterstellt die erste Strophe, was in diesem Werk jetzt zu hören sei, das entspreche den „alten Geschichten", die man immer schon gehört habe (und die deshalb gewiss wahr seien). Zu Unrecht, denn die Sagen um Siegfried wissen von einem archaischen Helden, einem Drachentöter und Sieger über die berühmten Nibelungen, Besitzer eines unsichtbar machenden Umhangs („Tarnkappe") und eines riesigen Schatzes („Nibelungenhort"), selbst unverwundbar und unermesslich stark. Wenn ihn hingegen die zweite Aventiure des *Nibelungenlieds* den Lesenden vorstellt (*Von Sîfride*), dann erscheint er dort als wohlbehüteter und wohlerzogener Königssohn aus Xanten, den man bei seinen Ausritten zu Turnieren und höfischen Festen niemals ohne Aufsicht (*âne huote*; v. 25,1) ließ. Ausdrücklich werden die brillante Prinzenerziehung (*sîn pflâgen ouch die wîsen, den êre was bekannt*; v. 25,3) sowie seine ersten Versuche in höfischem Minnedienst erwähnt (*er begunde mit sinnen werben scœniu wîp, / die trûten wol mit êren des küenen Sîvrides lîp*; vv. 26,3 f.). Jung-Siegfrieds über 16 Strophen (Nr. 27–42) beschriebene Schwertleite stellt alle bisherigen höfischen Feste der deutschen Literatur in den Schatten. Als er von der Schönheit der Wormser Prinzessin Kriemhild hört, macht Siegfried sich in der Absicht, sie zu heiraten (*ûf stæte minne*; v. 48,2), auf den Weg dorthin. Wann sollte in einer solchen höfischen Bilderbuchbiographie Zeit gewesen sein, um als archaischer Held im fernen Nibelungenland gegen Drachen und Zwerge zu kämpfen? Und dennoch wird das Wissen vom berühmten Drachentöter in die Erzählung eingebunden durch eine Figurenrede. Als Siegfried in Worms einreitet, weiß niemand, um wen es sich bei dem prächtigen Ritter handelt. Da tritt Hagen, Verwandter, Vasall und Berater der Könige, ans Fenster, identifiziert ihn und erzählt den Burgunden im Raum (und damit den heutigen Lesenden vor dem Buch), was dem zeitgenössischen Publikum von Siegfried bekannt gewesen sein dürfte (Str. 84–101). Dieses nachträgliche Berichten der Jugendabenteuer Siegfrieds ist zum einen ein Musterbeispiel des *ordo artificialis*. Zudem hebt es die zentrale Rolle Hagens hervor, der als einziger den archaischen Helden erkennt, während die andern Burgunden in ihm mit dem Erzähler einen höfischen Ritter wahrnehmen. Hier erkennt offenbar ein Held seinesgleichen; doch behält er damit Recht, oder bleibt diese Rede Hagens ein unvermitteltes Sagenzitat? Ein weiteres Problem steckt schließlich darin, dass die erste Strophe zwar „lobenswerte Helden" und „kühne Recken" ankündigt, wovon dann jedoch eine ganze Aventiure lang ausschließlich die Rede ist, das ist eine junge Frau. Bereits die zweite Strophe (mit der in der Handschrift B sogar das Werk beginnt) stellt sie vor:

Ez wuohs in Burgonden ein vil edel magedîn,
daz in allen landen niht schœners mohte sîn,
Kriemhilt geheizen: si wart ein scœne wîp.
darumbe muozen degene vil verliesen den lîp.

(Im Land der Burgunden wuchs ein hochadeliges Mädchen heran, das so schön war wie sonst keines auf der ganzen Welt. Sie hieß Kriemhild und wurde (auch) eine wunderschöne Frau. Um ihretwillen mussten viele Helden sterben.)

In einer für das *Nibelungenlied* charakteristischen epischen Vorausdeutung (RLW s. v. Vorausdeutung), die das Erzählen aus einer weit später liegenden Perspektive des Rückblicks gestaltet und das drohende Unheil von Anfang an ins Bewusstsein gleichsam einhämmert, wird die Aussage der ersten Strophe relativiert: Es geht im *Nibelungenlied* zwar um männliche Helden, aber der Grund für ihr massenhaftes Sterben ist eine Frau. Deren außergewöhnliche Schönheit entspricht zunächst einmal rhetorischer Topik der Überbietung: Wo etwas gelobt werden soll, da muss es alles Übrige in den Schatten stellen. Vor allem bringt sie die Handlung in Gang. Nur wegen ihrer Schönheit (*durch ir unmâzen scœne*; v. 49,2) kann Siegfried sie für eine angemessene Gattin für sich halten. Kriemhilds Schönheit verknüpft somit den Sagenbereich der Burgunden mit demjenigen vom Niederrhein („Niederland"). Kriemhilds blutige Rache an den Mördern ihres Mannes wird dann beides in Verbindung setzen mit dem Personal des gotisch-hunnischen Sagenkreises: mit Etzel und Dietrich von Bern. Das macht Kriemhild zur wichtigsten Figur des *Nibelungenlieds,* zusammen mit ihrem großen Gegenspieler Hagen, dem sie am Ende mit Siegfrieds Schwert den Kopf abschlägt (v. 2373,3). Allein schon die Tatsache, dass eine Frau den großen Helden tötet, steht im Gegensatz zu den heroischen Traditionen genauso wie zu den Regeln der höfischen Kultur. König Etzels Weheruf *Wâfen* (v. 2374,1), zugleich ein mittelalterlicher Rechtsakt (LexMA s. v. Gerüfte), gibt dem Entsetzen wohl auch des Publikums eine Stimme. Die Konflikte zwischen den Geschlechtern entzünden sich im *Nibelungenlied,* wie so oft in der mittelalterlichen Epik, am Phänomen der Brautwerbung. Seinem Interesse an Kriemhild verleiht Siegfried unter anderem dadurch erfolgreich Nachdruck, dass er sich bei Kriemhilds Brüdern, den Königen der Burgunden, nützlich macht. So kämpft er für sie gegen die Sachsen und Dänen. Und als Kriemhilds ältester Bruder, König Gunther, sich vornimmt, Brünhild von Island als Frau zu gewinnen, erklärt er sich bereit, diesen dabei zu unterstützen. Das ist freilich ein riskantes Unternehmen, denn jeder Anwärter muss in drei Disziplinen die schöne und starke Königstochter besiegen – in Speerwurf, Steinwurf, Weitsprung –, wer auch nur in einer unterliegt, wird getötet (*er hete daz houbet sîn verlorn*; v. 327,4), was bereits sehr häufig geschehen ist (*Des het diu juncfrouwe unmâzen vil getân*; v. 328,1). Bei diesem aus weltweit verbreiteten Märchen bekannten Motiv der „gefährlichen Brautwerbung" ist allen Beteiligten klar, dass König Gunther gegen *daz minneclîche wîp* (v. 425,4) keine (Überlebens-)Chance haben würde. Man greift deshalb zu einer List. Unter seiner Tarnkappe tritt Siegfried bei den Brautwerbespielen unerkannt zu Gunther hinzu und besiegt Brünhild, wenn auch nur mit Mühe und Not. Zudem versucht man sie davon zu überzeugen, dass wirklich Gunther der erfolgreiche Werber ist – dem man dies offenbar nicht ansieht –, indem Siegfried ihn als *mîn herre* (v. 420,4; vgl. v. 386,3) bezeichnet und sich ihm auch deutlich durch eine Gebärde sichtbar unterordnet: Vor den Augen Brünhilds hält er Gunthers Pferd beim Steigbügel, bis der König im Sattel sitzt (Str. 396–398). Beides setzt eine Standeslüge mit riesigen Konsequenzen in die Welt. Denn aufgrund des Betruges muss Brünhild davon ausgehen, dass Gunther sie überwunden hat und dass Siegfried sein Lehnsmann ist, weshalb dessen Ehe mit einer Königtocher eine gesellschaftliche Schande wäre. Kriemhild hingegen ist in beiden Fällen vom Gegenteil überzeugt. Der Konflikt verschärft sich dadurch, dass Siegfried noch einmal Gunther in der Tarnkappe zur Hilfe kommen muss. Bei der prächtigen Doppelhochzeit der beiden Paare am Wormser Hof gelingt es Gunther in der Brautnacht nicht, die Ehe zu vollziehen; Brünhild bindet ihn mit ihrem Gürtel und hängt ihn die Nacht über an einen Haken. In der nächsten Nacht führt Siegfried in der Schlafkammer wiederum getarnt an Gunthers Stelle einen harten Ringkampf mit ihr, bis er sie bezwingt und sie Gunthers Frau werden kann: *Done was ouch si niht sterker dann' ein ander wîp* (v. 682,1). Es bleibt dabei offen, ob Siegfried sich an seinen Eid hält, sie nicht zu *minnen* (v. 656,2), oder ob er sie vergewaltigt. Zumindest Kriemhild geht von Letzterem aus, denn Siegfried schenkt seiner Frau danach die symbolträchtigen und wohl auch magisch aufgeladenen Gegenstände Ring und Gürtel, die er Brünhild bei diesem ‚Kampf' entwendet hatte. So hält Kriemhild die sexuell konnotierten Trophäen als Beweisstücke in der Hand, wenn sie zehn Jahre später Brünhild sarkastisch vorhält, die „Geliebte eines Lehnsmanns" (*mannes kebse*, v. 439,4) zu sein: *den dînen schœnen lîp / den minnet' êrste Sîfrit, der mîn vil lieber man* (vv. 840,2 f.). Es kommt zum Eklat, zu dem berühmten Streit der Königinnen: Indem Kriemhild die Wahrheit ausspricht, dass die Ehe des Herrscherpaares in mehrfacher Hinsicht auf Betrug beruht, und indem sie der Königin in deren eigenem Territorium den Vortritt ins Münster streitig macht, setzt sie die Ehre Brünhilds herab und rüttelt an den Grundfesten der Herrschaft Gunthers. Siegfried versichert zwar mit einem erneuten Eid, er habe sich niemals *gerüemet* (v. 855,2), (als erster) mit der Königin geschlafen zu haben, und er verprügelt seine Frau für ihre *üppeclîche(n) sprüche* (v. 862,2). Es stehen jedoch weiterhin Kriemhilds Beleidigung Brünhilds im Raum sowie die nachvollziehbare Behauptung, Siegfried stehe die Herrschaft der Burgunden mehr zu als Gunther. Die Ermordung Siegfrieds durch Hagen folgt dann konsequent daraus. Führt die Rache Brünhilds mit zum Tode Siegfrieds, so ist die Rache Kriemhilds der Grund für den Untergang der Burgunden überhaupt. Die 19. Aventiure markiert die Schwelle zum zweiten, etwa gleich großen Teil des *Nibelungenlieds;* sie handelt von Kriemhilds Witwenjahren in Worms sowie davon, dass Hagen den riesigen Nibelungenschatz, der als Siegfrieds *morgengâbe* (v. 1116,4) Kriemhild angehört, in geheimer Absprache mit ihren Brüdern im Rhein versenkt. Durch den Hortraub nun ohne materielle Mittel geht sie auf die Werbung des inzwischen ebenfalls verwitweten Hunnenkönigs Etzel ein; sie heiratet ihn offenbar ganz in der Absicht, sich auf diese Weise an ihren Angehörigen rächen zu können. Diese Rache *an ir næhsten mâgen unde ander manigem man* (v. 2086,3) nimmt gigantische Ausmaße an. Von Kriemhild und Etzel als Gäste geladen, geraten die Burgunden auf dem Königsfest in eine Falle. Beim Kampf in der Halle an Etzels Hof sterben letztlich alle Burgunden, tausende von Hunnen und alle Dietrichmannen. Zurück bleiben von den Kriegern nur Etzel und Dietrich, welche ihre Toten beklagen – und Meister Hildebrand, der Kriemhild in einer großen Schlussszene mit dem Schwert in Stücke schlägt (*ze stücken was gehouwen dô das edele wîp*; v. 2377,2). Der Erzähler kann keine Genugtuung darin finden, dass die Verursacherin dieses großen Sterbens nun ebenfalls nicht mehr lebt. Er verurteilt Kriemhild nicht, er bezieht vielmehr ihr Schicksal mit ein in seine bereits zitierte pessimistische Grundaussage, alles Gute müsse übel enden: *mit leide was verendet des küniges hôhgezît, / als ie diu liebe leide z'aller jungeste gît* (vv. 2378,3 f.).

Dietrichepik

Hildebrands effektvoller Auftritt, der mit der Tötung Kriemhilds auch die Geschichte der Burgunden anschaulich beendet, verweist wiederum auf den gotischen Sagenkreis um Dietrich von Bern. Während das *Nibelungenlied* mit seinen Figuren und Handlungen seit dem 19. Jh. in Dichtung, Schauspiel, Oper und im Film vielfältige Neugestaltungen fand und findet, sind die im Mittelalter populären Epen, in denen Dietrich im Zentrum steht, heute kaum mehr bekannt. Man unterscheidet bei diesen Dichtungen in der Regel zwischen der „historischen" und der „aventiurehaften" Dietrichepik. Erstere setzen an der Sagentradition von der angeblichen Vertreibung und Wiedereroberung „Berns" durch Theoderich an. Den zweiten Komplex verbindet vor allem, dass diese Sagenbindung fehlt, wenn über Dietrich von Bern erzählt wird, wie er gegen Zwerge, Riesen und Drachen kämpft, als ob sich dies von selbst verstünde, weshalb hierbei auch oft von „märchenhafter" Dietrichepik die Rede ist. Alle deutschen Dietrichepen scheinen im 13. Jh. entstanden zu sein, und zwar erst nach dem *Nibelungenlied*; sie wurden bis ins 17. Jh. hinein rezipiert. Keines von ihnen behandelt das ganze Leben Dietrichs, wie dies in der altnordischen *Thidreks saga* geschieht (über deren mögliche deutsche Vorlagen heftig spekuliert wurde). Während in der Saga auch die endgültige, glückhafte Heimkehr Dietrichs nach Bern geschildert wird, scheitert in den deutschen Dichtungen Dietrichs Heimkehr jeweils, und zwar trotz seiner vielen Siege und seiner Tapferkeit. Das ist das verbindende Motiv dieser Art von Literatur: der glücklose Sieger. Historisch ist dies bekanntlich nicht, weshalb man auch von „historisierender" Dietrichepik sprechen könnte. Das in Reimpaarversen, also nicht in sangbaren Strophen, gedichtete *Buch von Bern*, auch unter dem Herausgebertitel *Dietrichs Flucht* gedruckt, setzt mit Genealogien von biblischen Dimensionen ein: Mit den Biographien der Vorfahren und Vorgänger Dietrichs werden in einer „heroischen Vorzeit-Königschronik" (Hugo Kuhn) große Zeiträume mit wenigen Helden überbrückt. Am Ende dieser Reihe nimmt Ermenrich eine zentrale Rolle ein, da er seinen Neffen Dietrich um dessen Erbe bringt. Damit wird Ermenrich zum großen Gegner Dietrichs in der Epik des 13. Jh.s, er wird das, was Odoaker (Otacher) im *Hildebrandslied* war. Ermenrich gelingt es auf hinterhältige Weise, Dietrich die Herrschaft über sein angestammtes „Bern" abzunehmen. Zu Fuß muss Dietrich mit einer kleinen Schar die Stadt verlassen, und er gelangt in 23 Tagen in das *hiunischiu rîch* (v. 4543), in das Herrschaftsgebiet der Hunnen, wo er freundlich aufgenommen wird. Von König Etzel, von dessen Frau Helche und von Markgraf Rüdeger unterstützt, kann der Berner im hunnischen Exil ein Heer von 24.000 Mann aufstellen. Es beginnt die Rückeroberung, zu welcher die Sage die Eroberung Italiens durch Theoderich umgedeutet hat. Wie alle Heldenepen ist auch das *Buch von Bern* recht blutrünstig. So fordert Wolfhart seine Leute zum „Waten im Blut" auf: *Nû vreut iuch, helde guote! / Wir suln in mannes bluote / waten unz über die sporn* (vv. 6420–6422). Er gibt die Parole aus, keine Gefangenen zu machen (*Nû lât genesen nieman!* v. 6475). Es sterben 56.000 Helden Ermenrichs, deren Blut dann in der Tat Dietrichs Leuten auf der Wiese bis zu den Knien steht. Dietrichs Verlust beläuft sich auf 9.000 Mann, die er alle ehrenvoll bestatten lässt. Der Sieger Dietrich setzt überall seine Leute als Herrscher ein, so auch den von Ermenrich zu ihm übergelaufenen Witege in „Raben" (Ravenna). Er selbst reitet mit den Kriegern, die ihm Etzel mitgegeben hatte, zurück nach Hunnenland. Da kommt die Nachricht per Boten, der Überläufer Witege, dem Dietrich Raben anvertraut hat, habe Verrat an ihm geübt. Viertausend Frauen und sechshundert Kinder seien dort umgebracht worden. Dietrich bricht in eine große Klage aus mit der berühmten Formel: *Owê, ich armer Dietrîch!* (v. 7734). Der größte aller Helden bezeichnet sich als „arm", d.h. als erbarmungswürdig. König Etzel erbarmt sich seiner und stattet ihn erneut mit einem riesigen Heer aus. Bei der großen Schlacht kämpfen auf Seiten Ermenrichs z.B. die Burgundenkönige Gunther und Gernot, wobei sich Gunther vor Dietrich nur retten kann, indem er flieht. Dietrich siegt wiederum, beklagt die großen Verluste, setzt seine Getreuen als Statthalter ein und verlässt sein gerade rückerobertes Reich ein wenig unmotiviert. Verlässt er es nur, um noch einmal „heimkehren" zu können? Dies geschieht dann jedoch erst in einem anderen Werk der deutschen Dietrichepik, der *Rabenschlacht*, die inhaltlich das *Buch von Bern* fortsetzt, mit seiner strophischen Form und in seiner Formelhaftigkeit jedoch an das *Nibelungenlied* anknüpft (z.B. vv. 1,1f. *Welt ir in alten mæren / wunder hœren sagen ...*). An diesem Kriegszug wollen Etzels Söhne Scharphe und Orte unbedingt teilnehmen; ihre Mutter, Frau Helche, nimmt Dietrich den Eid ab, die „Kinder" gesund wieder zurück zu bringen. Bevor es zur großen Schlacht vor „Raben" kommt, lässt Dietrich sie deshalb in Bern zurück und empfiehlt sie und seinen eignen jüngeren Bruder Diether der Obhut des alten Elsan an. Die jungen Männer entweichen ihm jedoch und treffen abseits der Schlacht auf den „ungetreuen Witege", den sie angreifen, obwohl sie selbst zu dritt keine Chance gegen den alten Haudegen haben. Da sie sich aber nicht abschütteln lassen, muss er sie widerstrebend töten. Zur selben Zeit tobt der verlustreiche Kampf, den Dietrich für sich entscheiden kann. Ermenrich flieht. Doch mitten in die große Freude über den Sieg hinein kommt die Nachricht vom Tod Diethers und der Etzelsöhne, für deren Wohlergehen sich Dietrich beim Hunnenherrscher mit seinem Leben verbürgt hatte. Wieder einmal gilt: Dietrich, der glücklose Sieger. Während seiner großen Totenklage sieht er Witege vorbei reiten, den er an der Größe der Wunden als denjenigen erkennt, der die jungen Männer getötet haben muss. Dietrich springt auf sein Ross Falke und verfolgt Witege voller Zorn. Die Lesenden erleben eine Verfolgungsjagd, die filmreif ist. Witege voran und Dietrich knapp hinterher mit einem laut gerufenen Dialog zwischen den beiden mit hoher Geschwindigkeit Reitenden. Dietrich fordert ihn zum Zweikampf auf, doch Witege sieht zu, dass er fort kommt. Dietrich appelliert an dessen Ehre, aber der Selbsterhaltungstrieb ist stärker als aller Kriegerruhm. Zwischen ihnen befindet sich kaum noch eine Pferdelänge, beinahe hat Dietrich seinen Gegner eingeholt – als man das Ufer des Meeres erreicht und die Meerfrau Wachhild den Fliehenden und sein Pferd ins Meer hinein und damit in Sicherheit bringt. Dietrich kann die Toten nicht rächen, er ist zwar der Sieger der Rabenschlacht, doch muss er sich schweren Herzens ins Hunnenreich aufmachen, um König Etzel um Verzeihung zu bitten. Nach all den Kriegen ist Dietrich von Bern am Ende wieder dort, wo er meistens war: im Exil. Ein Märchenmotiv wie das von der Wasserfrau verbindet die *Rabenschlacht* mit dem zweiten großen Komplex der aventiurehaften Dietrichepik, in der es um Abenteuer geht, die – der meist noch junge – Dietrich zu bestehen hat, etwa gegen den Riesen Ecke im *Eckenlied*, das in Handschriften und Frühdrucken bis weit in die frühe Neuzeit hinein recht populär war. Ecke ärgert es, *das man den Berner vil gemait* (v. 3,2) mehr als alle andern Krieger lobt; um selbst berühmt zu werden, will er sich mit ihm messen. Für den eigenen Ruhm setzt er sein Leben aufs Spiel. Drei Königinnen rüsten und senden ihn aus. Zu Fuß, wie es sich für einen Riesen gehört – ein Ross würde unter ihm zusammenbrechen –, begibt er sich auf die abenteuerreiche Suche nach Dietrich, den er schließlich im Wald von Tirol findet, wo er ihn zum Kampf auffordert. Doch mit dem für ihn charakteristischen Zaudern kann sich Dietrich nicht zum Kampf entschließen: *Ich wil dich strites niht bestan: / du hast mir laides niht getan* (vv. 89,1 f.). Schließlich gelingt es dem Riesen doch, Dietrich zum Kampf zu reizen, in dem Ecke getötet wird. Der Berner schlägt ihm den Kopf ab und bindet diesen an seinen Sattel. Auf dem Weg zu den Königinnen, die Ecke ausgesandt hatten, muss Dietrich allerhand Abenteuer bestehen, in deren Anzahl und Reihenfolge die verschiedenen Fassungen des *Eckenlieds* vor allem variieren. Als er die drei Damen erreicht hat, wirft Dietrich, wie er später erzählt, ihnen in der Halle Eckes Haupt so zornig vor die Füße, *das ez zu cleinen stucken prach* (v. 335,13). Das Motiv, nach dem Männer von Frauen zu tödlichen Kämpfen bewegt werden, wird auch im ebenfalls weit verbreiteten *Wormser Rosengarten* gestaltet, wenn nicht gar parodiert. Hier ist es Kriemhild, die ihren Bewerber Siegfried nur dann heiraten will, wenn dieser zuvor einmal gegen den berühmten Berner gekämpft hat. Dazu inszeniert sie als Schauspiel für sich selbst einen blutigen Reihenkampf, bei dem Siegfried, anders als in Freierproben sonst, durchaus nicht gewinnen muss, was gegen Dietrich ohnehin nicht zu erwarten wäre. Wie Trainer am Rande eines Fußballfeldes stellen Kriemhilds Vater Gibich und Meister Hildebrand jeweils auf ihrer Seite die Kämpfer auf und feuern sie lauthals an. Den auch hier zunächst wieder zaudernden Dietrich bringt man durch eine List so sehr in Rage, dass er seinen eigentlich unverwundbaren Gegner durch die Rüstung und sogar durch die Hornhaut hindurch verletzen kann, weshalb dieser sich gezwungen sieht, wie ein Einhorn in den rettenden Schoß seiner Kriemhild zu fliehen. Da Kriemhild als Preis für die Sieger neben Rosenkränzen auch Küsse ausgelobt hat, muss sie es hinnehmen, dass der alte Ilsân ihr beim Küssen mit seinem *langen barte* vollständig das schöne Gesicht zerkratzt. Blutige Küsse als Strafmaßnahme: *alsô sol ich küssen eine ungetriuwe meit* (v. D 376,3). Der *Rosengarten* erzählt Siegfrieds Brautwerbung demnach anders als das *Nibelungenlied*, wobei die in der Heldenepik stets angelegten Möglichkeiten von Komik der Gewalt dabei auf die Spitze getrieben werden.

Chanson de geste – Französische Heldenepik in deutscher Sprache

Tritt die deutsche Heldenepik an die Stelle dessen, was in der französischen Literatur des Mittelalters die *matière de France* ausmacht, so finden sich dennoch auch in deutscher Sprache Dichtungen, die auf solche *Chansons de geste* genannten französischen Heldenepen zurückgehen. In der deutschen Literatur existieren also erstaunlicherweise zwei heroische Traditionen nebeneinander: die eigene und die aus dem Französischen übernommene. Mit der Übertragung ins Mittelhochdeutsche sind freilich weitere Veränderungen verbunden, etwa der Verzicht auf die gattungsgemäße Anonymität. So nennt der deutsche Bearbeiter der altfranzösischen *Chanson de Roland* ausdrücklich Name und (weltgeistlichen) Stand: *ich haize der phaffe Chunrât* (v. 9079). Die bereits in der Vorlage durchaus vorhandenen religiösen Elemente werden im Deutschen erheblich verstärkt durch Konrads starke Anlehnung an Bibel-, Liturgie- und Predigtsprache. Über weite Strecken hat man im deutschen *Rolandslied* eher eine Legende vor sich als ein Heldenepos. Allerdings unterdrückt Konrad die heroisch-kriegerischen Züge der *Chanson* keineswegs, bindet sie vielmehr ein in die neue zeitgenössische Thematik der Kreuzzüge: Der Spanienfeldzug Karls des Großen von 778 wird fast 400 Jahre später zum Modell für religiös motivierte Kriege der damaligen Gegenwart. Heroischer Kampfwille erscheint nun als unbedingte Bereitschaft zum Martyrium. Diese Verbindung von Heldentum und religiösem Fanatismus macht jegliche Toleranz gegenüber Andersgläubigen (den „Heiden") unmöglich. Der Engel des Herrn, der Karl den Auftrag zu diesem Kriegszug erteilt, lässt keinen Zweifel an der göttlich gewollten Alternative „Taufe oder Tod".

„Karl, gotes dienestman,
île in Yspaniam!
got hât dich erhœret,
daz liut wirdet bekêret.
die dír abir wider sint,
die heizent des tiuveles kint
unt sint allesamt verlorn;
die slehet der gotes zorn
an lîbe unt an sêle:
die helle bûwent si iemermêre." (vv. 55–64)

(„Karl, du Dienstmann Gottes, begib dich schnell nach Spanien! Gott hat deine Bitten erhört: Die Menschen (dort) sollen bekehrt werden. Diejenigen jedoch, die dir Widerstand leisten, sind Kinder des Teufels und werden ausnahmslos verdammt. Der Zorn Gottes tötet sie an Leib und Seele. Sie müssen auf immer die Hölle bewohnen.")

Im Zentrum des *Rolandslieds* steht eine Episode aus Karls Kriegen in der spanischen Grenzmark des Frankenreichs: Beim Rückzug des fränkischen Heeres wird eine Nachhut aus dem Hinterhalt heraus angegriffen und vernichtend geschlagen. Nach Einhards *Vita Karoli Magni* soll sich dabei auch *Hruodlandus*, der Befehlshaber der bretonischen Mark, befunden haben. Diese historisch kaum fassbare Person wird durch die Dichtung zur titelgebenden Epengestalt (und in späterer Verehrung auch zum christlichen Heiligen). Die Handlung ist dabei im Pyrenäen-Tal bei Roncesvalles lokalisiert, und Roland erscheint als Neffe Karls des Großen. Wenn Roland und die Seinen trotz großer Tapferkeit und bester Waffenausstattung in dieser Schlacht unterliegen, dann hat das seinen Grund vor allem in der Weigerung des Helden, rechtzeitig sein berühmtes Horn Olifant zu blasen, um Karls Armee zur Hilfe zu rufen. Zögert Roland mit dem Hornruf in der *Chanson de Roland*, weil er darin Feigheit sehen würde, äußert sich beim Pfaffen Konrad auch hierin eine bewusste Entscheidung für das Martyrium als einer zweiten Taufe („Bluttaufe") mit vollständiger Sündentilgung: *sô werdent aber* („erneut") *mit bluote gerainet / die hêren gotes marterære* (vv. 3880f.). Gott nimmt das (Selbst-)Opfer dieses Gottesstreiters an, was eine verständliche

Rechtsgebärde visualisiert: Roland reicht sterbend Gott seinen Handschuh dar, und ein Engel nimmt diesen entgegen: *den hantschuoch er abe zôch, / engegen dem himel er in bôt. / den nam der vrône bote von sîner hant* (vv. 6889–6891). Der Auftrag des göttlichen Lehnsherrn ist ausgeführt. Dass es überhaupt zu dem verheerenden Überfall auf die christliche Nachhut in Roncesvalles kommen konnte, erklärt das *Rolandslied* durch einen großen Verrat, der an den biblischen Verrat Jesu durch Judas (vgl. Mt. 26,46–49) erinnert (*den armen Judas er gebildôt,* v. 1925). Herzog Genelun, Rolands Stiefvater, lässt sich vom heidnischen König Marsilie zu dieser „Untreue" verleiten, für die er am Ende die einem Verräter als angemessen erachtete Todesart des Zerreißens erleidet, bei der man mit Händen und Füßen jeweils *wilden rossen* angebunden wird: *an dem bûche unt an dem rücke / brâchen si in ze stücke* (vv. 9013 f.). Die Rache an den „Heiden" vollzieht Karl in einer gewaltigen Schlacht, in der auf der Gegenseite der Oberkönig Paligan Armeen aus der ganzen nichtchristlichen Welt aufbietet, was diesem ebenso wenig hilft wie die innig erflehte Unterstützung der heidnischen Götter, die ausbleibt. Nur wer sich wie die Königin Brechmunda taufen lässt, wird am Leben gelassen – es gilt gnadenlos die Alternative „Taufe oder Tod", wie sie Gott durch seinen Engel Karl befohlen hatte. Konrads rigorose Kreuzzugsdichtung von Karl und Roland, die trotz aller religiösen Überhöhung ein durchaus archaisches Heldentum präsentiert, hat in der deutschen Literatur auf zweifache Weise gewirkt. Zum einen bot sie die Grundlage für ein erweitertes *Karls*-Epos, mit dem der Stricker im 13. Jh. das *Rolandslied* sprachlich und formal so „erneuerte", dass es (mit über 40 erhaltenen Handschriften und Fragmenten) zu einem durchaus erfolgreichen Werk dieser Gattung werden konnte. Außerdem ließ sich an den Stoff in einer Form anknüpfen, wie sie der Tendenz zur Zyklusbildung entspricht, die der Heldenepik eigen zu sein scheint. Das tat im Deutschen vor allem Wolfram von Eschenbach mit dem *Willehalm*, seinem neben dem *Parzival* zweiten großen epischen Werk in Reimpaarversen, das mit beinahe 70 Handschriften und Fragmenten Strickers *Karl* noch übertrifft und damit die erfolgreichste Dichtung der deutschen *Chanson de geste* ist. In Anlehnung an die altfranzösische *Bataille d'Aliscans* erzählt Wolfram eine ähnliche Kreuzzugssituation der nächsten Generation, wobei er in intertextuellen Verweisen immer wieder auf das *Rolandslied* Bezug nimmt. Auch hier kommt es zu großen Schlachten zwischen Heiden- und Christentum, diesmal in der Provence, bei denen es nicht weniger grausam zugeht, eher im Gegenteil. Und nicht geringer als im *Rolandslied* ist die religiöse Überhöhung des Geschehens als einer Art von Legende, in welcher der Protagonist vom Dichter als Heiliger angerufen wird: *dîn güete enphâhe mîniu wort, / hêrre sanct Willehalm* (vv. 4,12 f.). Hinter dieser Figur des *kuns Gwillâms de Orangis* (v. 3,12), des Markgrafen Wilhelm von Orange, steht der historische Graf Wilhelm von Toulouse, ein Enkel Karl Martells, der unter Karl dem Großen und dessen Sohn und Nachfolger Ludwig dem Frommen gegen die Sarazenen gekämpft hat. Im Jahr 806 trat er in ein von ihm mitbegründetes Kloster ein. Wie Karl und Roland wurde er später als Heiliger verehrt. Trotz vieler Übereinstimmungen unterscheidet sich Wolframs *Willehalm* in mehrfacher Hinsicht vom *Rolandslied* des Pfaffen Konrad. Zunächst steht nicht ein Bekehrungsauftrag am Anfang, sondern eine Liebesgeschichte mit

Bekehrungsfolgen. Im Anschluss an die höfische Dichtung greift die Minne- und Ehethematik in die Heldenepik hinein. Willehalm verliebt sich in arabischer Kriegsgefangenschaft in Arabel, die Frau des Königs Tybalt; er bekehrt sie zum Christentum, entführt und heiratet sie, die sich nach der Taufe Gyburg nennt. Ihr Vater, der Großkönig Terramer, Neffe und Nachfolger des Paligan aus dem *Rolandslied*, greift daraufhin mit einem gewaltigen Heer die Provence an und schlägt die christlichen Truppen vernichtend auf dem Schlachtfeld zu Alischanz. Nur Willehalm kann entkommen. Er lässt Gyburg auf der Burg Orange zurück und bringt in Munleun (Laon) König Loys (Ludwig) dazu, ihn zu unterstützen. Die Reichstruppen erreichen noch gerade rechtzeitig das belagerte Orange, das Gyburg listig verteidigt hatte. Die zweite große Schlacht gegen die Heiden gewinnen dann die Christen, nicht zuletzt dank der Hilfe des kräftigen Küchenjungen Rennewart, der in Wirklichkeit der Bruder Gyburgs ist, also ein Heide. Doch Rennewart wird am Ende vermisst und beklagt. Bei all diesen Kriegsleiden geht es letztlich um eine einzige Frau: *Durh Gyburge al diu nôt geschach* (v. 306,1). Sie weiß, dass nur ihr Einlenken den Frieden bringen und damit Tausende von Menschen vor dem Tod bewahren würde. Und sie entscheidet sich schweren Herzens dagegen. Ob man dies mit Friedrich Ohly als eine Situation der Anfechtung verstehen will, wie sie zur Gattung der Legende gehört (es wäre hier freilich eine „Versuchung" zum Frieden!), oder mit Werner Schröder als Ausdruck von Tragik – in jedem Fall hängt der Verlauf der Handlung von den Entscheidungen einer Frau ab, die das Handeln zudem in einer für die Kreuzzugsthematik ganz zentralen Frage anders reflektiert und kommentiert, als es sonst geschieht. Beim Fürstenrat vor dem Aufbruch zur zweiten Schlacht steht Gyburg auf und hält wie die männlichen Fürsten eine Ansprache an die Krieger. Sie schildert darin nicht nur ihre schwierige Position zwischen zwei Männern, zwei Familien und zwei Religionen. Sie bittet darin ausdrücklich um Schonung für die heidnischen Gegner, wenn auch nur für den Fall des Sieges der Christen (*ob der heiden schumpfentiur ergê*, v. 306,25): *hoert eins tumben wîbes rât, / schônt der gotes hantgetât* (vv. 306,27f.). Mit dem Gender-Argument von der „ungebildeten Frau" unterstreicht Gyburg ähnlich wie mittelalterliche Mystikerinnen letztlich den Gültigkeitsanspruch ihrer theologischen Aussage, die sich hier in der Formulierung von *gotes hantgetât* konzentriert. Diese gründet auf dem Gedanken, dass der biblischen Schöpfungsgeschichte zufolge Gott die Welt durch das Wort ins Dasein gerufen hat („Gott sprach, es werde …"). Beim Menschen hingegen legte er selbst Hand an – indem er Adam aus Lehm (Gn. 2,7) und Eva aus Adams Rippe (Gn. 2,21f.) formte. Mit dieser besonderen Machart lässt sich bildlich die Sonderstellung des Menschen in der Schöpfung begründen und zugleich die Einheit des Menschengeschlechts über Religionsgrenzen hinaus proklamieren. Gyburg entwickelt daran eine kleine Heilsgeschichte, aus der deutlich wird, dass diese Haltung nicht als „Toleranz" im strengen Sinne der Aufklärung missverstanden werden darf. Der absolute Vorrang des Christentums vor den anderen Religionen steht außer Zweifel, jedoch werden die Heiden in ihrem Menschsein – wohl auch im religiösen Sinne als „Kinder Gottes" (vv. 307,26–30) – ernst genommen. Gyburg kritisiert nicht den Kampf, der möglicherweise für einzelne tödlich ausgeht, sondern die Kreuzzugsalternative von „Taufe oder Tod", die den

Heiden überhaupt keine Daseinsberechtigung zubilligt. Dieser Aufruf zur Schonung wird von den christlichen Kriegern nicht befolgt. Im Gegenteil: Als das heidnische Heer bereits geschlagen zu den Schiffen eilt, jagt man auf den Spuren der Fliehenden hinter ihnen her, um in einem letzten Gemetzel die Niederlage der Heiden vollkommen zu machen. Hebt sich also diese Reflexion Gyburgs vom faktischen Verlauf des Geschehens radikal ab, so springt ihr doch der Erzähler bei, der nach dem Ende der zweiten Schlacht auf Alischanz genau das verurteilt, was nach Gyburgs Bitten nicht hätte geschehen dürfen, in einem Kreuzzugsepos aber wohl notwendigerweise geschieht:

> *die nie toufes künde*
> *enpfiengen, ist daz sünde,*
> *daz man die sluoc alsam ein vihe?*
> *grôzer sünde ich drumbe gihe:*
> *ez ist gar gotes hantgetât,*
> *zwuo und sibenzec sprâche, die er hât.* (vv. 450,15–20)

(War es Sünde, dass man diejenigen, die niemals etwas vom christlichen Glauben gehört hatten, dahinmetzelte wie das Vieh? Ich sage es deutlich: Es war eine große Sünde! Die Menschen aller Völker mit ihren 72 Sprachen sind von Gottes eigener Hand erschaffen.)

Das mittelalterlich-gelehrte Wissen, nach dem es seit dem Turmbau zu Babel genau 72 Sprachen und damit ebenso viele Völker in der Welt gibt (vgl. v. 73,7 u. 101,22), unterstreicht bei Wolfram zumindest die Ansätze einer theologisch begründeten Distanzierung von der Kreuzzugsideologie, die im selben Werk in all ihren Folgen zur Geltung kommt. Neben dieser theoretischen Reflexion trägt noch ein weiterer Charakterzug des *Willehalm* dazu bei, das Grausame des Kriegsgeschehens für die Lesenden erträglicher zu machen. Während das *Rolandslied* in seiner rigorosen Tendenz vollkommen humorlos ist, greift Wolfram oft gerade dort zu Mitteln der Komik, wo es uns heute eher als zynisch-geschmacklos erscheint, dem Heldenepos aber, wie gezeigt wurde, durchaus vertraut ist. So ist vor allem vom Tod oft in komischer Brechung die Rede. Stirbt etwa ein Heide auf dem Schlachtfeld, heißt es, er habe doch glatt vergessen, weiterzuleben (*der heiden lebens dô vergaz*, v. 24,30). Speziell zeigt sich die Komik in der Metaphorik: Wird die Übermacht des Gegners immer erdrückender, bezeichnet Wolfram das feindliche Heer als „schwanger", da es sich stets weiter vermehre (vv. 392,25–393–2). Oder es kommt wie ein Dauerregen über die belagerte Stadt Orange: *Oransch wart umbelegen, / als ob ein wochen langer regen / niht wan rîter güzze nider* (vv. 99,1–3). Und das mörderische Schlachtgeschehen wird mit einer Gans verglichen, die auf den Wellen hin und her wiegt: *der strît begunde tokzen, / als ûf dem wâge tuot diu gans* (vv. 398,14f.). Die Komik der Grausamkeit kulminiert schließlich in der Figur des Küchenjungen Rennewart, der seinen verhassten Küchenmeister umbringt, indem er ihn gefesselt ins Feuer wirft und sorgfältig mit heißer Glut bedeckt, was Wolfram mit einem intertextuellen Verweis auf einen Dichterkollegen kommentiert: *hêr Vogelweid von brâten sanc …* (v. 286,19). Der in ethischer Hinsicht sonst so skrupulöse Erzähler enthält sich jeder Verurteilung, wenn ihm ein guter Scherz gelungen zu sein scheint. Voll des ernsthaften Lobes ist Wolfram vor allem dann, wenn es um ritterlich-höfische Qualitäten geht, was sich keineswegs auf die christlichen Krieger beschränkt. Kämpft Willehalm gegen den heidnischen König Tesereiz, dann streitet eine Rittertugend gegen die andere (vv. 87,16–22). Willehalm selbst rühmt den König Matribleiz nach der zweiten Schlacht in der Art eines positiven Tugendkatalogs: *ich mag iuch lobn in allen wîs, / zer manheit und zer triuwe, / und zer milte ân riuwe, / und zer stæte diu niht wenken kan* (vv. 462,6–9). Gemeinsam ist auch das Minnerittertum. Auf beiden Seiten ziehen die Kämpfer nicht nur aus religiösen Gründen in den Krieg, sondern auch, um Ansehen und um den „Lohn" der Damen zu gewinnen (*ze ors und ze fuoz / wurbens umbe wîbe gruoz / oder sus nâch anderem prîse. / daz tuot ouch noch der wîse*; vv. 36,1–4). Während jedoch bei den Heiden die Motive eher nebeneinander bestehen bleiben, verschränken sich bei den Christen irdische und himmlische Liebe miteinander; die Christen kämpfen *durh der zweir slahte minne, / Uf erde hie durh wîbe lôn / und ze himel durh der engel dôn* (vv. 16,30–17,2). Allein schon wegen der Kühnheit solcher Verquickungen von Erotik und Religion ist die Gattungsproblematik zwischen Heldenepos, Legende und höfischem Roman bei Wolframs *Willehalm* kaum zu entscheiden. Offen bleibt freilich auch der Ausgang der Handlung, denn das Werk endet recht abrupt. Anscheinend ist der *Willehalm* ein Fragment, wobei wie im Fall von Gottfrieds *Tristan* die Gründe für einen möglichen Abbruch völlig unbekannt sind. Ebenso wie beim *Tristan* wurde auch hierzu im 13. Jh. eine Fortsetzungsdichtung verfasst: der *Rennewart* des Ulrich von Türheim. Doch auch die Vorgeschichte von Willehalms Gefangenschaft und Brautraub, die bei Wolfram nur partiell und jeweils nachträglich angedeutet wird, behandelt dann ausführlich ein eigenes Werk: Ulrichs von dem Türlin *Arabel*. Die drei Werke wurden in den Handschriften gern gemeinsam als Zyklus überliefert.

Minne- und Aventiureroman

„Spielmannsdichtung"

Zur epischen Literatur des Mittelalters gehört eine Reihe von größeren Dichtungen, die sich einer Einordnung nach dem Bodel'schen Schema verweigern und bei denen es überhaupt schwierig ist, von einer gemeinsamen Gattung zu sprechen. Einige von ihnen zeichnet es aus, dass sie vielerlei Erzählmotive und -schemata unterschiedlicher Herkunft in sich aufnehmen, so dass sie keinem speziellen Stoffkreis zuzuordnen sind. Heroisches, Märchenhaftes, Exotisches, Politisches und manchmal auch Legendarisches oder Schwankhaftes wird zu unterhaltsamen Erzählungen von Abenteuern verwoben, bei denen sehr oft das Motiv der Brautwerbung oder des Getrenntwerdens und Zueinanderfindens von Liebenden die Handlung steuert. Die ältesten Werke aus diesem Bereich, sämtlich anonym, wurden früher unter dem Stichwort „Spielmannsdichtung" zusammengefasst (RLW s.v. Spielmannsdichtung). Der Begriff ist zumindest dann problematisch, wenn man damit unterstellt, Spielleute, wie wir sie aus den mittelalterlichen Romanen vor allem bei den Festbeschreibungen kennen, seien als Autoren zu denken. Denn dafür, dass berufsmäßige Unterhaltungskünstler mittelhochdeutsche Epen verfasst oder auch nur vorgetragen hätten, fehlt jeder Hinweis. Mit dem Versuch, neben den Klerikern und den gebildeten Adligen eine dritte gesellschaftliche Gruppe für die hochmittelalterliche Literatur zu reklamieren, hoffte man offensichtlich, eine populär-mündliche („spielmännische") Traditionslinie fassen zu können, die sich durch Distanz zur höfischen Literatur auszeichnet. Als Indizien dafür nahm man die vermeintliche formale Sorglosigkeit sowie die einfache und schematische Erzählweise, die diesen Werken eigen sein sollte. Davon könnte jedoch allenfalls dann die Rede sein, wenn man sie an solch bedeutenden Romanen wie dem *Parzival* oder dem *Tristan* misst. Für sich betrachtet erweisen sie sich oft durchaus als literarisch anspruchsvoll und vor allem als unterhaltend. Die Verserzählung von *König Rother* etwa bindet das international verbreitete Motiv der gefährlichen Brautwerbung in eine pseudo-historische Auseinandersetzung zwischen dem west- und dem oströmischen Reich ein. Rother, ein fiktiver römischer König, der seine Erbfolge sichern will, wirbt um die Tochter des Königs Konstantin von Konstantinopel, der sie bisher allen Bewerbern gewaltsam verwehrt hat. Als Rothers Boten eingekerkert werden, begibt er sich selbst inkognito nach Konstantinopel, gewinnt listig das Vertrauen des Königs, befreit die Boten und entführt die Königstochter. Aber der Vater lässt die Prinzessin zurück entführen, worauf Rother erneut nach Konstantinopel zieht, diesmal jedoch mit einem großen Heer, mit dem er die oströmischen Truppen und ihre heidnischen Verbündeten besiegt, wonach der königlichen Hochzeit nichts mehr im Wege steht. Der Verbindung der beiden entspringt Pippin, der spätere Vater Karls des Großen. Damit wird der *Rother* auch zur genealogischen Reichsdichtung, die den mittelalterlichen Gedanken der *translatio imperii* auf beide Teile des Römischen Reichs bezieht. Ohne Brautwerbungsschema kommt der *Herzog Ernst* aus, die literarische Gestaltung einer Empörersage, welche der anonyme Dichter mit einer abenteuerlichen Orientfahrt verknüpft hat: Der wegen einer Intrige am kaiserlichen Hof aus dem Reich vertriebene Bayernherzog Ernst trifft auf die aus dem Alexanderroman und der Enzyklopädik bekannten Wunder des Ostens (Magnetberg, Greifen, Kranichmenschen, Langohren, Pygmäen und Giganten usw.) auf seiner Reise ebenso ‚wirklich', wie sie später anderen literarischen Reisenden des Mittelalters wie Marco Polo begegnen werden. Das ergab eine sehr erfolgreiche Erzählmischung, die seit dem 12. Jh. in Fragmenten und seit dem 13. Jh. in vielen Fassungen in deutscher und lateinischer Sprache verbreitet war, nach 1476 auch im Druck. Als so genanntes „Volksbuch" blieb der *Herzog Ernst* ein Longseller des deutschen Buchhandels, der noch im 20. Jh. von Peter Hacks für das Theater (*Das Volksbuch von Herzog Ernst oder Der Held und sein Gefolge*, 1953) und von Lutz Dammbeck für den Zeichentrickfilm (*Herzog Ernst*, 1993) bearbeitet wurde. In den Umkreis dieser „Spielmannsdichtungen" gehören auch drei ebenfalls recht unterhaltsame Werke der Bibel- und Legendenepik, welche die Motivik von Brautwerbung und -entführung sowie den weiteren Mittelmeerraum als Schauplatz gemein haben: *Oswald*, *Orendel* und *Salman und Morolf*.

Apolloniusroman

Für solche (unfreiwilligen) Abenteuer, die ein von seiner Frau getrennter Mann auf seinen Reisen erlebt, bei denen die beiderseitige Treue in schwierigen Situationen auf dem Spiel steht, bis das Paar sich nach vielen Anfechtungen und Nöten glücklich (wieder-)findet, bieten die Schicksale des Odysseus in Homers Epos das Urschema in der europäischen Literaturgeschichte. Im späteren griechischen Prosaroman ist ein Paar dann zunächst nicht verheiratet, die Handlung läuft vielmehr erst auf eine Vereinigung am

Schluss hinaus. Das führt auch hier den Aspekt der Brautwerbung ein, vor allem aber das Motiv der Liebe. Die Trennung der Liebenden kann dabei wie in der *Odyssee* eine lange sein. Ist sie dagegen nur kurz, dann wird sie meist vervielfacht, so dass es zu mehrfachen Gefährdungen und Rettungen kommt. In den *Hirtengeschichten von Daphnis und Chloë* des Longos spielt sich alles auf einem einzigen Landgut ab, weshalb die Abenteuer dieses berühmten bukolischen Liebespaars räumlich, aber auch zeitlich sehr begrenzt sind. Nicht auf die Schäferwelt eingeschränkt bleiben hingegen die *Äthiopischen Geschichten* Heliodors, die in kunstvoller Erzählschachtelung – einem klassischem Beispiel für den *ordo artificialis* – und in einem schier unendlichen Spiel intertextueller Bezüge, bei denen etwa Odysseus im Traum erscheint, das Bewahren der weiblichen wie auch der männlichen Jungfräulichkeit auf atemberaubende Proben stellt. Hinzu kommt bei Heliodor alles, was man von einem spannenden Abenteuerroman erwarten darf: Piraterie und Schiffbruch, Magie und Totenbeschwörung, phantastische Automaten und grausame Menschenopfer, verborgene Schätze in Höhlen sowie immer wieder die Wunderwesens des Orients – Erotik und Exotik gehen eine häufig nachgeahmte Verbindung ein. Während es keine Belege dafür gibt, dass *Daphnis und Chloë* und die *Äthiopischen Geschichten* im Mittelalter direkt rezipiert worden wären, schlägt eine deutliche Brücke von dieser antiken Gattung zur mittelalterlichen Literatur der *Apolloniusroman*. Gewiss auf griechische Vorbilder zurückgehend, doch in lateinischer Sprache verfasst und höchst einflussreich war die *Historia Apollonii regis Tyri*, die in vielen Fassungen in Vers und Prosa episch bearbeitet wurde, bis hin zur Dramatisierung in Shakespeares Stück *Perikles, Fürst von Tyrus*. Durch ein Lied aus den *Carmina Burana* (Nr. 97 *O Antioche*) ging der Stoff auch in die Lyrik ein. Am Anfang steht wiederum eine gefährliche Brautwerbung. König Antiochus lässt alle Männer köpfen, die um seine Tochter werben, weil sie ein an sie gestelltes Rätsel nicht lösen können. Als Apollonius nun das Rätsel löst, deckt er damit ein Familiengeheimnis auf: Dieser Vater will seine Tochter keinem Bewerber zur Frau geben, weil er selbst ein Inzestverhältnis mit ihr hat! Wie schon im *König Ödipus* von Sophokles zeigt sich auch hier eine enge Verbindung von Inzest und Rätsel. Da König Antiochus den erfolgreichen Rätsellöser töten lassen will, begibt dieser sich auf eine jahrelange Flucht, von deren Geschehnissen der *Apolloniusroman* handelt. Dabei fehlt nicht der für solche Romane obligatorische Schiffbruch, aus dem nur der Protagonist sein Leben retten kann, um im unbekannten Land, hier in der Stadt Pentapolis, die Hand der schönen Königstochter zu gewinnen, die bei der Geburt einer Tochter mitten auf dem Meer verstirbt. Allerdings ist sie nur scheintot und kann wieder zum Leben erweckt werden, was Apollonius freilich nicht weiß, der die vermeintliche Leiche seiner Frau auf dem Meer in einem schwimmenden Sarg aussetzen lässt, in dem sie ans sichere Ufer gelangt. Die kleine Tochter wird Pflegeeltern anvertraut, welche sie jedoch später töten lassen wollen und zur Täuschung des Vaters ein Scheingrab für sie errichten. Dass der nach vierzehn Jahren zurückkehrende Apollonius an diesem Epitaph keine Tränen vergießen kann, macht ihn skeptisch, doch ahnt er nicht, dass die Tochter lebt, wenn auch an ein Bordell verkauft – wo sie allerdings ihre Jungfräulichkeit bewahrt, indem sie einen Freier nach dem andern zur Tugend bekehrt. In einem glücklichen

Zusammentreffen heilt die Tochter unerkannt ihren Vater von seiner tiefen Melancholie und Sprachlosigkeit durch ein Lied, das verschlüsselt – auch hier wieder ein Rätsel! – ihrer beider Lebensgeschichte enthält. Man erkennt sich, findet auch die Mutter und Gattin wieder und lebt und regiert in Zukunft glücklich und gerecht, während der inzestuöse König Antiochus beim Beischlaf mit seiner Tochter vom Blitz erschlagen, der Bordellbesitzer, der die Tochter des Apollonius zur Prostitution zwingen wollte, verbrannt und die bösen Pflegeeltern gesteinigt werden. Der lateinische *Apolloniusroman* geht in einem großen Zeitsprung über vierzehn Jahre hinweg, die der Held durch die Welt irrt. Was ihm in dieser Zeit widerfuhr, das haben spätere Bearbeiter des Stoffes dann hinzuerfunden bzw. aus dem großen Erzählschatz der Weltliteratur übernommen und eingefügt. Das gilt besonders für den mhd. Versroman *Apollonius von Tyrland*, den der Wiener Arzt Heinrich von Neustadt um 1300 verfasste. Bei ihm machen die eingeschobenen Abenteuer gut das Vierfache der aus dem Lateinischen übernommenen Rahmenhandlung aus: Apollonius kämpft „gegen Kentauren und wilde Frauen, gegen Teufel und Dämonen, Drachen und Gewürm aller Art. Dabei befreit er hier 600 Frauen, dort 100 Kinder, gleichwohl stiftet seine Reise keinen Sinnzusammenhang seiner Abenteuer" (Werner Röcke). Freilich kann gegenüber der *Historia* von einem monogamen Helden keine Rede mehr sein, denn auch sexuelle Erlebnisse von großer erotischer Spielbreite füllen die vierzehnjährige Abwesenheit von seiner Gattin kurzweilig aus. Dabei kann auch die Erotik in intertextuelle Bezüge eingebunden sei, etwa wenn Apollonius wie Gahmuret in Wolframs *Parzival* eine Mohrenkönigin heiratet (*Es gibt ain mörynne / Vil dick susse mynne*; vv. 14084 f.), aus deren Verbindung dann aber nicht „gescheckte" Kinder hervorgehen wie Parzivals Halbbruder Feirefiz, sondern ein Sohn, der auf der einen Seite schwarz und auf der anderen Seite weiß war, sowie eine ganz und gar schwarze Tochter (vgl. vv. 14281–14286). Allerdings erweitert Heinrich von Neustadt den Roman nicht nur im Innern der Handlung, er setzt diese auch noch ein Stück weiter fort. So erfahren die Lesenden genaue Details über die Hochzeit der Tochter des Apollonius (inklusive der Inspektion des Bettlakens durch die Hofgesellschaft nach der Hochzeitsnacht) und über die Einrichtung der *tavelrunde*, zweihundert Jahre bevor König Artus diese ‚heidnische' Institution des Apollonius nachgeahmt habe, wie stolz behauptet wird: *Den hoff den Artus hett erdacht, / Der was von disem hoff bracht, / Auß der haidenschaft genommen* (vv. 18777–18779). Mit diesem Kunstgriff nutzt der *Apollonius von Tyrus* die Popularität von König Artus, um noch zusätzliche Aufmerksamkeit dadurch zu erzeugen, dass er es besser zu wissen vorgibt als die hoch angesehenen Artusromane der Zeit. Steht der *Apolloniusroman* mit seiner ausdrücklich in der heidnischen Zeit der mittelmeerischen Welt spielenden Handlung noch ein wenig in der Nähe der Gattung des Antikenromans, so verzichten andere Minne- und Abenteuerromane weitgehend auf antikes Personal und Kolorit. Konrad Flecks *Flore und Blancheflur* (ca. 1220) gestaltet den wohl über Frankreich vermittelten und ebenfalls sehr populären Stoff von einer Kinderliebe zwischen einem ‚heidnischen' (d. i. muslimischen) Jungen und einem christlichen Mädchen, die von den Eltern auf vielfältige Weise – aber letztlich erfolglos – verhindert werden soll: Entführung, Scheingrab, Selbstmordversuch, zeitweilige Wiedervereinigung der Liebenden, Todesgefahr und glückliche Eheschließung des Paares, das sind die Ingredienzien, aus denen auch diese höchst erfolgreiche Erzählung zusammengemischt wurde. Wie im *König Rother* bekommt sie am Schluss noch einen genealogischen Bezug: Die Tochter dieses Paars, Berhta, ist dann die Mutter Karls des Großen. Erwähnt werden sollen in diesem Zusammenhang an Versromanen aus der Zeit um 1300 noch der (anonyme) *Reinfried von Braunschweig*, die monumentale Geschichte einer Orientreise voller intertextueller Bezüge, sowie der *Wilhelm von Österreich* von Johann von Würzburg, wiederum die Erzählung von einer Kinderliebe zwischen den Religionen, die aber hier nicht wie in *Flore und Blancheflur* durch vertrautes Beisammensein entsteht, sondern dadurch, dass man an verschiedenen Orten wechselseitig voneinander träumt: Es geht um die Erlebnisse des jungen Wilhelm auf der Suche nach der wirklichen Frau, die seinem Traumbild entspricht. Spätere Werke verwenden dann die Prosaform und finden durch den Buchdruck als ‚Volksbücher' in der Neuzeit weite Verbreitung: die Geschichte von der *Schönen Magelone* etwa, die den jungen Grafensohn Peter heiraten will, obwohl ihr Vater andere Pläne mit ihr hat, wodurch sich viele Verwicklungen, Abenteuer und weite Reisen durch den Orient ergeben, welche die Geliebten trennen, bis sie sich schließlich wieder finden und heiraten können. Die deutsche Prosafassung von Veit Warbeck (Augsburg 1535) wurde immer wieder nachgedruckt und bearbeitet, bis hin zu Ludwig Tiecks *Liebesgeschichte der schönen Magelone und des Grafen Peter von Provence* (1796), deren eingelegte Romanzen Johannes Brahms in einem bekannten Liederzyklus (op. 33) vertont hat.

Geschichtsdichtung und (Welt-)Chronistik

Die *Kaiserchronik*

Als literarische Gestaltungen von historischen oder pseudohistorischen Ereignissen lassen sich im weiteren Sinne die Antikenromane und wohl auch die meisten Heldenepen ansehen. Sobald Spielmannsepen an Herrschergeschlechter genealogisch angebunden sind oder Adelsfamilien sich berühmte Figuren der Artusepik als Ahnen ‚ansippen', wird selbst aus solcher zweifellos fiktionalen Literatur zumindest in der Rezeption eine Art von Geschichtsdichtung. Da Geschichte im christlichen Mittelalter immer auch als Heilsgeschichte verstanden wurde, können zudem Werke der (im nächsten Abschnitt vorzustellenden) Bibel- und Legendenepik in diesem Zusammenhang stehen. Von einer klar abgrenzbaren Gattung „Geschichtsepik" (RLW s.v. Geschichtsepik) lässt sich deshalb für das Mittelalter kaum sprechen. Allerdings gibt es seit dem 12. Jh. volkssprachige Texte, die den Geschichtsverlauf überhaupt oder größere Abschnitte daraus in poetisch anspruchsvoller Form in das Zentrum des Werkes stellen. Sieht man vom *Annolied* ab, das Welthistorie seit der Schöpfung mit der Vita des Bischofs Anno von Köln und dortiger Lokalpolitik verschmilzt, dann steht am Beginn dieser Tradition die (anonyme) *Kaiserchronik* (die das *Annolied* offenbar benutzte, wenn es nicht eine gemeinsame Quelle gegeben hat). Breit und variantenreich überliefert, später auch in Prosa aufgelöst und ins Lateinische übersetzt, stellt diese große Dichtung (*daz guote liet*, v. 42) von über 17.000 Reimpaarversen die Geschichte des Römischen Reiches seit der Stadtgründung dar, die – dem Gedanken der *translatio imperii* entsprechend – bis in die damalige Gegenwart reicht (*unze an disen hiutigen tac*: v. 23): Von Caesar bis zu Konrad III. werden in chronologischer Reihenfolge 55 Kaiserbiographien von extrem unterschiedlicher Länge vorgestellt. Mit der Vorbereitung des zweiten Kreuzzugs vor 1147 und den Kreuzpredigten Bernhards von Clairvaux bricht das Werk mitten im Satz ab – also wieder einmal ein Torso, der spätere Fortsetzungen geradezu provozierte. Zumindest bei den Kaisern des älteren Römischen Reichs werden ausführliche Erzählteile eingeschoben, bei denen „Sage und Legende" (Friedrich Ohly) deutlich dominieren. Man verstand es offensichtlich nicht als Gegensatz zum proklamierten Wahrheitsanspruch der *crônicâ* (v. 17; vgl. RLW s.v. Chronik), bei der Regierungszeit von Kaiser Zeno den Sagenkreis um Dietrich von Bern zu behandeln (vv. 13839–14193). Mit geradezu kritischer Analyse wird dabei nachgewiesen, dass Dietrich/Theoderich kein Zeitgenosse Etzels/Attilas gewesen ist und er sich deshalb auch nicht (wie es die Dietrichepik und das *Nibelungenlied* bezeugen) an Etzels Hof aufgehalten haben kann. Dies führt jedoch nicht etwa zu einem Bestreiten der Überlieferung, sondern zu einer geschickten Rettung des Inhalts der Sage: Diese Geschichten seien gewiss wahr, doch handelten sie von zwei verschiedenen Helden gleichen Namens. Damit sei das Problem ein für allemal geklärt (*hie meget ir der luge wol ain ende haben*, v. 14187). Unter den Legenden befindet sich erstaunlicherweise die von Kaiser Trajan (vv. 5839–6096), der zwar ein Heide war, doch als idealer Herrscher und als gerechter und unbestechlicher Richter galt, was mit dem Exempel von einer Witwe bestätigt wird, für die der Kaiser einen Kriegszug unterbricht, um ihr Gerechtigkeit widerfahren zu lassen. Den Charakter einer christlichen Legende bekommt diese Geschichte durch den Zeitsprung zu Papst Gregor dem Großen, aus dessen Vita die Geschichte übernommen wird, der heilige Papst habe den guten heidnischen Kaiser einst aus der Hölle ‚losgebetet'. Ein Engel des Herrn wies ihn darauf hin, dass dies eine Ausnahme bleiben müsse:

duo kom von himele
der gotes engel erscein im dô,
er sprach ze sanctô Gregôrîô:
‚iz sollte dâ mit genuoc sîn,
daz dich erhôrte mîn trehtîn,
ob dû die cristen
mit dînem gebete mähtes gefristen.
jâ sint die haiden
von den christen gescaiden.
dû hâst unrehte getân.'
du rewainte der hailige man. (vv. 6038–6048)

(Da kam der Engel Gottes vom Himmel herab, erschien ihm und sprach: „Es sollte genug sein, dass unser Herrgott deine Bitten erhört, mit denen du Christen errettest. Heiden und Christen unterscheiden sich grundsätzlich. Du hast nicht richtig gehandelt." Darauf hin weinte der heilige Mann.)

Die Ausnahme bestätigt also nur die Regel. Hier wird auf sehr grundsätzliche Weise die Heilserwartung von Nichtchristen thematisiert und negiert. Zugleich wird aber deutlich, dass ein heidnischer Kaiser durchaus zum Vorbild für christliche Herrscher werden kann. Die *Kaiserchronik* hat deshalb auch den Charakter eines Fürstenspiegels (RLW s. v. Fürstenspiegel).

Rudolf von Ems: *Weltchronik*

Die volkssprachigen Geschichtsdichtungen wie die *Kaiserchronik* sind im Unterschied zur lateinischen Chronistik der Zeit zunächst ganz selbstverständlich in Versform gehalten. Das gilt auch für solche Werke, welche die ganze Weltgeschichte von der Schöpfung an darzustellen beanspruchen. Eine der wenigen Ausnahmen ist die *Sächsische Weltchronik*, die in mittelniederdeutscher Prosa des 13. Jh.s vorliegt. Aber auch sie hat man in Reimpaarverse umgeschrieben, als Teile von ihr am Ende des 14. Jh.s mit vielen anderen Werken in die monumentale *Weltchronik* eines Heinrich von München aufgenommen wurden. Weitere Universalchroniken in deutschen Versen aus dem 13. Jh. sind die (anonyme) *Christherre-Chronik*, die *Weltchronik* des Wiener Stadtbürgers Jans Enikel, sowie – wohl als älteste und mit über 100 Handschriften am weitesten verbreitete – die *Weltchronik* des Rudolf von Ems. Von Rudolf, dem neben Konrad von Würzburg gewiss produktivsten Dichter der nachklassischen Zeit, stammen noch die große Legende von *Barlaam und Josaphat*, die Kaufmannserzählung *Der guote Gêrhart*, der Minne- und Aventiureroman *Wilhelm von Orlens* sowie ein riesiger *Alexanderroman*. Wie sein *Alexander* ist auch Rudolfs *Weltchronik* Fragment geblieben, wobei man wohl nicht zweimal den Tod desselben Dichters für das Abbrechen eines Werkes verantwortlich machen kann. Ein anonymer Fortsetzer der *Weltchronik* sagt allerdings über Rudolf: *er starb an Salomone* (v. 33491). Bedenkt man, dass Rudolf trotz dieses Umfangs bei seiner Darstellung demnach nur bis zu König Salomon gekommen war, dann wird das gigantische Ausmaß dieses Geschichtsprojekts erkennbar. Zugleich verweist der Name Salomon darauf, welch große Rolle die Bibel im mittelalterlichen Verständnis von Geschichte spielte. Damit war freilich die Aufgabe gestellt, die biblischen Zeitabläufe mit jenen der (zunächst heidnischen) Geschichte der Antike zu synchronisieren. Rudolf legt eine klare Priorität auf die Heilsgeschichte als *der rehten mere rehtiu ban* (v. 3103); und er verbleibt in der Bildlichkeit des Weges, wenn er diesem „wahren Weg der wahren Überlieferungen" gegenüber den Ereignissen der Profangeschichte nur den „Nebenweg" (eines „Exkurses") zubilligt: *dú andirn hant den nebinganc* (v. 3117). Dennoch wird Rudolf der weltlich-antiken Geschichte weit mehr gerecht als etwa die erwähnte *Christherre-Chronik*, die an Rudolfs Werk anknüpft und mit ihm oft gemeinsam überliefert wird. Trotz des Fragmentcharakters seiner Chronik stellt Rudolf von Ems einen Bezug zur eigenen Gegenwart her. Beim Übergang zum Stoff des alttestamentlichen *Buches der Könige* holt Rudolf zu einem großen Fürstenlob der Stauferherrscher seit Konrad III. aus und berichtet stolz, der aktuelle König, Konrad IV. († 1254), habe ihm persönlich den Auftrag erteilt, diese Chronik zu verfassen (vv. 21663 ff.), um seinen Nachruhm bei allen zukünftigen Lesenden zu sichern (*swa man von im dú mere / verneme unte horte lesin, / das si im iemer músten wesin / ein eweclih memorial*; vv. 21694–21697). Damit wird die Gattung der Weltchronik an den Kaiserhof gebunden. Und zugleich erscheint der christliche Kaiser in der Tradition der sakralen Könige des Alten Testaments, vor allem König Davids (vgl. das *D-A-u-i-d*-Akrostichon vv. 21518–21523, das den panegyrischen Abschnitt zu König Konrad einleitet). Freilich ist eine solche historische Selbstvergewisserung mittelalterlichen Herrschertums nicht die einzige Funktion von Rudolfs *Weltchronik*, da sie in den verschiedensten Kontexten überliefert wird, die nicht notwendig etwas mit den Staufern zu tun haben. Horst Wenzel erkennt allgemeiner eine „heilsgeschichtliche Fundierung höfischer Idealität", die das Werk leisten solle. Und für das spätere Mittelalter war es vor allem eine vorbildliche Bibeldichtung, die – da deutsche Vollbibeln nicht vor dem 15. Jh. nachweisbar sind – die Bibel wohl auch teilweise zu ersetzen hatte (und in den Handschriften oft selbst als *Bibel* bezeichnet wurde).

Bibel- und Legendenepik

Narrative Theologie

Poetische Bearbeitungen der Evangelien und anderer biblischer Bücher und Stoffe haben heute meist keinen guten Ruf – das gilt für die Theologie ebenso wie für die Literaturwissenschaft. Dabei geht es nicht nur um den problematischen Anspruch, es besser machen zu wollen oder gar zu können als die vom Heiligen Geist inspirierten Autoren der Bibel. Man unterstellt ihnen vor allem, aus ästhetischen Gründen den religiösen Ernst vermissen zu lassen, der für den Umgang mit geoffenbarten Heilswahrheiten notwendig sei, oder auch umgekehrt, aus theologischer Rücksichtnahme das mögliche literarisch-künstlerische Niveau zu unterschreiten. Kaum jemand hat dieses Verdikt so radikal ausgesprochen wie Ernst Robert Curtius: „Das Bibelepos ist während seiner ganzen Lebenszeit – von Juvencus bis Klopstock – eine hybride und innerlich unwahre Gattung gewesen, ein *genre faux.*" Diesem Vorwurf eines misslungenen Kompromisses zwischen religiösen und literarischen Ansprüchen stehen die hohen literarästhetischen Ambitionen gegenüber von Dichtungen wie dem *Liber Evangeliorum* des Otfrid von Weißenburg, mit dem die deutsche Literaturgeschichte programmatisch einsetzt, wie auch die enorme Popularität einer Vielzahl von Dichtungen des Hoch- und Spätmittelalters, die qualitativ oft gewiss weniger anspruchsvoll sind, aber zu den beliebtesten literarischen Werken der Vormoderne überhaupt gehören. Wie lässt sich dieser aus unserer Sicht erstaunliche Erfolg erklären? Zur Bibelepik (RLW s.v. Bibelepik) gehören nicht nur solche Werke, welche die biblischen Geschichten paraphrasieren und gelegentlich deutend auslegen. Besonders reizvoll waren vor allem jene, die über den Erzählfundus der zum Kanon gehörenden Bücher hinausgehen. Das darf nicht falsch verstanden werden: Kein mittelalterlicher Autor erzählt das Leben Jesu grundsätzlich anders als die offiziellen Evangelien. Aber er kann erheblich mehr berichten als sie, die von der Kirche wohl auch deshalb ausgewählt wurden, weil sie in ihrer knappen Erzählweise gerade keinem ausgeprägten Wunderglauben Vorschub leisten. Was aus der Sicht der Theologie vielleicht als *curiositas* gelten muss, kommt jedoch dem religiösen Bedürfnis vieler Menschen sehr entgegen: Man will einfach wissen, was Maria gerade tat, als der Engel zu ihr kam, wie der kleine Jesus sich in der Schule verhalten hat, ob dem Verrat des Judas, modern gesprochen, Kindheitstraumata vorangegangen waren, oder ob Jesus dem guten Schächer am Kreuz nicht schon früher einmal begegnet war. Darüber sagen die kanonischen Evangelien nichts, und genau diese Leerstellen füllt die mittelalterliche Bibelepik geradezu überbordend aus. Sie kann dabei zum Teil – vor allem bei der Kindheit Jesu – zurückgreifen auf genau diejenigen Schriften aus dem Umkreis der Bibel, die als nicht kanonisch ausgeschieden wurden, also auf die Apokryphen (LexMA s.v. Apokryphen). Ansonsten übernimmt man vertrautes Erzählgut aus der Weltliteratur (etwa die Wunder der Geburtsnacht aus den römischen Kaiserbiographien), und den Rest erfindet fromme Phantasie hinzu. Mit dieser „narrativen Theologie“ (Harald Weinrich) bewegen sich die Dichter oft am Rande der offiziellen kirchlichen Lehre, tun dies aber gewiss immer in bestem Glauben. In solcher Unbekümmertheit religiösen Erzählens überschneidet sich die Bibelepik mit der Legendenepik (vgl. RLW s. v. Legende). Obwohl sie oft gemeinsam mit ihr überliefert und damit rezipiert wird, sind doch als Unterschiede festzuhalten, dass das Personal der Legende durchweg aus nachbiblischen Heiligen besteht, und dass die Legende sich weniger streng an vorgegebene Erzählgerüste halten muss als die Bibelepik, die – wie gesagt – die Bibel zwar ergänzen, mit ihr aber nicht in Widerspruch geraten darf. Zudem ist die Faszination an der Legende nicht ganz deckungsgleich, wenn auch nicht weniger groß. Mehr noch als mit den am Bibeltext orientierten Geschichten lässt sich mit Legenden nahezu jeder Themenbereich ansprechen, der die Menschen bewegt hat oder noch bewegt. In den vielen Viten von (zunächst) sündigen Heiligen etwa werden die Abgründe des Sündenlebens so detailliert und anschaulich geschildert, dass dies nicht nur die Größe der göttlichen Gnade lobt, welche sogar solch verkommene Menschen noch zu retten bereit ist, sondern zugleich viele Lesende in die differenziertesten Varietäten von Sexualität oder Verbrechen erst einmal einweiht. Und die Jenseitsreisen mancher Visionäre beschreiben die geschauten Höllenstrafen so grauenerregend, dass dies gewiss zu einem besseren Leben ermahnt, aber wohl auch einen nicht gänzlich unangenehmen Schauder hervorruft. Neben der sicher grundsätzlich stärker religiös ausgeprägten Grundhaltung des mittelalterlichen Menschen dürfte deshalb als weiterer Grund für den aus unserer Sicht erstaunlichen Erfolg der Gattung Legende hinzu kommen, dass sie einem Bedürfnis entspricht, das heute eher von anderen populären Genres wie etwa dem Kriminalroman oder vielleicht sogar von Schriften der Horrorliteratur bedient wird.

Der *Heliand*

Weniger aus literarischen als aus katechetischen Gründen dürfte die Form der Evangelienharmonie entstanden sein (LexMA s. v. Evangelienharmonie). Mit vier unterschiedlichen Evangelien gleichzeitig arbeiten zu müssen, überfordert den elementaren Religionsunterricht, weshalb man gern zu einer Art von Schulbibeln greift, die aus den vier Schriften einen Text kompilieren, der eine einheitliche Lebens- und Wirkungsgeschichte Jesu erzählt (zu unterscheiden von einer Synopse, welche die vier Texte zu Vergleichszwecken unverändert nebeneinander stellt). Die bekannteste Evangelienharmonie der Antike war das *Diatessaron* des Syrers Tatian. Eine lateinische Fassung davon wurde bereits im 9. Jh. im Kloster Fulda ins Althochdeutsche übertragen. Vermutlich auch dort entstand zur selben Zeit – vielleicht aufgrund gemeinsamer Anregung durch den berühmten Abt Hrabanus Maurus – neben Otfrids *Evangelienbuch* eine Evangelienharmonie in altniederdeutscher (altsächsischer) Sprache, die unter dem Herausgebertitel *Heliand* bekannt ist. Im Gegensatz zu dem als religiösem Gebrauchstext konzipierten *Ahd. Tatian* versteht sich der *Heliand* dezidiert als eine Dichtung, die sich durch die konsequente Verwendung des Stabreims in die Tradition der (anonymen) germanischen Heldendichtung stellt, die zugleich verchristlicht wie verschriftlicht wird. Trotz der Anpassung an Sprach- und Denkformen der altsächsischen Adelskultur findet keine Germanisierung des Christentums statt. Wie auch Otfrid vermeidet der *Heliand*-Dichter weitgehend das Einbeziehen von apokryphen Überlieferungen, schmückt aber selbst viele Passagen detailliert aus. Ein Beispiel soll genügen: Nachdem der Engel dem alten Priester Zacharias verkündet hat, seine ebenfalls hochbetagte Frau Elisabeth werde ihm doch noch den ersehnten Sohn schenken, reagiert Zacharias nach dem Lukas-Evangelium ebenso skeptisch wie prägnant: „Woran soll ich das erkennen? Bin ich doch ein alter Mann, und meine Frau ist vorgerückt in ihren Tagen" (Lk. 1,18). Im *Heliand* hingegen holt Zacharias zu einer größeren Antwort an den Engel aus und nimmt das Stichwort „alt" zum Anlass, um zu erklären, welche Gebrechen des Körpers mit dem Alter verbunden sind:

[…] – *nu uuit sus gifrôdod sint,*
habad unc eldi binoman elleandâdi,
that uuit sint an uncro siuni gislekit endi an uncun sîdun lat;
flêsk is unc antfallan, fel unscôni,
is unca lud giliðen, lîk gidrusnod,
sind unca andbâri ôðarlîcaron,
môd endi megincraft, – sô uuit giu sô managan dag
uuârun an thesero uueroldi, sô mi thes uundar thunkit,
huuô it sô giuuerðan mugi, sô thu mid thînun uuordun gisprikis. (vv. 150b–158b)

(„… da wir nun so gebrechlich geworden sind – das Alter hat uns (beide) unserer Körperkraft beraubt, denn unsere Sehkraft hat abgenommen und unsere Lenden sind schwach geworden; das Fleisch ist eingefallen, die Haut hässlich, unsere (schöne) Gestalt ist dahin, der Leib ist geschrumpft, unser Aussehen ist verwandelt, auch der Geist und unsere Kraft –, und da wir schon so lange Zeit auf dieser Welt verbracht haben, erscheint es mir unglaublich zu sein, dass das geschehen könnte, was du mir mit deinen Worten sagst.")

Ute Schwab hat vor Jahren daran erinnert, dass es für die Frage, ob jemand noch in der Lage sei, ein Kind zu zeugen oder zu gebären, nicht sehr relevant ist, ob die Haut schon schrumpelig wird oder ob die Sehkraft nachlässt. Der *Heliand*-Dichter benutzt hier offenbar einen festen Katalog von Eigenschaften des Alters, wie er von Poetik und Rhetorik als Mittel der *dilatatio materiae* vorgeschlagen wird. Dadurch wird die Stelle zu einer Altersklage, die den Lesenden zum Trost wie zum *memento mori* dienen kann.

Bruder Philipp der Kartäuser: *Marienleben*

Einen geradezu exzessiven Gebrauch von apokryphen Überlieferungen zur Ergänzung der Bibel machen hingegen die hoch- und spätmittelalterlichen Dichtungen, welche die Kindheit Jesu oder das ganze Leben der Gottesmutter Maria erzählerisch ausschmücken. Sie verwenden vor allem das im Mittelalter höchst populäre *Pseudo-Matthäusevangelium* – so im 12. Jh. die *Maria* des Priesters Wernher oder die *Kindheit Jesu* Konrads von Fußesbrunnen. Späteren Marienleben (vgl. RLW s. v. Mariendichtung) liegt immer die lat. *Vita beate virginis Marie et salvatoris rhythmica* (Mitte 13. Jh.) zugrunde, die konsequent die Stationen von Marias Leben in den Evangeliumsbericht integriert. Die erfolgreichste volkssprachige Umsetzung der *Vita rhythmica* gelang Bruder Philipp, einem Kartäusermönch, der den beispiellosen Erfolg seiner Reimpaardichtung wohl vor allem dem Deutschen Orden verdankt, dessen ausgeprägte Marienfrömmigkeit der Verbreitung sehr förderlich war. Das Werk ist in weit über 1.000 Handschriften überliefert. Es ging in Versform vollständig in die erwähnte Weltchronik des Heinrich von München ein sowie als Prosaauflösung in so genannte Historienbibeln (LexMA s. v. Historienbibel), die einen beliebten Typ von (oft reich illustriertem) Erbauungsbuch im Spätmittelalter darstellten. Für die Reformatoren waren Werke wie Bruder Philipps *Marienleben* dann ein Stein des Anstoßes. Sie kritisierten nicht nur die Verquickung von kanonischer und apokrypher Überlieferung, durch die mancher Christ den Überblick darüber verloren hatte, was wirklich in der Bibel steht und was nicht. Für die Reformatoren war es vor allem unerträglich, dass Maria beinahe zur Hauptakteurin der Erlösung avanciert war; so ruft Bruder Philipp sie an als: *Mariâ, muoter, küneginne, / al der werlde loesaerinne* (vv. 1 f.)!

Die *Legenda aurea*

Für die vielen nachbiblischen Heiligen der Christenheit gibt es nicht nur Orte, an denen sie auf besondere Weise verehrt werden – in der Regel die Gräber oder Aufbewahrungsorte von Reliquien –, jeder Heilige hat auch eine bestimmte Zeit im Jahr, an dem ihm besondere Verehrung zusteht: sein eigenes Fest, das als Namenstag bis heute im Katholizismus gefeiert wird. Eine solche Zuordnung der Heiligen zum wiederkehrenden Jahresrhythmus machte eine Gliederung von Legendensammlungen möglich, die sich am Ablauf des Kirchenjahres orientiert. Wer sich dort zurechtfinden will, muss freilich die Heiligenfeste kennen, was man im Mittelalter ganz selbstverständlich lernte, zum Beispiel mit Hilfe entsprechender Merkverse, des *Cisiojanus* (LexMA s. v. Cisiojanus). Vor allem aber hat man solche Werke wohl fortlaufend umblätternd über das Jahr hin parallel zur Liturgie der Kirche hin benutzt. Das bekannteste dieser großen religiösen Hausbücher, die *Legenda aurea*, setzt deshalb mit dem ersten Advent als einem traditionellen Beginn des Kirchenjahrs ein. Da sie auch die Herren- und Marienfeste einschließt, konnten alle bekannten apokryphen Geschichten einschließlich der erwähnten Marienleben in sie aufgenommen werden. Die *Legenda aurea* verbindet somit die Bibel- und Legendenepik in einem einzigen Werk. Dieses ist in lateinischer Prosa gehalten, und ihr Kompilator war der italienische Dominikaner und Erzbischof Jacobus de Voragine († 1298). In wohl allen Ländern des Abendlandes hat man das Werk durch Legenden lokal verehrter Heiliger erweitert und in alle Volkssprachen übersetzt. Wegen seiner großen Verbreitung kann man seine Kenntnis direkt oder – durch Predigt vermittelt – indiekt bei allen spätmittelalterlichen Menschen voraussetzen. Die *Legenda aurea* ist deshalb einer der wichtigsten Referenztexte für mittelalterliche Literatur und Kunst.

Kleinepik

maere, bîspel, rede

Noch schwieriger als die Werke der Großepik lassen sich kürzere Erzählungen der mittelhochdeutschen Literatur nach Gattungen klassifizieren, da hier eine Ordnung nach Stoffen und Stoffkreisen nicht einmal ansatzweise möglich ist. Auch eine Unterteilung nach Vers und Prosa eignet sich nicht, da die kleinen Erzählungen ebenso wie die großen Romane in aller Regel in Versform gehalten sind. Schon eher möglich erscheint eine Differenzierung nach solchen Texten, die gezielt auf eine Deutung hin erzählt werden, und solchen, bei denen das Erzählen selbst dominiert (und deshalb möglicherweise angehängte Kommentare auch wegfallen könnten). Für die ersteren, die wie die Fabel (RLW s. v. Fabel) notwendig aus einem narrativen und einem diskursiven Teil (der Auslegung) bestehen, hat sich in der Mediävistik der mhd. Ausdruck *bîspel* eingebürgert; die zweite Art von Kurzerzählung, bei der es primär auf das Narrative ankommt, nennt man traditionell, wenn auch nicht unumstritten, *maere*. Ein dritter Gattungstyp der kurzen Versdichtungen, welcher primär ein Sachthema behandelt, ohne dass Erzählendes dabei eine größere Rolle spielte – also vielleicht eine Vorform des Essays – wird *rede* genannt; mit ihm werden freilich die Grenzen der Epik überschritten (RLW s. v. Rede$_3$).

Märe und Schwank

Für viele mhd. Mären (RLW s. v. Maere) ist eine auf erzählerische Wirkung (Unterhaltung) hin gestaltete Komik charakteristisch, weshalb sie zu einem großen Teil auch den Schwänken zugerechnet werden können (RLW s. v. Schwank$_2$), deren Komik häufig von Normüberschreitungen in alltäglichen Lebensbereichen lebt, dem der Sexualität vor allem, aber auch denen von Nahrungsaufnahme und Ausscheidung – darin der französischen Gattung des Fabliau (als *conte à rire*) verwandt (LexMA s. v. Fabliau(x)). Stehen Mären von größerer Komplexität bereits in der Nähe der späteren Novelle (RLW s. v. Novelle), so sind die schwankhaften Mären oft von recht einfacher Struktur. Die Verserzählung *Die drei Studenten* von Hans Folz etwa geht davon aus, dass die wenigen Universitäten des Spätmittelalters weit verstreut in Europa lagen, was große Mobilität von den Studenten verlangte und sie auf ihren langen Wegen oftmals um Herberge für die Nacht bitten mussten. Daran knüpften sich sexuelle Phantasien über ihr Verhältnis zur Gastgeberin („Wirtin"). In diesem Märe versuchen gleich drei Studenten unabhängig voneinander, des Nachts die Liebe ihrer schönen Wirtin in Bonn am Rhein zu gewinnen, doch werden sie von ihr auf lustig-makabre Weise ausgetrickst. Sie beschließen, sich dafür zu rächen. Der Älteste kommt als reicher Kaufmann verkleidet zurück und hinterlässt bei ihr zwanzig Gulden zur Aufbewahrung, die er kurz darauf wieder fordert, weil er behauptet, auf seinem Weg ausgeraubt worden zu sein. Die Wirtin, die das Geld nicht hergeben will, bietet ihm stattdessen eine Liebesnacht an: *Also die wirtin kam zu fal* (v. 344). Am Morgen danach mischt der vermeintliche Kaufmann ein Kraut in den Abschiedstrunk, von dem der Leib der Wirtin bald aufschwillt. Da kommt der zweite Student zum Zuge, der sich als Arzt verkleidet. Er kehrt ebenfalls bei ihr ein und stellt ihr die Diagnose, sie sei schwanger. Der Beischlaf könne nur durch einen weiteren Beischlaf rückgängig gemacht werden, zu dem er gern bereit sei – freilich nur gegen ein Honorar von zwanzig Gulden. Nach der folgenden weiteren Liebesnacht reicht auch dieser Student ihr einen Trunk, der den Leib dann wieder abschwellen lässt. Der dritte Student schließlich verkleidet sich als *zigeyner* (v. 400), welcher am nächsten Tag um Herberge bittet und der Wirtin aus der Hand liest, sie habe in den letzten beiden Nächten jeweils mit einem Kaufmann und einem Arzt Ehebruch getrieben. Wenn dies nicht bekannt werden solle, dann müsse sie in der folgenden Nacht mit ihm schlafen und ihm zwanzig Gulden Schweigegeld geben … So bekommen alle drei Studenten doch noch ihren Willen, und die Wirtin hat das Nachsehen.

Bîspel

Trotz einiger Belehrungen am Schluss liegt der Charakter der Geschichte *Die drei Studenten* nicht in moralischer Unterweisung, sondern in der Komik des Erzählten: Man lacht aus Schadenfreude über die Wirtin und hat sein Vergnügen am Phantasiereichtum im Betrügen (der „List") bei den Studenten. Anders als bei dem eigenrechtlichen Erzählen eines solchen Märes geht es bei den oft *bîspel* genannten Kurzerzählungen um ausdrücklich formulierte Argumente, für die das Erzählte ein „Beispiel" bietet, ein (lat.) *exemplum* (LexMA s.v. Bîspel; vgl. RLW s.v. Exempel). Dieser Argumentationsteil kann an die Epimythien der Fabel oder auch an die Exegesen der Bibelhermeneuten angelehnt sein. Letzteres ist oft bei dem wohl bedeutendsten Bîspel-Autor der mhd. Literatur der Fall, beim Stricker. Dessen Bîspel *Der Gast und die Wirtin* handelt von einem Mann, der in einer Schenke einkehrt, in der ihn die Wirtin zu exzessivem Alkoholgenuss verleitet. Knapp am Vollrausch provoziert man ihn zu einem Glücksspiel, bei dem er nicht nur sein ganzes Geld, sondern auch seine Kleider verspielt. Er wird nun aufgefordert, die Zeche zu zahlen; da er alles verspielt hat, kann er das nicht. Zwei Söhne der Wirtin prügeln ihn kräftig durch und werfen ihn bewusstlos in eine Wassergrube vor dem Haus. Das ist nicht unterhaltend und schon gar nicht komisch; es dient allein der Auslegung, die wie in einer Predigt eingeleitet wird mit der Aufforderung an die Lesenden, zu „erkennen, was dem Gast und der Wirtin gleicht" (*nu sult ir merchen dâ bî, / waz den beiden vil glîch si / dem gaste und der lîtgeben*; vv. 107–109). Die Allegorie ist eindeutig: Der Gast bezeichnet den Menschen auf Erden, der sich von den süßen Verlockungen der Welt verführen lässt, um dann letztlich, weil er die „Rechnung" für sein ausschweifendes Leben beim Jenseitsgericht nicht „bezahlen" kann, im Pfuhl der Hölle zu landen.

Tier- und Schwankepik

Kleine Epik in großer Form

Texte kleinerer Erzählformen werden schriftlich in der Regel in größeren Zusammenhängen von Buchformat überliefert. Prinzipiell lassen sich drei Möglichkeiten unterscheiden, um kürzere Erzählungen zu einem großen Werk zusammen zu fügen. Das erste Verfahren besteht darin, sie unverbunden aneinander zu reihen. Dabei können sie durchaus geordnet sein, bei Exempelsammlungen thematisch für die Anwendung in der Predigt etwa nach den Sieben Todsünden oder nach den Zehn Geboten. Auch werden im Titel gern Gebrauchssituationen angegeben, in denen man mit solchem Erzählstoff ausgerüstet andere Menschen unterhalten kann: bei Tischgesprächen (z.B. Philipp von Ferrara, *Liber mensalis*, 14. Jh.) oder in der Pferdekutsche (z.B. Jörg Wickram, *Das Rollwagenbüchlin*, 1555). Untereinander unverbunden bleiben die Geschichten auch bei der zweiten Art, eine Großform zu bilden; allerdings werden sie dort narrativ durch eine Rahmenhandlung zusammengehalten (RLW s.v. Rahmenerzählung). Das bekannteste Beispiel bieten heute die *Erzählungen aus Tausendundeiner Nacht* (die man im europäischen MA noch nicht kannte). Ebenfalls auf orientalische Vorbilder (letztlich auf das altindische *Pañcatantra*) geht das *Buch der Beispiele der alten Weisen* des Anton von Pforr (15. Jh.) zurück. Aus dem europäischen Spät-MA sind sonst vor allem Boccaccios *Il Decamerone* und Chaucers *Canterbury Tales* zu nennen. Die dritte Variante, um die es hier geht, verkettet die Geschichten durch eine narrative Kohärenz (RLW s.v. Kohärenz), indem sie einen gemeinsamen Protagonisten erhalten, von dem ein längerer Lebensabschnitt – etwa eine größere Reise – oder gar eine ganze Biographie erzählt wird.

Tierepos

Dadurch wird aus vielen kleinen Fabeln, die von einem Wolf handeln, eine romanähnliche Episodenreihe, in der durchgängig ein Wolf namens Isengrim auftritt – so im 12. Jh. in der mlat. Versdichtung *Ysengrimus.* Von dieser Gattung, dem Tierepos (RLW s.v. Tierepik), sind heute noch die Dichtungen um einen Fuchs namens Reinhart oder Reinecke bekannt. Ob in dem afrz. *Roman de Renart,* ob im mnl. *Van den vos Reynaerde,* im mnd. *Reynke de vos* (den Goethe als *Reineke Fuchs* bearbeitete), oder im mhd. *Reinhart Fuchs* eines Elsässers Heinrich („der Glîchezære") – immer wird mit der Figur des listigen Fuchses Gesellschafts-, Rechts- und Kirchenkritik von teilweise beißender Schärfe vermittelt. In Heinrichs *Reinhart* schläft etwa der Hase am Grab eines Hühnchens ein, das Reinhart totgebissen hat, und sogleich geschieht ein Wunder, denn der Hase wird von seinem Fieber geheilt. Nach dem Aufwachen verkündet er, das Huhn sei heilig vor Gottes Angesicht. Dadurch verwandelt sich die Tiergesellschaft in eine fromme Gemeinde: *si begonden allentsamt iehen, / da were ein zeichen geschen / vnde erhvben einen hohen sanc* (vv. 1499–1501 „Sie bestätigten einmütig, dass hier ein Wunder geschehen sei, und sie stimmten deshalb einen feierlichen Gesang an"). Die Szene parodiert nicht nur die zeitgenössische Wundergläubigkeit, welche Heilungen an Heiligengräbern geradezu erwartete; man darf zugleich eine Spitze gegen die Visionsliteratur erkennen, die Gewissheiten über Verdammt- oder Erwähltsein aus dem Jenseits verkündet. Der stark satirische, oft gar zynische Charakter des Tierepos (RLW s.v. Satire) hängt wohl auch mit seiner Struktur zusammen. Denn es verknüpft ja nur die Erzählteile der Fabeln miteinander und tilgt dabei deren traditionelle Moral. Diese muss sich der Leser selbst dazu denken, oder er kann auch darauf verzichten und den Sinn in ganz anderer Richtung suchen. Zur frühen Neuzeit hin wurde eine solche Bedeutungsoffenheit problematisch. Der Lübecker Druck des *Reynke de vos* von 1498 fügt den Versen jedenfalls Glossen in Prosa hinzu, wodurch die Doppelstruktur der Fabel mit erzählendem und explizit auslegendem Teil auch beim Tierepos wieder hergestellt war.

Schwankroman

Dies brauchte nicht zu geschehen, wenn Mären und Schwänke zu einem größeren Ganzen narrativ verknüpft wurden, da kommentierende Teile für sie nicht konstitutiv sind. Beim Schwankroman (RLW s.v. Schwankroman) ging somit nichts verloren, es entstand vielmehr eine Kohärenz von freilich oft nur lockerer Intensität. Bereits im *Pfaffen Amis* des Strickers stellt den Zusammenhang eine Reise her, zu der sich anstelle eines Ritters ein Geistlicher (ein „Pfaffe") aufmacht, um in den verschiedensten Rollen mit List und Betrug reich zu werden. Anders als im Tierepos zielen satirische Züge allenfalls auf die Tendenz der Menschen zur Selbsttäuschung, die sich in allen Ständen leicht betrügen lassen. Der Stricker bietet mit dem *Pfaffen Amis* eine narrative Ätiologie von Lüge und Betrug: *Nu saget uns der Stricker, / wer der erste man wer, / der liegen triegen aneviench* (vv. 39–41). Dabei reiht er Betrugsschwänke aus internationalem Wandergut, z.B. die Geschichte von den angeblichen Bildern, die Amis am Hof des französischen Königs gemalt haben will, welche diejenigen Menschen nicht sehen könnten, die außerhalb einer legitimen Ehe gezeugt worden seien (*Die niht sint kumen von rehter e, / die sehent sin einen strich niht;* vv. 528f.). Niemand will zugeben, nichts Gemaltes sehen zu können, da er dann eingestehen würde, ein Bastard zu sein. Man lobt stattdessen den ‚Maler' und entlohnt ihn reichlich – bis ein *tumber* Knappe (v. 759) die Wahrheit ausspricht: *Hie ist niht gemalet an* (v. 762)! Diese Geschichte hat einen späten Nachklang in Hans Christian Andersens Märchen *Des Kaisers neue Kleider* (1837), zunächst jedoch fand sie sich als *27. Histori*, nun auf den Landgrafen von Hessen bezogen, in dem bekanntesten Schwankroman überhaupt: *Ein kurtzweilig Lesen von Dyl Ulenspiegel* (1510/11). Ulenspiegel, oder hochdt. Eulenspiegel, wird dort zum Protagonisten von über 90 Schwänken, von denen der anonyme Straßburger Bearbeiter in seiner *Vorred* bedenkenlos zugibt, einige von ihnen seien bereits vom *Pfaffen Amis* oder vom *Pfaffen von dem Kalenberg* (einem weiteren Schwankhelden) erzählt worden. Das hat dem weltweiten und jahrhundertelangen Erfolg dieses ‚Volksbuchs' keinen Abbruch getan. Die auf die Figur des Eulenspiegel umgeschriebenen Schwänke der Weltliteratur und regionalen Anekdoten sind sowohl nach einer einigermaßen nachvollziehbaren Reiseroute angeordnet wie vor allem nach Eulenspiegels Lebensgeschichte: von seiner buchstäblich ins Wasser fallenden Taufe bis zur Beerdigung, bei der es ebenfalls *wunderlich* zugeht, indem der Sarg falsch herum ins Grab gleitet. Als weiteres Ordnungsschema kann gelten, dass Eulenspiegel seine ‚Streiche' an möglichst vielen Berufsgruppen und Charaktertypen vollzieht. Sie bestehen meist darin, dass er als Narr den anderen zeigt, dass sie die eigentlichen Narren sind, da sie auf seine keineswegs immer lustigen Aktionen stets neu hereinfallen. Man lacht zwar auch manchmal aufgrund von Eulenspiegels Wortwitz, das größte Vergnügen besteht für die Lesenden aber zweifellos in ihrer Schadenfreude, die sich in einzelnen Fällen auch auf Eulenspiegel selbst bezieht. Dazu kam ein heute kaum noch nachvollziehbarer Spaß an Tabuüberschreitungen im Bereich der menschlichen Exkremente („Skatologie"). Die für spätmal. Mären sonst typische Sexualkomik fehlt im *Ulenspiegel* hingegen völlig. Von den mhd. Mären unterscheidet sich dieser Schwankroman auch durch die konsequente Prosaform und die Kapitelbezeichnungen als „Historien". Beides behauptet augenzwinkernd einen Anspruch auf historische Wahrheit, dem solche Leser auf den Leim gehen, die hinter den Geschichten von Eulenspiegel eine historische Person auszumachen suchen – schließlich zeigt die Druckausgabe von 1515 ja dessen Grabstein (*Die 96. Histori sagt, wie Ulenspiegels Epitaphium unnd Ubergeschrifft zu Lünenburg uff seinem Grab gehowen stot*). Auch zu den anderen Kapiteln gibt es dort zum Text des Schwanks jeweils einen Holzschnitt, der zwischen dem ausführlichen, den Inhalt zusammenfassenden Titel und dem eigentlichen Schwank steht, so dass eine dreiständige Text-Bild-Komposition entsteht, die für diesen frühen Erfolg des Buchdrucks charakteristisch ist. Durch alle weiteren Epochen hindurch wurde der *Ulenspiegel* in verschiedenen Sprachen und Medien neu gestaltet. Als Versdichtung z.B. von Johann Fischart (1572) bis zu Gerhart Hauptmann (1928). Einen großen Roman verfasste Charles De Coster (1867), eine symphonische Dichtung Richard Strauss (1895). Am bekanntesten ist bis heute das Kinderbuch von Erich Kästner (1938); obwohl es auf vieles verzichtet, was den Schwankroman am Übergang des MAs zur Frühen Neuzeit so populär gemacht hat – besonders die Anreize zur Schadenfreude und die Komik der Exkremente –, lebt damit dennoch ein spätes Stück mittelalterlicher Epik in der Kinder- und Jugendliteratur fort.

5. Mittelalterliche Lyrik

Lyrik im Althochdeutschen?

Volkssprachige Lyrik (RLW s.v. Lyrik) aus dem Mittelalter tritt uns mit Ausnahme weniger religiöser Lieder erst seit dem 12. Jh. entgegen. Dass es vorher überhaupt keine weltliche Lyrik gegeben haben sollte, scheint eher unwahrscheinlich zu sein, doch wurden populäre Liebes-, Tanz- oder Trinklieder offenbar nicht für wert gehalten, auf dem teuren Pergament fixiert zu werden. Nur indirekt kann man vielleicht auf sie schließen, etwa durch ein Kapitular von 789, in dem Nonnen verboten wurde, Liebeslieder zu schreiben oder zu verschicken (*winileodos scribere vel mittere*), oder durch ein ahd. Beichtformular, in dem der Beter bekennt, *in huorlieden* gesündigt zu haben (*Bamberger Beichte*). Auch Otfrids Absichtserklärung, das fromme Dichten seines *Evangelienbuchs* dem „unanständigen Singen der Laien" (*laicorum cantus [...] obscenus*) entgegen zu stellen (*Ad Liutbertum*), wird man als Beleg für die Existenz einer volkstümlichen Liedkultur verstehen dürfen. Erhalten hat sich davon freilich so gut wie nichts. Allenfalls könnten ein paar in den „Codex Buranus" aufgenommene Verse, die als scherzhaft-spöttische Aufforderung zum Tanz zu verstehen sein werden, einen kleinen Eindruck von alter populärer Lyrik vermitteln; doch dieses Liedchen ist bereits in mhd. Sprache überliefert:

Swaz hie gât umbe,
daz sint allez megede;
die wellent ân man
allen disen summer gân! (*Carmina Burana 167a*)

(In diesem Reigen tanzen lauter Mädchen, die fest entschlossen sind, den ganzen Sommer über ohne Männer auszukommen!)

Lieddichtung im Mittelhochdeutschen

Während somit das Ahd. für die Geschichte der deutschen Lyrik kaum relevant ist, ändert sich die Situation mit dem früheren Mhd. grundlegend. Allerdings sind es nur sehr wenige Textzeugen, vor allem die großen bekannten Liederhandschriften (LexMA s.v. Liederbücher, Liederhandschriften), welche die mhd. Lyrik enthalten. Ihre im Vergleich zu anderen Gattungen minimale Überlieferung steht in keinem Verhältnis zu ihrer literarischen Bedeutung und zu der Aufmerksamkeit, die sie in Forschung und Öffentlichkeit gefunden hat und findet. Die meisten lyrischen Texte aus dieser Zeit sind strophisch gebaut (RLW s.v. $Lied_2$). Einige besonders anspruchsvolle und umfangreiche Dichtungen, die sog. „Leichs", wurden hingegen mit strophenähnlichen Einheiten („Versikel") kunstvoll durchkomponiert (RLW s.v. Leich). Gemeinsam ist beiden Formen ihre Sangbarkeit, wenngleich Melodien in größerem Umfang erst seit dem Spät-MA mit tradiert werden. Entgegen der verbreiteten und reizvollen Vorstellung vom umherziehenden Minnesänger, der mit seiner eigenen Singstimme – mit oder ohne Instrumentalbegleitung – an jedem Hof die Dame des Hauses mit seinen Liedern anschmachtet, müssen wir nüchtern feststellen, dass wir kaum wissen, ob, und wenn ja, wie und in welchem institutionellen Rahmen die mhd. Lieddichtung musikalisch aufgeführt wurde. Thematisch lässt sie sich einteilen in Minnesang und Sangspruchdichtung. Dazu kommt als weiterer Bereich die geistliche Lyrik.

Minnesang

Vielfalt der Minne

Das mhd. Nomen *minne* besitzt ein großes Bedeutungsspektrum: vom liebenden Gedenken an eine Person (oder auch an Gott) bis hin zum sexuellen Begehren. Zum Ende des MAs hin vermied man das Wort „Minne" zunehmend als zu grob und anstößig, weil es sich auf den Bereich des Sexuellen reduziert hatte. An seine Stelle trat – erfolgreich bis heute – die „Liebe". Nahezu deren ganzes semantische Feld umfasst im 12. und 13. Jh. der Minnesang (RLW s. v. Minnesang), der deshalb als erotische Lyrik im weitesten Sinne verstanden werden kann. Wohl nur die gleichgeschlechtliche Liebe bleibt dabei ausgeschlossen. Ansonsten werden konkrete erotische Kommunikationssituationen der verschiedensten Art in lyrischen Gebilden ästhetisch gestaltet: vom Werben um einen geliebten Menschen über das Erinnern an ein beglückendes Zusammensein oder aber die Klage über das Nichterhörtwerden bis hin zum Beenden einer Liebesbeziehung (Absagelyrik). Reflexionsgedichte etwa über die höfische Liebe oder das richtige Verhältnis zwischen den Geschlechtern finden sich hingegen eher in der Sangspruchdichtung.

Dû bist mîn

Die bekannteste Strophe mhd. Liebeslyrik ist in mehrfacher Hinsicht außergewöhnlich. Sie eröffnete bis zur 35. Auflage unter der Rubrik „Namenlose Lieder" die berühmte Anthologie *Des Minnesangs Frühling*. Sie wurde – sei es im mhd. Original, sei es in archaisierender Übersetzung – millionenfach in Poesiealben geschrieben, auf Taschentücher gestickt und auf Grußpostkarten, Ofenkacheln, Lebkuchenherzen oder Ostereiern vervielfältigt; oftmals wohl die Grenze zum Kitsch überschreitend. Generationenlang war sie offenbar als Verlobungsformel beliebt. Allerdings finden sich diese Verse in keiner mal. Liederhandschrift, weshalb ihnen manche Forscher die Zugehörigkeit zum Minnesang oder gar zur Lyrik überhaupt bestreiten. Es ist paradox: Der zumindest bei Nicht-Mediävisten populärste Text des deutschen Minnesangs soll nicht zu ihm gehören!

Dû bist mîn, ich bin dîn.
des solt dû gewis sîn.
dû bist beslozzen
in mînem herzen,
verlorn ist daz sluzzelîn:
dû muost ouch immêr darinne sîn. (MF 3,1)

(Du bist mein, ich bin dein. Darauf kannst du dich verlassen. Du bist in meinem Herzen eingeschlossen, und das Schlüsselchen ist verloren: Jetzt musst du immer drinnen bleiben!)

Der Reiz des vielleicht ältesten deutschen Liebesgedichts besteht auch beim heutigen Lesen vor allem in dem originellen Fortführen der an sich traditionellen Metaphorik vom Lieben als einem Wohnen im Herzen („jemanden ins Herz schließen"): Aus dem Herzen wird hyperbolisch ein Haus mit Tür und Schlüssel und in der triumphierenden Schlusspointe vom Verlust des Schlüssels letztlich gar eine Art von dauerhaftem Gefängnis. Dass Liebe etwas mit Freiheitsverlust zu tun hat, wird auch im ersten Vers deutlich, der mit einem dominanten „Du gehörst mir!" einsetzt. Die Ergänzung im selben Vers „und ich gehöre dir!" hebt dies nicht völlig auf, steht sie doch erst an zweiter Stelle. Wenn jemand um einen Menschen werben wollte, dann würde er es anders herum formulieren („Ich bin dein ...“). Wer spricht hier so energisch? Die Überlieferung der Strophe kann vielleicht einen Hinweis geben, denn sie steht in einer Tegernseer Briefsammlung (München, BSB, Clm. 19411) am Ende eines lateinischen (Muster?-)Briefes, in dem eine sehr gebildete Frau, wohl eine Nonne, einen Kleriker ihrer Liebe versichert. Die deutschen Verse fassen Inhalt und Motive des Briefes prägnant zusammen. In diesem Zusammenhang spricht eindeutig eine Frau, aber möglicherweise zitiert sie ein bekanntes *winileot*, das auch aus männlicher Perspektive gesprochen werden könnte. Einen weiteren Hinweis gibt die Quelle dieser Art von Liebessprache, die im MA häufig im biblischen *Hohenlied* zu suchen ist. Dort ist es ebenfalls die Braut, die bekennt: „Mein Geliebter ist mein, und ich bin sein“ (Cant. 2,16; vgl. aber 6,2). Und selbst das übergriffige Begehren und Festhalten wird im Bibeltext der liebenden Frau zugesprochen: „Ich habe ihn gefasst und lasse ihn nicht wieder los“ (Cant. 3,4). Wer immer die mhd. Strophe im Anschluss an das *Hohelied* gedichtet hat, ein Mann oder eine Frau, es scheint sich in ihr jedenfalls am Beginn der deutschen Liebeslyrik eine selbstbewusste weibliche Stimme zu artikulieren.

Kürenberger: Dichtung über Dichtung

Das ist kaum anders bei denjenigen Strophen von Minnelyrik, die als die ältesten gelten, welche mit einem Autornamen verbunden sind: *Der von Kürenberg* nennt ihn die Manessesche Liederhandschrift (und ein Budapester Fragment). Man datiert ihn mit den anderen Vertretern des sog. Donauländischen Minnesangs recht früh (um 1160/70) und hofft damit zu erklären, weshalb diese Dichtungen nicht den üblichen Vorstellungen von Minnesang entsprechen: Diese Dichter, so die Annahme, waren von romanischen Vorbildern noch unbeeinflusst. Formal zeigt sich das an der Strophenform in Langzeilen, die wir aus der traditionellen Epik vom *Nibelungenlied* kennen. Frauen sprechen hier in Einzelrede, im Dialog mit Männern, aber auch in einer charakteristischen Weise des übereinander Redens, dem lyrischen Wechsel (LexMA s. v. Wechsel). Ein bekanntes Beispiel ist der *Zinnenwechsel* des Kürenbergers:

‚Ich stuont mir nehtint spâte an einer zinne,
dô hôrt ich einen rîter vil wol singen
in Kürenberges wîse al ûz der menigîn.
er muoz mir diu lant rûmen, alder ich geniete mich sîn.‘ (MF 8,1)

Nu brinc mir her vil balde mîn ros, mîn îsengewant,
wan ich muoz einer vrouwen rûmen diu lant,
diu wil mich des betwingen, daz ich ir holt sî.
si muoz der mîner minne iemer darbende sîn. (MF 9,29)

(Ich stand gestern abend auf der Zinne, als ich aus der Menge heraus einen Ritter wunderschön im Ton des Kürenbergers singen hörte. Er muss meine Herrschaftsgebiete verlassen, wenn er mir nicht zu Willen ist!

Bring mir ganz schnell mein Pferd und meine Rüstung her, denn ich muss das Gebiet dieser Herrin verlassen. Sie will mich zwingen, sie zu lieben. Sie wird auf meine Liebe immer verzichten müssen!)

In der ersten Strophe spricht eine Dame zu sich selbst oder zu einer Dienerin und erzählt vom schönen Gesang eines Ritters im Rahmen einer Gesellschaft. Dass der Ritter *in Kürenberges wîse* sang, haben wohl schon die mal. Liedersammler der Manesseschen Handschrift als Selbstzitat verstanden, um allein aufgrund dieses Verses die Autor-Persona „Der von Kürenberg" zu konstituieren. Wenn hier der Autor die eigenen Lieder vorträgt, dann behauptet er damit, dass eine adlige Frau der Zeit selbstverständlich seine Lieder kennt und dass sie bei einem solch schönen Vortrag wie dem seinen gar nicht anders kann, als sofort in Liebe zu ihm zu verfallen. Das erscheint hier in der Extremform, sie werde ihre ganze politische Macht einsetzen, um den Sänger ins Bett zu bekommen. Man staunt über die Offenheit der Aussage; aber ist es nicht genau das, was der Minnesang bezweckt? Die zweite Strophe antwortet hierauf mit einem konsequenten Gesprächs- und Szenenwechsel. Nun spricht der Ritter zu seinem Knappen. Er redet über die Dame, nicht mit ihr. Von der Alternative, die sie ihm gestellt hat, Liebe oder Flucht, wählt er die Flucht. Ebenso energisch, wie sie im letzten Vers der ersten Strophe ihr Begehren geäußert hat, stellt er im letzten Vers der zweiten Strophe seine trotzige Verweigerung dagegen. Die Dame hat offenbar etwas missverstanden. Sie nimmt den Kunstcharakter des Minnesangs nicht wahr. Denn es geht auch im MA nicht primär darum, ob ein Autor oder Sänger verliebt, sehnsuchtsvoll oder enttäuscht ist; es geht darum, ob er solche Emotionen in seinem Lied glaubwürdig und schön (*vil wol*) gestaltet. Der *Zinnenwechsel* zeigt, was passiert, wenn jemand das ästhetische Spiel der Dichtung mit dem realen Leben verwechselt. Er zeigt es sehr kunstvoll, da zwei kleine Gesprächszenen schon ausreichen, um eine größere dahinter liegende Geschichte in der Phantasie hervorzurufen (Kannte die Dame den Sänger? Welches Lied hat er gesungen, das sie so berührte? Wie hat er überhaupt von ihrer Entscheidung erfahren? usw.). Und er zeigt es beinahe parodistisch. So werden letztlich nur stereotype Versatzstücke der höfischen Welt aneinander gereiht (Burgzinne, herrische Herrin, Minnesang, Ritter, Knappe, Pferd, Rüstung), mitsamt der clichéhaften Konstellation, dass ein Ritter eine ‚hochgestellte' Dame besingt: Sie ist hier nicht nur politisch so mächtig, dass sie willkürlich Landesverweise aussprechen kann; sie steht auch ganz konkret hoch – auf der Zinne. Selbst wenn man darin keine Parodie erkennen will, so ist doch erstaunlich, dass der deutsche Minnesang, sollte die frühe Datierung des Kürenbergers korrekt sein, bereits an seinem Beginn einen selbstreferentiellen Charakter hat.

‚Hohe' Minne

Noch heute ist die Auffassung weit verbreitet, die Minnesänger hätten vornehmlich höherstehende Damen besungen, deren Liebe sie schon der Standesunterschiede und der Eheschranken wegen gar nicht erlangen konnten. Diese Konstellation gilt jedoch ausschließlich für die Lieder der sog. Hohen Minne, und sie betrifft selbstverständlich nicht deren Autoren, sondern das jeweilige männliche Ich im Text. Angeregt wurden diese Lieder, in denen durchweg ein Mann spricht, vor allem durch die provenzalischen und französischen Troubadours mit ihrem Konzept der vollkommenen Liebe (LexMA s. v. Fin'amor). Minne erscheint darin als Frauendienst: „Die Geschlechterbeziehung ist nach dem sozialen Interaktionsmuster der Vasallität modelliert. In der Rolle eines ‚Vasallen' bemüht sich der Mann durch seinen ‚Dienst', die Zuneigung seiner ‚Herrin', seiner ‚Dame' zu erlangen" (Ingrid Kasten). Dieses aus dem Lehnswesen (LexMA s. v. Lehen, Lehnswesen, Lehnrecht) genommene metaphorische Modell macht die umworbene Frau zur *vrouwe*, „Herrin", der sich der Mann als ihr dienender „Ritter" unterwirft. Allerdings nur ein Lied lang! Denn der faktischen Stellung der Frau in der mittelalterlichen Gesellschaft entsprach dies nur in den seltensten Fällen. Deshalb wird man die Hohe Minne weder psychologisch als männlichen Masochismus noch soziologisch als rituelle Spielregel der höfischen Gesellschaft oder pädagogisch als Erziehungsprogramm für adlige Männer deuten dürfen, wie das in der Forschung der letzten Jahrzehnte häufig geschah. Diese Metaphorik des Frauendienstes, die allein aus Gründen der Bildlogik die geliebte Frau zur ‚Herrin' erhebt, ist vielmehr höchst geeignet als Bild eines sehr nachdrücklichen erotischen Werbens (das durchaus Züge des Erpresserischen annehmen kann). Ist doch das Lehnswesen, zumindest vom Anspruch her, auf Reziprozität angelegt, also auf wechselseitige Verpflichtungen zwischen Lehnsmann und Lehnsherrn – oder in diesem poetischen Fall: Lehnsherrin. Und nach mittelalterlichem Rechtsempfinden steht dem Dienst grundsätzlich ein angemessener Lohn zu. Die Dame kann eigentlich gar nicht anders, als sich entgegenkommend zu zeigen: Wer sich dienen lässt und den Lohn dafür verweigert, setzt sich ins Unrecht. Wenn Minnesänger immer wieder klagen, dass ihnen der Lohn von der Dame vorenthalten werde, obwohl sie ihr ausdauernd und beständig dienen (sprich: sie lieben), dann haben sie das ganze mittelalterliche Publikum auf ihrer Seite. Genau diese Situation wird in den Liedern der Hohen Minne poetisiert. Da das Leiden an unerfüllter und unerfüllbarer Liebe zur Liebe gehört, gehört es zur Liebesdichtung. Auch das Leiden muss deshalb ‚schön' gestaltet werden.

Reinmar

Die Musterbeispiele poetischer Liebesklage der Hohen Minne werden in den Liederhandschriften dem Minnesänger Reinmar zugeschrieben, dessen „dunkler Trauerton" seine „besondere artistische Spezialität" ist (Karl Bertau). Reinmar lässt keinen Zweifel daran, dass der Grund für sein Klagen in verweigerter Sexualität (mhd. *bîligen*) besteht:

Swaz ich nu niuwer maere sage,
des sol mich nieman frâgen: ich enbin niht frô.
Die friunde verdriuzet mîner klage,
swes man ze vil gehoeret, dem ist allem alsô.
Nû hân ich sîn beidiu, schaden unde spot.
waz mir doch leides unverdienet, daz erkenne got,
und âne schulde geschiht!
ichn gelige herzeliebe bî,
ez hât an mînen fröiden nieman niht. (MF 165,10)

(Was ich jetzt mitteile, danach braucht mich niemand zu fragen: Ich bin (immer noch) unglücklich! Die Freunde können mein Klagen schon nicht mehr aushalten; wenn man zuviel von etwas hört, dann ist das immer so. Nun habe ich zum Schaden auch noch den Spott. Gott weiß, was mir an Leiden unverdient und grundlos zuteil wird! Wenn ich mit der Herzallerliebsten nicht schlafen kann, dann bin ich für alle unausstehlich.)

Hier wird nicht das Verzichtenmüssen gut geheißen und gar als ideales Verhalten zur Nachahmung empfohlen. Dem Verzicht soll kein ethischer Wert abgewonnen werden, sondern ein ästhetischer – der allerdings mit dem höchstem Anspruch, in dieser „Kunst" an der Weltspitze zu stehen:

Des einen und dekeines mê
wil ich ein meister sîn, al die wîle ich lebe:
daz lop wil ich, daz mir bestê
und mir die kunst diu werlt gemeine gebe,

Daz nieman sîn leit alsô schône kan getragen.
dez begêt ein wîp an mir, daz ich naht noch tac niht kan gedagen.
nû hân eht ich sô senften muot,
daz ich ir haz ze vröiden nime.
owê, wie rehte unsanfte daz mir doch tuot! (MF 163,5)

(In einem Punkt, und in keinem sonst, habe ich den Ehrgeiz, der Beste zu sein, solange ich lebe. Der Ruhm soll mir zukommen, und diese Fähigkeit soll mir die ganze Welt zugestehen: Dass nämlich niemand sonst in der Lage ist, sein Leid so schön zu tragen. Das tut mir alles eine Frau an, worüber ich weder Tag noch Nacht schweigen kann. Ich aber bin so rücksichtsvoll, dass ich ihre Ablehnung freudig aufnehme. Ach, wie sehr mich das quält!)

Kanzone

Das Leiden in und an der Liebe „schön zu tragen", das ist die Kunst, die in den Liedern der Hohen Minne zum Ausdruck kommt. Nicht nur der Gedanke geht auf romanische Einflüsse zurück, auch die Form der beiden Reinmar-Strophen weist in diese Richtung. Es handelt sich um die Kanzone (RLW s. v. Kanzone), die aus zwei gleichgebauten Teilen („Stollen"), die zusammen den „Aufgesang" bilden, und einem davon abweichenden dritten Teil, dem „Abgesang" besteht (dessen Beginn in den Editionen oft mit einer Versalie gekennzeichnet ist). In diesem Fall zeigt sich das am Reimschema: ab (1. Stollen), ab (2. Stollen), ccdxd (Abgesang). Die dreiteilige Stollenstrophe wurde für die ganze Lieddichtung des hohen und späten MAs charakteristisch, weit über die Minnelyrik hinaus.

‚Niedere' Minne: Walthers *Lindenlied*

Im Minnesang kommt freilich auch das Liebesglück zu seinem poetischen Recht, und zwar in sehr unterschiedlicher Intensität. Bei Heinrich von Morungen bewirkt schon ein einziges freundliches *wort* der Dame, das eine kleine Hoffnung erweckt, ein euphorisches erotisches Jubellied: *In sô hôher swebender wunne* (MF 125,19). Hartmann von Aue schwärmt von den *armen wîben*, mit denen man besser seine Zeit vertreibe als *ritterlîche vrouwen* „anzuschauen" (*waz touc mir ein ze hôhez zil?* MF 217,6; „was nützt mir ein zu hoch gestecktes Ziel?") – worin man gern eine Absage an das zeitgenössische Konzept der Hohe Minne sehen wollte; es ist freilich auch ein sehr altes, bereits auf die antike Liebesdichtung zurückgehendes Motiv, dass es besser sei, Mädchen aus niederem Stande als vornehme (verheiratete) Damen zu lieben (z. B. Rufinos, Properz, Horaz). Wie eine Illustration dieses Gedankens erscheinen manche derjenigen mhd. Lieder, die man entsprechend einer sog. „niederen" oder „ebenen" Minne zuordnet. Das schönste davon ist gewiss das mehrmals erwähnte *Lindenlied* von Walther von der Vogelweide:

Under der linden
an der heide,
dâ unser zweier bette was,
dâ mugent ir vinden
schône beide
gebrochen bluomen unde gras.
Vor dem walde in einem tal,
tandaradei,
schône sanc diu nahtegal.

(Unter einer Linde auf einer Wiese, wo das Bett von uns beiden war, dort könnt ihr gebrochene Blumen und geknicktes Gras erblicken. In einem Tal vor dem Wald, tandaradei, sang die Nachtigall so schön.)

Ich kam gegangen
zuo der ouwe,
dô was mîn friedel komen ê.
dâ wart ich enpfangen
hêre frouwe,
daz ich bin sælic iemer mê.
Kuster mich? wol tûsentstunt,
tandaradei,
seht wie rôt mir ist der munt.

(Als ich zur Wiese kam, war mein Geliebter schon da. Ich wurde so empfangen, hêre frouwe, dass ich darüber immer glücklich sein werde. Hat er mich geküsst? Mindestens tausendmal, tandaradei, schaut, wie rot mein Mund (immer noch) ist.)

Dô het er gemachet
alsô rîche
von bluomen eine bettestat.
des wirt noch gelachet
inneclîche,
kumt iemen an daz selbe pfat.
Bî den rôsen er wol mac,
tandaradei,
merken wâ mirz houbet lac.

(Er hatte aus Blumen ein prächtiges Bett bereitet. Darüber wird jeder herzlich lachen, der diesen Weg entlang kommt. An den Rosen kann er erkennen, tandaradei, wo mein Kopf gelegen hat.)

Daz er bî mir læge,
wessez iemen
nun welle got, sô schamt ich mich.
wes er mit mir pflæge,
niemer niemen
bevinde daz, wan er und ich
Und ein kleinez vogellîn,
tandaradei,
daz mac wol getriuwe sîn.

(Dass er mit mir geschlafen hat, wenn es jemand wüsste – Gott behüte! –, dann würde ich mich wirklich schämen. Was er mit mir tat, das soll niemand erfahren außer ihm und mir und einem kleinen Vogel, tandaradei, aber der wird schon wissen, was seine Pflicht ist.)

Walthers vier gleich gebaute Kanzonenstrophen mit dem faszinierenden Tonkehrreim *tandaradei* (RLW s. v. Refrain) im Abgesang (abcabc, dRd) erhalten ihre Kohärenz als Lied durch die Erinnerung an ein erotisches Stelldichein in der freien Natur. Es spricht in ihnen ein weibliches Ich, das standesmäßig nicht leicht zu bestimmen ist. Es hängt viel davon ab, ob man die hier unübersetzt belassene Formel *hêre frouwe* „edle Herrin" in der zweiten Strophe als korrekte Bezeichnung der Frau versteht oder eher als schmeichlerische Anrede, die auch (und vielleicht gerade) an ein Bauernmädchen gerichtet sein kann. Wichtig ist zudem die Gattungsbestimmung: Wenn sich Walthers Lied in die Tradition der Pastourelle stellt (RLW s. v. Pastourelle), dann ist die Frau als „kleine Schäferin" zu denken (it. *pastorela*) und der Mann als Adliger, der sich fern der höfischen Welt (und wohl auch seiner Ehe) mit ihr vergnügt. Der für die Pastourelle typische aggressive Zug der Erotik, der bis zur Vergewaltigung reichen kann, fehlt aber im *Lindenlied* völlig. Es ist in einem leichten, fast neckischen Ton gehalten. Es spielt mit den zum Topos *locus amœnus* gehörenden Motiven, besonders mit dem obligatorischen Vogelgesang, der vielleicht klangmalerisch (RLW s.v. Onomatopöie) im *tandaradei*-Refrain das beglückte Erinnern begleitet, auf jeden Fall aber in der Schlusspointe von der Verschwiegenheitspflicht des Vogels als einzigem Zeugen erscheint. Auch kann sich der Rezipient einbezogen sehen als potentieller Wanderer, der an jener Stelle vorbeikommend sogleich ahnt, was dort gerade geschehen sein muss. Wenn er „herzlich lacht", ist das wohl weniger imaginierter Voyeurismus als echte Mitfreude an einem Liebesglück jenseits aller moralischen Ordnungen und gesellschaftlichen Konventionen. Dass mit „unserem Blumenbettchen" in diesem Loblied der nichtehelichen Sexualität ausgerechnet eine biblische Metaphorik (Cant. 1,15 *lectulus noster floridus*) anzitiert wird, mag mal. Menschen ein besonderes Vergnügen bereitet haben. Wenn wir inzwischen eher an den Schlager *Ein Bett im Kornfeld* von Jürgen Drews denken, macht das bewusst, wie sehr solche Bilder zwar trivialisiert wurden, aber dennoch bis heute lebendig geblieben sind.

Neidhart und die ‚dörperliche' Minne

Erweitern Walthers ‚Mädchenlieder' den mhd. Minnesang um Szenen erfüllter Liebe, so kommen in den unter dem Namen Neidharts überlieferten Liedern auch Aspekte der Erotik hinzu, die in der Liebeslyrik der Welt sonst weitgehend tabuisiert werden, zum Beispiel die Alterssexualität. Sind Frauen im Liebeslied meist jung und schön, so dürfen sie bei Neidhart auch alt und hässlich sein, was die Intensität ihres Begehrens nicht beeinträchtigt – eher im Gegenteil. Dafür entwirft Neidhart eine andere Gegenwelt zu der des Hofes als die ‚natürliche' an das antike Arcadien erinnernde Schäferszenerie (RLW s.v. Bukolik), die bei Walther anklang. Es ist nun das bäuerliche Dorf, das als Karikatur des Adelshofes erscheint. Hierein werden alle Schattenseiten des höfischen Lebens und damit auch der höfischen Liebe projiziert, die Alter und Hässlichkeit ausblendet. Neidharts ‚dörperliche' Lieder waren erheblich erfolgreicher als die meisten Strophen des Hohen Sangs. Sie wurden in eigenen Handschriften überliefert (wie später bei Oswald von Wolkenstein), in größerer Zahl auch mit Melodien.

Am Morgen danach: das Tagelied

Neben den pastourellenartigen Liedern von der Liebe auf dem Lande thematisiert eine weitere Gattung die sexuelle Erfüllung: das Tagelied (RLW s.v. Tagelied). Es ist die Situation am frühen Morgen nach der gemeinsam verbrachten Liebesnacht, wenn die Liebenden den heraufziehenden Tag bemerken. Sie beklagen dies, da sie sich trennen müssen, handelt es sich doch ebenfalls um ‚verbotene Liebe': um Ehebruch, der nicht entdeckt werden darf. Weil hier ebenfalls erzählerische Elemente im lyrischen Kontext zum Zuge kommen, hat die ältere Forschung Pastourelle und Tagelied zu einem Genre objectif zusammengefasst (RLW s.v. Genre objectif). Durch Motive wie dem Wächter auf der Zinne, der den Morgen verkündet (und der zum Schweigen verpflichtet wird), behält das Tagelied jedoch seinen Charakter als höfische Dichtung bei. Wolfram von Eschenbach hat unter mehreren kunstvollen Tageliedern auch dieses verfasst:

Den morgenblic bî wahtæres sange erkôs
ein vrouwe, dâ si tougen
an ir werden vriundes arm lac.

dâ von si der vreuden vil verlôs.
des muosen liehtiu ougen
aver nazzen. sî sprach: ‚ôwê tac!
Wilde und zam daz vrewet sich dîn
und siht dich gern, wan ich eine. wie sol iz mir ergên!
nu enmac niht langer hie bî mir bestên
mîn vriunt. den jaget von mir dîn schîn.‘

(Beim Ruf des Wächters bemerkte eine Dame den ersten Morgenstrahl, als sie heimlich in den Armen ihres edlen Liebsten lag. Dadurch verlor sie ihre ganze Freude. Ihre strahlenden Augen wurden wieder feucht. Sie sagte: ‚Ach, du Tag! Alles was lebt, sei es wild oder gezähmt, freut sich über dich und begrüßt dich, nur ich alleine nicht. Wie soll das mit mir werden? Mein Liebster kann nicht länger hier bei mir bleiben. Dein Licht treibt ihn fort von mir.‘)

Der tac mit kraft al durch diu venster dranc.
vil slôze sî beslussen.
daz half niht; des wart in sorge kunt.
diu vriundîn den vriunt vast an sich dwanc.
ir ougen diu beguzzen
ir beider wangel. sus sprach zim ir munt:
‚Zwei herze und ein lîp hân wir.
gar ungescheiden unser triuwe mit ein ander vert.
der grôzen liebe der bin ich vil gar verhert,
wan sô du kumest und ich zuo dir.‘

(Der Tag drang machtvoll durch die Fenster. Sie waren zwar mit vielen Riegeln verschlossen, doch das nützte nichts. Es bereitete ihnen Sorge. Die Geliebte drückte den Geliebten fest an sich. Ihre Augen machten die Wangen von ihnen beiden nass. Sie sagte zu ihm: ‚Wir haben zwei Herzen, aber nur einen Körper. Unsere Liebe bleibt unzerstörbar. Meine große Freude ist ganz und gar vernichtet, wenn du nicht zu mir kommst und ich zu dir.‘

Der trûric man nam urloup balde alsus:
ir liehten vel, diu slehten,
kômen nâher, swie der tac erschein.
weindiu ougen – süezer vrouwen kus!
sus kunden sî dô vlehten
ir munde, ir bruste, ir arme, ir blankiu bein.
Swelch schiltaer entwurfe daz,
geselleclîche als si lâgen, des waere ouch dem genuoc.
ir beider liebe doch vil sorgen truoc,
si pflâgen minne ân allen haz.

(Der traurige Mann nahm beherzt Abschied, und zwar so: Ihre leuchtenden, glatten Körper kamen sich ganz nah, obwohl der Tag schon hell war. Weinende Augen, doch süßer Kuss der Dame! So flochten sie Mund, Brust, Arme und weiße Beine ineinander. Wenn ein Maler das darstellen könnte, wie sie so zärtlich beieinander lagen, dann würde er wirklich etwas leisten. Obwohl das Glück der beiden mit Sorgen vermischt war, liebten sie sich doch ganz und gar.)

Sangspruchdichtung und Meistergesang

‚Sang‘ spruchdichtung

Ein weiterer Komplex mhd. Lyrik lässt sich in formaler Hinsicht nur schwer vom Minnesang abgrenzen. Die Texte sind ebenfalls in sangbaren Strophen verfasst, oft in Kanzonenform, und sie werden in den großen notenlosen Liederhandschriften nicht von den Minnestrophen unterschieden. Allerdings sind aus späteren Überlieferungen doch mehr Melodien erhalten als von der Liebeslyrik, so dass unsere Vermutungen über eine mögliche musikalische Performanz etwas konkreter sein können. Zudem haben viele Strophen einen in sich abgeschlossenen Charakter, durch den sie sich zwar oft zu thematischen Reihen, aber weniger häufig zu zusammenhängenden Liedern fügen. Karl Simrock sprach von „Spruchdichtung", um die tendenzielle Selbstständigkeit der Einzelstrophen hervorzuheben, die er „Sprüche" nannte und vom „Lied" abgrenzte. Das führte zu terminologischer Unklarheit. Da man unter „Spruchdichtung" auch sentenzartige Kleintexte gebündelten Erfahrungswissens versteht, die gesprochen, nicht gesungen werden (RLW s.v. Gnomik), hat sich zur Abgrenzung von solchem „Sprechspruch" der Begriff „Sangspruch" eingebürgert (RLW s.v. Sangspruch). Diese Sangspruchdichtung kennzeichnet vor allem ihr belehrender, reflektierender, kritisierender, ermahnender und auch dezidiert Stellung nehmender Charakter. Seine Gegenstände erstrecken sich auf nahezu alle Lebensbereiche, auch auf konkrete politische Vorgänge, weshalb hiermit zugleich die deutschsprachige politische Dichtung beginnt (RLW s.v. Politische Dichtung). Das Thema „Minne" kann dazugehören, allerdings in diskursiver Abhandlung, nicht in der für den Minnesang typischen Poetisierung erotischer Konstellationen. Sangspruchdichtung steht in vielfältigen Bezügen zur gleichzeitigen mlat. Lyrik, speziell im Bereich von Zeit- und Kirchenkritik. Wegen der Anspielungen auf historisch verbürgte Personen und Ereignisse lässt sich die Sangspruchdichtung besser datieren als der Minnesang (bei dem höchstens stilistische Merkmale eine vage Chronologie ermöglichen). Die Autorennamen der Sangsprüche sind freilich selbst oft phantasievolle Kunstprodukte (z.B. Frauenlob, Höllefeuer, der Kanzler, der Marner, Regenbogen, Rûmelant, Singauf, Spervogel, Suchensinn, der Unverzagte) und lassen somit keine biographische Identifizierung zu. Sie finden sich nur selten zugleich bei Minneliedern.

Walthers politische Sangsprüche

Eine große Ausnahme bildet das Œuvre Walthers von der Vogelweide, das sich auf alle Sparten mhd. Lyrik erstreckt. Walther ist mit seinen Sprüchen die erste große Gestalt der mhd. Sangspruchdichtung. Trotz aller Tagesaktualität, die uns heute fern erscheint, beeindrucken noch viele Texte als Zeugnisse einer sehr frühen *littérature engagée* (RLW s.v. Engagierte Literatur), die es zuvor nur in lat. Sprache gegeben hatte. Man staunt über die satirische Schärfe der Kritik am Papst. Vor allem wohl an Innozenz III., der zu Ostern 1213 in der ganzen Christenheit Opferstöcke zur Finanzierung eines Kreuzzugs hatte aufstellen lassen und dem Walther deshalb (nicht ohne ‚nationalistisches' Ressentiment) Habgier vorwirft:

Ahî, wie kristenlîche nû der bâbest lachet,
swenne er sînen Walhen seit: ‚ich hânz alsô gemachet!'
daz er dâ seit, des solt er niemer hân gedâht.
er gihet: ‚ich hân zwêne Allamân under eine krône brâht,
daz si daz rîche sulen stœren unde wasten.
ie dar under füllen wir die kasten.
ich hân si an mînen stoc gemenet, ir guot ist allez mîn:
ir tiuschez silber vert in mînen welschen schrîn.
ir pfaffen, ezzent hüenr und trinkent wîn,
unde lânt die tiutschen leien magern unde vasten.' (L. 34,4)

(Hihi, wie ‚christlich' lacht doch der Papst, wenn er zu seinen Italienern sagt: ‚Das ist mir ja mal wieder gelungen!' Was er da sagt, das hätte er nicht einmal denken dürfen. Er sagt: ‚Ich habe zwei Deutsche unter eine Krone gebracht, damit sie das Reich zerstören und verwüsten – während wir inzwischen die Schatztruhen füllen. Ich habe sie an meinen Opferstock getrieben, ihr ganzer Besitz gehört nun mir. Ihr deutsches Silber wandert in meine italienische Truhe. Ihr Kleriker, esst Hühner und trinkt Wein und lasst die deutschen Laien hungern und fasten.')

Der bekannteste Spruch Walthers hat schon in der Manessischen Liederhandschrift das Autorenbild Walthers geprägt. In melancholischer Denkergebärde präsentiert sich das sprechende Ich als in einer sehr grundsätzlichen Weise über Welt und Zeit reflektierend:

Ich saz ûf eime steine
und dahte bein mit beine,
dar ûf sazte ich mîn ellenbogen,
ich hete in mîne hant gesmogen
daz kinne und ein mîn wange,
dô dâhte ich mir vil ange,
wie man zer welte solte leben.
deheinen rât kunde ich mir gegeben,
wie man driu dinc erwurbe,
der deheines niht verdurbe:
diu zwei sint êre und varnde guot,
daz dicke ein ander schaden tuot,
daz dritte ist gotes hulde,
der zweier übergulde.
die wolde ich gerne in einen schrîn:
jâ, leider desn mac niht gesîn,
daz guot und weltlich êre
und gotes hulde mêre
in einen schrîn mügen komen.
stîge und wege sint in genomen:
untriuwe ist in der sâze,
gewalt vert ûf der strâze,
fride und reht sint sêre wunt.
diu driu enhabent geleites niht,
diu zwei enwerden ê gesunt. (L. 8,4)

(Ich saß auf einem Felsen und legte ein Bein über das andere. Einen Ellenbogen setzte ich darauf und schmiegte das Kinn mit einer Wange in die Hand. Da dachte ich sorgsam darüber nach, wie man in dieser Welt leben sollte. Ich konnte das Problem nicht lösen, wie man drei Dinge gleichzeitig erlangen könne, ohne dass eines davon beschädigt würde. Zwei von ihnen sind Ehre und irdischer Besitz, die oft in Konflikt miteinander geraten. Das dritte ist die Gnade Gottes, die beide an Wert weit übertrifft. Diese drei hätte ich gern in einer Truhe vereinigt. Aber es ist leider nicht möglich, dass Besitz, weltliche Ehre und Gottes Gnade zusammen in ein Herz kommen. Wege und Stege sind ihnen versperrt. Der Verrat lauert im Hinterhalt und die (offene) Gewalt beherrscht die Straße. Friede und Recht sind sehr krank, wenn diese zwei nicht zunächst gesund werden, dann haben die drei kein sicheres Geleit.)

Kunst und Sangspruch: Frauenlob

Ein weiterer zentraler Gegenstand der Sangspruchdichtung ist die Dichtung selbst. Dabei werden poetologische Themen gern in (auto-)biographische Lamentos gekleidet, indem sich etwa ein Sänger-Ich über das schwere Los eines fahrenden Dichters beklagt, der auf reiche Gönner angewiesen ist und den das Publikum nicht angemessen honoriert, den neidische Konkurrenten nicht zum Zuge kommen lassen, oder den ein kritisierter Herrscher des Landes verweist. Wird über einen anderen Autor etwas Positives ausgesagt, dann geschieht dies ebenfalls in Form einer Klage – darüber, dass ausgerechnet dieser nun gestorben sei. Literarische Totenklagen (RLW s. v. Totenklage) haben freilich nicht nur die Funktion, tote Kollegen lobend zu würdigen, um ihnen einen unbestrittenen Platz in der Literaturgeschichte der Zukunft zu sichern. Sie stiften Kontinuität auch dadurch, dass sich die Verfasser als „Schüler" der Verstorbenen und damit als deren legitime Erben präsentieren. Der Marner etwa bezeichnet Walther expressis verbis als seinen „Meister" (*Lebt von der Vogelweide / noch mîn meister hêr Walthêr…*). Frauenlob hingegen dichtet seine Totenklage auf Konrad von Würzburg in dessen sprachartistischer Schreibart eines „geblümten Stils" (RLW s. v. Manier, Manierismus) weiter, welche er mehr überbietend als imitierend bis an die Grenzen der Verstehbarkeit führt. Jeder Übersetzungsversuch bleibt ein Wagnis. Schon die Interpunktion ist von einer nur schwer zu leistenden Interpretation der Strophe abhängig, in der sprachliche Bilder aus den Metaphernbereichen der Vegetation, der künstlerischen Gold- und Metallverarbeitung sowie der Kosmologie ineinander verwoben sind:

Gevîolierte blüete kunst,
dîns brunnen dunst
unt dîn geroeset flammenrîche brunst
diu hâte wurzelhaftes obez
gewidemet: in dem boume künste rîches lobes
hielt wipfels gunst
sîn list, durchliljet kurc.
Durchsternet was sîns sinnes himel,
glanz, als ein wimel.
durchkernet luter gold nâch wunsches stimel
was al sîn bluot, geveimt ûf lob,
gevult mit margarîten niht zu klein und grob;
sîns silbers schimel
gab gimmen velsen schurc.
Ach, kunst ist tôt! nû klage mit mir, armônîe,
planêten tirmen klage, niht verzîe
pôlus jâmers drîe.
genâde im, süeze trinitât,
maget reine, entfât,
ich meine Conrat,
den helt von Wirzeburc.

(Kunst, du veilchenartige Blüte, die Feuchtigkeit deiner Quelle und deine rosig flammenhafte Hitze haben Früchte aus guter Wurzel hervorgebracht. In dem Baum des höchsten Ruhmes der Kunst hielt dein Können die höchste Stellung, geschmückt wie mit Lilien. Der Himmel seines Verstandes war von Sternen übersät, leuchtend wie ein Strahl. Ganz und gar reines Gold, wie man es sich nur wünschen kann, war seine Blüte, geläutert zu Ruhm, mit Perlen von idealer Größe besetzt. Der Glanz seines Silbers ist größer als einer ganzer Felsen von Edelsteinen. Ach, die Kunst (selbst) ist tot! Hilf mir klagen, (Sphären-)Harmonie; es klage die mächtige Kraft der Planeten; der Himmelspol versage nicht den dreifachen Jammerruf. Gütige Dreifaltigkeit, sei ihm gnädig, und du, reine Jungfrau: nehmt ihn in Empfang – und zwar Konrad, den Helden von Würzburg.)

Meistergesang

Es ruft immer wieder Erstaunen hervor, wie solch hochartifizielle Lyrik der späteren Sangspruchdichtung zum Vorbild werden konnte für den Meistergesang (RLW s. v. Meistergesang), die vielleicht langlebigste literarische Institution in Deutschland. Vom 15. bis zum 18. Jh. fanden sich in Reichsstädten kunstliebende Bürger (besonders Handwerker) außerhalb ihrer Berufstätigkeit zu einer Art von Dichterwettbewerb (einer „Singschule") zusammen, der nach strengen Regeln abgehalten wurde, welche später in „Tabulatoren" verschriftlicht wurden. Die Meistersinger knüpften formal an die Sangspruchdichtung an, indem sie deren „Töne" genannte Strophenformen (RLW s. v. Ton) übernahmen, die Einzelstrophen jedoch zu größeren, liedartigen Gebilden ungrader Strophenzahl zusammenfügten, die sie als „Bare" bezeichneten (RLW s. v. Bar). Und als Begründer ihrer Kunst verehrten die Meistersinger unter ihren (meist) Zwölf alten Meistern vor allem berühmte Sangspruchdichter, darunter nicht nur Walther von der Vogelweide, Konrad von Würzburg und Frauenlob, sondern auch die wohl fiktiven Autoren Klingsor und Heinrich von Ofterdingen, die aus der Dichtung vom *Sängerkrieg auf der Wartburg* bekannt waren. Die Frage ist allerdings, ob sich die Meistersinger zu Recht auf die Sangspruchdichter als ihre Vorläufer beriefen, würde doch dann hier eine Kontinuität der mal. Lyrik bis weit in die Neuzeit hinein greifbar, die wir beim Minnesang vermissen. Mit der Reformation brach diese Tradition nicht ab, es kamen mit ihr vielmehr neue Themen auf. Besonders der Nürnberger Schuhmachermeister Hans Sachs, von dem weit über 4.000 Meisterlieder erhalten sind, stellte sein Dichten konsequent in den Dienst der Verbreitung reformatorischer Ideen. Der deutsche Meistergesang konnte sich dann über einen solch langen Zeitraum wahrscheinlich nur halten, weil er eine in sich abgeschlossene Einrichtung blieb, die sich den Tendenzen der folgenden Literaturepochen (Barock, Aufklärung, Empfindsamkeit) gänzlich verschloss. Genau diese Isolation wurde zunehmend als anachronistisch empfunden. Dem Geniekult des Sturm und Drang war der Typ des vermeintlich uninspirierten Freizeitautors, der sein Dichten wie seinen Beruf als ein „Handwerk" betrieb, nur noch eine Spottfigur. Heute erinnert vor allem Wagners Oper *Die Meistersinger von Nürnberg* (1868) an diese Form des öffentlichen Dichterwettstreits. Aktuelle Literaturwettbewerbe (sei es von der Art des Ingeborg-Bachmann-Preises oder der des Poetry Slam) knüpfen offenbar nicht an die Meistersinger an.

Geistliche Lyrik

Kein Kirchenlied im Mittelalter

In der Sangspruchdichtung und im Meistergesang wurden in großem Umfang theologische Fragen und biblische Themen behandelt, allerdings eher auf eine Weise, die sich an das auslegende Kommentieren durch den dafür bestellten Prediger anlehnt. Volkssprachige Lieder, die für den Gesang der Gemeinde bestimmt waren, finden sich im MA hingegen kaum, blieb die Sprache der Liturgie doch durchgängig Latein. Entsprechende Verbote aus dem SpätMA. lassen zwar vermuten, dass man es immer wieder einmal gewagt hat, deutsche Lieder in die Messfeier zu integrieren; der große Durchbruch kam für das deutsche Kirchenlied aber erst durch Luthers Einführung des Deutschen als Liturgiesprache (RLW s. v. Kirchenlied). Bei den aus den MA erhaltenen geistlichen Strophen und Liedern mit religiösem Bekenntnischarakter wird man deshalb im Einzelfall fragen müssen, ob bei ihnen eine liturgische

Funktion zu erkennen ist, oder ob sie in anderen Formen gemeinschaftlicher oder privater Frömmigkeitspraxis zu verorten sind (RLW s. v. Geistliches Lied).

Leisen und Rufe

Die wohl älteste quasi-liturgische Liedform in der Volkssprache greift den *Kyrie-eleison*-Ruf der Hl. Messe auf, mit dem die Gemeinde dem Vorbeter antwortet. Noch heute wird in beiden christlichen Konfessionen der Osterruf *Christ ist erstanden* gesungen (z. B. *Gotteslob* Nr. 213), der seit dem 12. Jh. vielfach überliefert ist:

Christ der ist erstanden
von der marter alle.
des sull wir alle frô sein,
Christ sol unser trôst sein. kyrieleis!

(Christus ist von all seinen Martern auferstanden. Darüber sollen wir uns alle freuen, (denn) Christus wird unsere Hilfe sein. Herr, erbarme dich!)

Solche volkssprachigen Rufe, die man nach dem Refrainwort *kyrieleis* auch „Leisen" nennt, wurden wahrscheinlich bei Prozessionen und Wallfahrten gesungen; das legt eine der bekanntesten Strophen nahe (vgl. *Gotteslob* Nr. 303):

In gotes nam fara wir
seiner genaden gara wir.
so helfe uns die gotes kraft
und das heilig grab,
da got selber inne lag. kyrieleis!

(Wir reisen im Namen Gottes und begehren seine Gnade. Die Kraft Gottes möge uns jetzt helfen und das heilige Grab, in dem Gott selbst gelegen hat. Herr, erbarme dich!)

Wenn hier nicht speziell an einen Kreuzzug zum heiligen Grab nach Jerusalem zu denken ist, dann eignet sich dieser Leis für jede Wallfahrt, die meist zu Gräbern von Heiligen führte, denen als den ‚Freunden Gottes' besondere Kraft zugesprochen wurde. In diesem Kontext ist wohl auch das ahd. *Petruslied* zu verstehen. Es ist in einer Freisinger Handschrift aus dem 9. Jh. mit in Neumen notierter Melodie (LexMA s. v. Neumen) überliefert, und es thematisiert die Binde- und Lösegewalt, die dem Apostelfürsten Petrus verliehen wurde (vgl. Mt. 16,19; 18,18):

Unsar trohtin hat farsalt sancte Petre giuualt,
daz er mac ginerian ze imo dingenten man.
Kyrie eleyson, Christe eleyson.

Er hapet ouh mit uuortun himilriches portun
dar in mach er skerian den er uuili nerian.
Kirie eleison, Christe eleyson.

Pittemes den gotes trut alla samant uparlut,
daz er uns firtanen giuuerdo ginaden.
Kirie eleyson, Christe eleison.

(Unser Herr hat Sankt Peter die Macht verliehen, denjenigen Menschen retten zu können, der auf ihn vertraut. Herr, erbarme dich. Christus, erbarme dich.

Mit (seinen) Worten verfügt er über die Tür zum Himmelreich. Er kann jeden dort hineinlassen, den er retten will. Herr, erbarme dich. Christus, erbarme dich.

Lasst uns nun alle zusammen mit kraftvoller Stimme den Freund Gottes bitten, uns Sündern gnädig zu sein. Herr, erbarme dich. Christus, erbarme dich.)

Die im Wallfahrtsleis angeklungene Möglichkeit, dass solche Lieder auch bei Kreuzzügen gesungen worden sein könnten, lenkt den Blick auf das Singen frommer Lieder als Motivation im Kampf. Bereits im ahd. *Ludwigslied* heißt es, dass der König, kühn voran reitend, ein religiöses Lied sang, auf das alle Kämpfer zusammen mit diesem Refrain antworteten: *Ther kuning reit kuono. Sang lioth frâno. / Ioh alle saman sungun. Kyrrieleison* (vv. 46f.). Damit ist man bereit für den beginnenden Kampf (ahd. *wîc*): *Sang uuas gisungan. Uuîg uuas bigunnan* (v. 48). Ähnliches gilt für das altpolnische Lied von der Gottesmutter Maria (*Bogurodzica*), deren Strophen ebenfalls mit *Kyrie elejson* enden; es soll 1410 vor der Schlacht von Tannenberg (Grunwald) von der polnisch-litauischen Reiterarmee gesungen worden sein, die danach den Deutschen Orden besiegte.

Marienlyrik

Strophen und Lieder, welche die Gottesmutter loben, haben seit dem 12. Jh. einen erheblichen Anteil an der geistlichen Lyrik des MAs; das gilt auch für die Sangspruchdichtung und den Meistergesang vor allem bis zur Reformation (RLW s.v. Mariendichtung). Die Texte zeugen oft von einem hohen künstlerisch-formalem, wenn nicht gar manieristischen Anspruch; so wie die Maler all ihre Kunst aufboten, wenn sie Maria darstellten, haben auch die Dichter sämtliche Register literarischer Formensprache gezogen, wenn es um die Gottesmutter ging. Einen der Höhepunkte, der in der Nähe der Sangspruchdichtung steht, bildet die *Goldene Schmiede* des Konrad von Würzburg, die wohl alles, was es jemals an Metaphern, Attributen und Epitheta für Maria gab, in geradezu enzyklopädischer Vollständigkeit miteinander verknüpft. Ein weiteres Glanzstück mhd. Marienlyrik ist Frauenlobs *Marienleich*, in dem Maria passagenweise selber spricht und dabei eine äußerst kühne metaphorische Theologie der Menschwerdung Christi entwickelt, bei der sich die Gottesgebärerin gleichsam als präexistente Mit-Göttin darstellt:

Der smit von oberlande
warf sînen hamer in mîne schôz.
ich worchte siben heiligkeit.
ich truog in, der den himel unt die erden treit,
unt bin doch meit.
er lag in mir unt lie mich sunder arebeit.
mit sicherheit
ich slief bî drîn,
des wart ich vrühtec voller güete,
süeze in süeze mir dô sneit.
mîn alter friedel kuste mich,
daz sî geseit.
ich sach in an, dô wart er junc, des vröute sich
die massenîe dâ ze himel alle.
swie zühtec stolzer meide ruom ich schalle,
doch hoffe ich, daz ez iemen missevalle.
er jach, min brüstel weren süzer dann der win,
da barc er sich mit vuogen în. (XI,1–18)

(Der Schmied vom Oberland (= vom Himmel) hat seinen Hammer in meinen Schoß geworfen. Ich habe sieben Sakramente geschaffen und denjenigen getragen, der den Himmel und die Erde trägt, und bin doch Jungfrau geblieben. Er hat in mir gelegen, fügte mir aber keine Schmerzen zu. Ich habe ohne Gefahr bei dreien geschlafen, wodurch ich gnädig schwanger wurde. Süße wurde bei mir mit Süße verbunden. Mein alter Geliebter hat mich geküsst, das ist wahr. Ich sah ihn an, dadurch wurde er jung und die ganze Hofgesellschaft im Himmel freute sich. Wenn ich auch laut meinen Ruhm als stolze Jungfrau verkünde, hoffe ich doch, dass niemand daran Anstoß nimmt. Er sagte, meine Brüste seien süßer als Wein, deshalb hat er sich zu Recht darin verborgen.)

Weihnachtslied

Die Verehrung der Menschwerdung Christi fand einen besonderen Ausdruck in der Feier des Weihnachtsfestes, die seit dem späteren MA auch volkssprachige Lieder umfasste. Nahezu alle sind noch heute bekannt. Am Anfang steht wohl wiederum ein Leis (vgl. *Gotteslob* Nr. 131 *Sei uns willkommen, Herre Christ*):

Sys willekomen heirre Kerst,
want du onser alre heirre bis,
sys willekomen lieve heirre,
her in ertriche also schone. Kirieleis.

(Sei uns willkommen, Herr Christus, denn du bist unser aller Herr. Du, lieber Herr, sei hier auf der Erde gut empfangen. Herr, erbarme dich.)

Eng an die lateinische Liedtradition angebunden bleiben solche Lieder, bei denen volkssprachige mit lateinischen Textstellen abwechseln. Der Gebrauch des Lateinischen dient dabei wohl nicht nur dazu, die deutschen Lieder für die Kirche akzeptabel zu machen. Eine solche Sprachmischung ist zugleich ein anspruchsvolles Stilmittel (RLW s. v. Makkaronische Dichtung). Es hat sich bis heute bei *In dulci jubilo* erhalten (Gotteslob Nr. 142), das im 14. Jh. bei dem Mystiker Heinrich Seuse als ein himmlisches Tanzlied überliefert ist. Die erste Strophe lautet:

In dulci iubilo
singit vnd sit vro!
aller vnser wonne
leyt in presepio,
sy leuchtet vor dy sonne
matris in gremio,
qui alpha est et o.

(Singt im süßen Jubelschall und seid glücklich! Unsere ganze Freude liegt in einer Krippe, sie leuchtet auf dem Schoß der Mutter heller als die Sonne: (Christus,) der der Anfang und das Ende ist.)

Fröhliche Frömmigkeit: Parodien geistlicher Lieder

Es spricht nicht gegen die Ernsthaftigkeit des Glaubens im MA, wenn religiöse Texte parodiert werden (RLW s. v. Parodie). Es zeugt eher davon, wie stark weite Bereiche des Lebens von religiösen Denk- und Sprachformen geprägt waren. Vor allem gesellige Trinklieder (RLW s.v Trinklied) sind häufiger Kontrafakturen auf Geistliches (RLW s. v. Kontrafaktur). So wurde des Text des Wallfahrtsleis im Sinne eines Wettbewerbs zwischen den alkoholischen Getränken umgeformt: *In gotes namen fara wir / der wein ist pesser dann das pier.* Und bei dem zitierten Weihnachtslied *In dulci jubilo* ist die ‚Krippe' (*praesaepium*), in dem unsere Freude liegt, durch einen ‚Becher' (*poculum*) ersetzt:

In dulci iubilo
nu singet und seit fro!
unsers herzen wonne
latet in poculo,

gezapfet aus der tonne
pro hoc convivio.
nunc, nunc bibito,
nunc, nunc bibito!

(Singt im süßen Jubelschall und seid glücklich! Die Freude unseres Herzens ruht in einem Becher und ist aus einem riesigen Fass für dieses Gelage hier gezapft. Nun trinkt jetzt, nun trinkt jetzt!)

6. Formen der Theatralität im Mittelalter

Der schwere Stand des Theaters im Mittelalter

Gegenüber den umfangreichen Kapiteln zur Epik und Lyrik kann der Abschnitt zum Drama im MA kürzer ausfallen. Dies liegt nicht etwa daran, dass die Menschen im MA keinen Sinn gehabt hätten für Aufführung und Darstellung (*repraesentatio*). Das Gesamtkunstwerk der christlichen Liturgie, das öffentliche Rechtswesen mit seinem strengen Formzwang sowie die farben- und formenreiche Inszenierung herrscherlicher und höfischer Macht zeugen im Gegenteil von einem großen Bedürfnis nach Theatralität, die alle Sinne anspricht. Man wusste an vielen mal. Epen die großen dramatischen Qualitäten zu schätzen. Nur hatte das Theater im engeren Sinne im MA einen schweren Stand. Dies ist umso erstaunlicher, als die Antike bekanntlich eine ausgeprägte Theaterkultur pflegte. Während im Bereich von Epik und Lyrik durchaus Kontinuitäten zwischen Antike und Mittelalter erkennbar sind, muss man somit bei den dramatischen Künsten einen deutlichen Einschnitt konstatieren: Weder die Tragödie (RLW s. v. Tragödie) noch die Komödie (RLW s. v. Komödie) ging von der Spätantike direkt in das frühe Mittelalter über. Eine monokausale Erklärung wird es für diesen Kontinuitätsbruch wohl nicht geben, doch kann man einen Grund gewiss in der Frontstellung der Kirchenväter gegen das ganze Theaterwesen sehen. Der hl. Augustinus etwa kritisierte am Theater grundsätzlich, dass es beim Zuschauer große Gefühle wie Mitleid (RLW s. v. Furcht und Mitleid) hervorruft, die aber – da die Handlungen der Stücke erfunden sind – auf niemanden sich wirklich beziehen können. „Was ist das für ein Mitleid, bei dem der Zuschauer nicht zum Helfen aufgerufen, sondern (nur) zum Leiden eingeladen wird?" (*Confessiones* III,2). Da Augustin der Wirkung auf den Zuschauer im Unterschied zu Aristoteles keine kathartische Funktion zuspricht (RLW s. v. Katharsis), vermag er darin nur die Befriedigung lasterhafter Neigungen wie das Suhlen im eigenen Schmerz oder die neugierige „Schaulust" (*concupiscentia oculorum*) zu erkennen (vgl. *Confessiones* X,35). Um Augustins Kritik verkürzt auszudrücken: Man lässt sich für eine kurze Zeit in starke Emotionen versetzen und bezahlt dafür mit Geld und mit Applaus. Wohl auch diese Herabwürdigung des Theaters zu einer Art von Gefühlsprostitution hat über die Autorität des großen Kirchenvaters ein weltliches Drama bis tief ins MA hinein verhindert.

Geistliches Spiel

So waren es denn zunächst religiöse, vor allem biblische Stoffe und Handlungen, an denen mal. Spielfreude sich erprobte (RLW s. v. Geistliches Spiel). Bestand hierbei doch nicht die Gefahr, die Gefühle der Zuschauer auf Nichtiges zu lenken, da man die Ereignisse der Heilsgeschichte glaubend als wahr auffasste. Wie das antike Theater sich vermutlich aus dem religiösen Kult heraus entwickelte, hat wohl auch das mal. Theater seinen Ursprung im Gottesdienst. Bei hohen kirchlichen Festen ergänzte man seit dem 10. Jh. die erzählenden Gesänge der Hl. Messe um kleine dialogische Passagen (LexMA s. v. Tropus), an Ostern etwa um ein kurzes Gespräch zwischen dem Engel und den drei Frauen, die den Leichnam Christi salben wollten, ihn aber im Grab nicht fanden: „Wen sucht ihr, Christinnen?" „Jesus von Nazaret, den Gekreuzigten." „Er ist nicht hier, er ist auferstanden, wie er vorausgesagt hatte. Geht nun hin und verkündet, dass er erstanden ist vom Grabe." Wenn dieser *Quem-quaeritis*-Tropos mit verteilten Rollen gesungen wurde, von Personen, die sich am Altar aufeinander zu bewegten, war der Grund für ein kleines Spiel gelegt, an das sich im Laufe der Jahrhunderte immer mehr Einzelszenen anschlossen: so der Wettlauf der (männlichen) Jünger zum Grab (Joh. 20,3 ff.) oder der Kauf der Salben in der Frühe (Mk. 16,1), der zu einer geradezu burlesken Krämerszene ausgestaltet wurde. Aus einer liturgischen Osterfeier mit szenischen Elementen entstand das Osterspiel (RLW s. v. Osterspiel), das in der Regel nicht mehr am Altar stattfand, sondern in das Kirchenschiff verlegt wurde oder später auf den Marktplatz vor der Kirche. Mit dieser Loslösung von der Liturgie wurde die Verwendung der Volkssprache möglich. Das *Innsbrucker Osterspiel* (aus einer Handschrift von 1391), als eines der ersten vollständig überliefert, ist vom Sprechtext her bereits vollständig deutsch, während die Regieanweisungen weiterhin lateinisch bleiben. Es zeigt drastisch, wie einzelne Szenen sich verselbstständigen können, etwa der Höllenabstieg Christi mit einer herzzerreißenden Klage Luzifers über die Erlösung der Menschen, oder die extrem ausgeweitete Krämerszene, in welcher ein gewisser Rubin als Knecht des Krämers mit seinen Betrügereien und seinen sexuellen Zoten zur Hauptfigur einer Jahrmarktsposse wird. Das Publikum darf frommen Beifall dazu spenden, indem es am Schluss gemeinsam den Osterleis *Christ ist erstanden* singt. Wurden die Osterspiele von der Handlung her nach vorn verlängert, dann entstanden Passionsspiele, die das Leiden und Sterben Christi in den Mittelpunkt stellten. Sie werden vom späten MA an bis heute aufgeführt, am bekanntesten im bayrischen Oberammergau. Der andere große Festkreis des Kirchenjahrs hat vergleichbare Spieltraditionen begründet. Was beim Osterspiel das Grab, war beim Weihnachtsspiel die Krippe, in der Jesus in Ermangelung einer Wiege lag. Die Krippe war das erste Requisit, das wohl zu Anfang neben dem Altar stand. Bei den Krippenspielen tritt wiederum ein Engel auf, der nun die Hirten in den Stall weist, wo sie das Christuskind in der Krippe anbeten. An diese Hirtenszene haben sich auch hier weitere Spielszenen angegliedert. Es traten Hebammen auf, der Pflegevater Josef selbstverständlich (mit seinem charakteristischen Hang zum Alkohol), auch die Hl. Drei Könige mit ihren prächtig-exotischen Gewändern, den kostbaren Gaben und dem Stern. Die Herbergsuche führte die Hartherzigkeit von Menschen vor. Vor allem konnte man mit König Herodes endlich einmal einen wirklichen Bösewicht auf die Bühne bringen, wo man ihn so wild rasen lassen ließ, dass noch Hamlet bei Shakespeare die fahrenden Schauspieler ermahnt, in ihren Darstellungen die leidenschaftlichen Ausbrüche eines Herodes nicht noch zu überbieten (*Hamlet* III,2). Mit dem Betlehemitischen Kindermord inszenierte man menschliche Grausamkeit in Extremform. Von früh an waren Lieder in die Weihnachtsspiele integriert, die von den handelnden Figuren gesungen wurden, vor allem von Maria das *Josef, lieber Josef mein, / hilf mir wiegen mein Kindelein* (wie es heute heißt). Überhaupt scheint das geistliche Spiel ein wichtiger Ort gewesen zu sein, an dem volkssprachige geistliche Lieder entstanden bzw. aus dem Lateinischen übertragen wurden. Krippenspiele sind bis in unsere Tage ein verbreiteter religöser Brauch zur Weihnachtszeit in Familien, Kindergärten oder Schulen. Die weiteren Formen geistlichen Theaters, besonders das heilsgeschichtliche Aussagen darstellende Mysterienspiel (RLW s. v. Mysterienspiel) und das auf individuelles Seelenheil abzielende Moralitätenspiel (RLW s. v. Moralität), sind zwar noch im MA entstanden, erlebten aber ihre Blüte im deutschen Sprachraum erst in der Frühen Neuzeit.

Weltliche Spiele

Bereits an den Krämerszenen der Osterspiele wurde deutlich, dass die Grenzen zwischen dem geistlichen und dem weltlichen Spiel nicht immer leicht zu ziehen sind. Ein ausschließlich weltliches Theater (RLW s. v. Weltliches Spiel), das in keiner Weise auf Liturgisches zurückgeht, blieb bis auf wenige Ausnahmen (z. B. das *Neidhartspiel*) auf die Zeit der Fastnacht beschränkt. Solche Fastnachtspiele (RLW s. v. Fastnachtspiel) fanden vornehmlich im städtischen Kontext statt, und zwar vor allem in größeren und wohlhabenden Städten, allen voran Nürnberg und Lübeck. Sie scheinen zur städtischen Festkultur gehört zu haben. Da an ein einigen Orten ernste und sogar religiöse Themen inszeniert wurden, können wir annehmen, dass die Ausnahmezeit der Fastnacht als Legitimierung von Theaterspiel überhaupt begriffen wurde: Man durfte sich verkleiden und sprechend und singend gegen das Verbot der Lüge verstoßen, ohne zu sündigen. Die wichtige Spieltradition von Nürnberg, die von angesehenen Autoren wie Hans Rosenplüt und Hans Sachs getragen wurde, aber seit 1474 auch der Kontrolle des Rates der Stadt unterstand, ist ganz auf Unterhaltung ausgerichtet. Neben Streitspielen, welche die Fastnacht und ihre Lizenzen selbst thematisieren, geht es vornehmlich um die Dramatisierung von Themen und Motiven, die sich in epischer Form auch in Mären und Schwänken finden. Die Lust an Sexuellem und an Fäkalien kommt hier ebenso zu ihrem Recht wie die satirische Kritik an einem breiten Fächer menschlichen Fehlverhaltens. Die Fastnachtsspiele wurden wie wohl alle mal. Spiele von Laiendarstellern, meistens von jungen Männern, aufgeführt. Es spricht nichts für die Annahme, es habe im MA bereits Berufsschauspieler gegeben.

7. Pragmatische Schriftlichkeit im Mittelalter: Lehrdichtung, Fachliteratur, geistliche Prosa

Belehrung durch Literatur

Viele mal. Dichtungen haben auch eine belehrende Funktion (RLW s. v. Belehrung), allerdings in unterschiedlicher Intensität. Am Schluss dieser Einführung seien solche Werke vorgestellt, bei denen die Vermittlung von Sach-, Orientierungs- und Handlungswissen klar dominiert gegenüber anderen Zweckbestimmungen wie Gotteslob, Unterhaltung des Publikums oder Aufweis artistischer Meisterschaft der Autoren (RLW s. v. Lehrdichtung). Die bereits im Zusammenhang mit der Kleinepik angesprochene

Reimpaarrede gehört hierher (RLW s.v. $Rede_3$). Allein unter dem Namen Heinrichs des Teichner sind 729 solcher essayartigen „Reden" überliefert, die eine erstaunliche Vielfalt von geistlichen und weltlichen Themen abhandeln, wozu auch Zeitkritik gehört. So greift der Teichner z.B. die Mode an, dass Männer zum *wolbehagen* der Frauen viel zu kurze Röcke tragen: *das si ir awgen gern labent / an dem ding das die man habent* (vv. 722,29f.). Gegen das Vergeuden der Zeit im Gasthaus wird ein literarisches Argument ins Spiel gebracht: Ein *lîthiusære* (hier wohl „Wirtshaussitzer") habe es noch nie zu der Ehre gebracht, dass seiner in der Dichtung *ze guote* gedacht würde (vgl. Gottfried, *Tristan*, v. 1):

waz man dautscher puech phlag,
dw stent nur von ritter tat.
man vint nyndert an chainer stat
von chainem leithauser geschriben,
waz er frumchait hab getriben;
sein wirt nicht zu guet gedacht. (377,20–25)

(In allen deutschen Büchern, die geschrieben wurden, ist nur von Taten der Ritter die Rede. Nirgendwo wird von der Tapferkeit eines Wirtshaussitzers berichtet; an ihn erinnert man sich nicht im Guten.)

Von den nicht sangbaren epigrammartigen Reimversen (RLW s.v. Gnomik), die zur Abgrenzung von der Sangspruchdichtung erwähnt wurden, ist die Sammlung *Bescheidenheit* (nach lat. *discretio*, etwa „Verständigkeit", „Urteilsfähigkeit") eines Autors namens Freidank hervorzuheben. Freidank reiht Sprüche aneinander, die Sentenzhaftes (RLW s.v. Sentenz) und Sprichwörtliches (RLW s.v. Sprichwort) aufgreifen und an spätere Spruch- und Sprichwörtersammlungen weiter geben. Bis heute etwa kennt man: *Der hunger ist der beste koch, / der ie wart und wirdet noch* (vv. 124,17f.). Die Themen erstrecken sich dabei auf den ganzen Bereich der Ethik vom richtigen Verhältnis zu den Gütern der Welt bis hin zu Laster und Torheit. Wurden Freidank-Sprüche oft einzeln oder in Spruchreihen rezipiert, so hat man den *Renner* des Bamberger Schulrektors Hugo von Trimberg († nach 1313) in über 60 Handschriften als gigantische Laienenzyklopädie von bis zu 25.000 Reimpaarversen rezipiert. Naturkundliches Wissen wird hier ebenso einbezogen wie theologisches, und Hugo postuliert eine klare Hierarchie von Glauben und Wissen: *Diu heilige schrift muoz immer sîn / Doch aller künste keiserîn* (vv. 13407f.). Trotz aller Hochschätzung der Gelehrsamkeit entsteht kein akademischer Dünkel gegenüber weniger gebildeten Menschen, die aufgrund körperlicher Arbeit in den Himmel kommen (*Und von irs lîbes arbeit / Daz êwige lieht in wart bereit*; vv. 16085f.). Das riesige Werk bordet über von Fabeln, Exempeln, Zitaten sowie predigthaften und zeitkritischen Exkursen (z.B. die Lehrerklage vv. 16460–16740), weshalb Hugo von Trimberg sich vor allem selbst meinen müsste, wenn er verlangt, das richtige „Maß" sei auch beim Umfang eines Werkes einzuhalten: *Ein man möhte ouch ze vil geschrîben. / Genuoc ist bezzer denne ze vil, / Swer rehte mâze merken wil* (vv. 23436–23438). Straffer durchkomponiert als Hugos *Renner* ist eine weitere große Lehrdichtung des hohen MAs: *Der welsche Gast* des Thomasîn von Zirklaere (über 14.700 Verse, 24 Handschriften). Es ist eine höfische Erzieh- und Verhaltenslehre, die „Lernen durch Teilhabe und

Nachahmung" (Horst Wenzel) proklamiert. Bildung wird hier in einem sehr grundsätzlichen Sinn thematisiert: Da die *differentia* des Menschen zum Tier in *tugent unde sin* bestehe (v. 730), der Mensch diese jedoch aufgrund der Sünde nicht mehr im vollen Maße besitze, muss er, um sein Menschsein nicht zu verfehlen, sich um Wissen wie um *tugent* bemühen. Geschieht das nicht, dann macht er sich selbst zum „Toren", indem er seine geistige Energie auf etwas Falsches richtet. Detaillierte Anweisungen zu höfischem Verhalten (*schœniu hovezuht*, v. 302) gibt Thomasîn im ersten Buch, das mit Anstandsregeln vor allem Sprache und Körperausdruck reglementiert. Wenn etwa eine junge Dame spricht, dann habe das *senfticlîch / und niht lût* zu geschehen (vv. 405f.). Grundsätzlich muss jeder beim Gespräch die Augen und vor allem die Hände unter Kontrolle halten, nicht zuviel lachen, anvertraute Geheimnisse für sich behalten, sowie alle möglichen Umstände des Gesprächs berücksichtigen (*von wem, ze wem, waz, wie und wenne / er rede*; vv. 555f.). Ein weiterer zentraler Bereich ist die Kultivierung des Essverhaltens. Solche Hof- oder Tischzuchten wurden dann auch als eigenständige kleine Texte verbreitet (RLW s.v. Hofzucht). Als Dialoge in Strophenform bieten die *Winsbeckischen Gedichte* eine geschlechtsspezifische Unterweisung für adelige Söhne durch einen Vater (Winsbecke) und für Töchter durch eine Mutter (Winsbeckin).

Fachliteratur

Die schriftliche Vermittlung von Sachwissen in der Volkssprache, meistens, aber durchaus nicht immer, in Prosaform verfasst (RLW s.v. Fachprosa), setzt bereits in ahd. Zeit mit kleineren medizinischen Texten (*Basler Rezepte*) ein. Man ordnet das Schrifttum in der Regel nach den verschiedenen Reihen der Artes (RLW s.v. Artesliteratur), speziell nach den gelehrten Artes liberales (RLW s.v. Artes liberales), den handwerklichen und technischen Artes mechanicae (RLW s.v. Artes mechanicae) sowie den verbotenen Wahrsage- und Zauberkünsten (RLW s.v. Artes magicae). Es entstanden in diesem Rahmen bedeutende und sehr erfolgreiche Werke wie das *Arzneibuch* Ortolfs von Baierland, das *Buch der Natur* Konrads von Megenberg sowie der deutsche *Lucidarius*, die bis weit in die Neuzeit hinein wirkten. Nicht weniger erfolgreich waren volkssprachige Rechtsaufzeichnungen (RLW s.v. Rechtsspiegel), allen voran der mnd. *Sachsenspiegel* des Eike von Repgow, der viele weitere Rechtsbücher nach sich zog und die Rechtspraxis Mittel- und Osteuropas über Jahrhunderte beeinflusste.

Geistliche Prosa

Im Anschluss an die Frankfurter Synode von 794, die unter dem Vorsitz Karls des Großen festgehalten hatte, Gott könne in jeder Sprache verehrt werden, waren einfache religiöse Gebrauchstexte in ahd. Sprache entstanden: Taufgelöbnisse, Glaubensbekenntnisse und *Vaterunser*-Übersetzungen, Kurzkatechismen (z.B. *Weißenburger Katechismus*) und vor allem Beichtformulare (RLW s.v. Beichte), deren oft umfangreiche Sündenkataloge den einzelnen Gläubigen zur Gewissenserforschung dienten. Bereits in ahd. Zeit beginnt auch die Überlieferung volkssprachiger Predigten (RLW s.v. Predigt), zunächst als Übersetzungen lat. Vorlagen. Sie dienten vor allem als Mustertexte für die Geistlichen, die sich in der Verkündigung daran orientieren konnten. Seit dem 12. und 13. Jh. erweiterten sich die Themen der Predigten, und die Fülle ihrer Überlieferung nahm in einem solchen Maß zu, welches es nahe legt, dass sie auch zur Lektüre von Laien genutzt werden konnten und sollten. Mit der Lesepredigt entstand eine frühe deutsche Prosagattung, die oft in Sammlungen von Buchformat rezipiert wurde: das *Predigtbuch des Priesters Konrad,* die *St. Georgener Predigen,* die *Schwarzwälder Predigten,* die *Leipziger Predigten,* um nur einige dieser Sammlungen zu nennen. Als prominenteste Vertreter des Genres gelten bis heute die *Predigten,* die in Sammlungen sowie in Streuüberlieferung unter dem Namen des Franziskaners Berthold von Regensburg († 1272) verbreitet wurden. Auch theologische Abhandlungen, traditionell in lateinischer Sprache verfasst, wurden seit dem 13. Jh. in unüberschaubarem Ausmaß ins Deutsche übertragen oder auch gleich in der Volkssprache verfasst (RLW s.v. Traktat). Ein großer Teil der Handschriften des späteren MAs ist dieser geistlichen Predigt- und Traktatliteratur zuzurechnen. Nicht immer leicht lässt sich die Literatur der Mystik (RLW s.v. Mystik) davon abgrenzen, da sie sich oft derselben literarischen Gattungen wie die ‚scholastische' Theologie bedient. Meister Eckhart und Johannes Tauler waren bedeutende Prediger, und Eckhart verfasste so wichtige Traktate wie *Daz buoch der götlichen tröstunge* oder *Von abegescheidenheit.* Mit ihrer Thematisierung unmittelbarer Annäherungs- und Einheitserfahrungen mit dem Göttlichen zeigt sich ihr belehrender Charakter vor allem als Einübung in den mystischen Weg zu Gott. Zugleich aber sprengt die Mystik als eine Form „personengebundener Spiritualität" (Kurt Ruh) die traditionellen Lehrgattungen der Theologie in Richtung (auto)biographischer Sprech- und Schreibweisen, die das göttliche Gnadenwirken in Visionen, Auditionen, Liebes- und Leidenserfahrungen des Einzelnen auszudrücken suchen. An Mechthilds von Magdeburg großem Offenbarungsbuch *Das Fließende Licht der Gottheit* mit seiner gewagten erotischen Metaphorik und mit seinem Wechsel der poetischen Formen lässt sich eindrucksvoll erkennen, wie bedeutende mystische Literatur sich einer klaren Gattungsbestimmung entzieht.

V. Kleiner Ausblick

Kein Mittelalter im Deutschunterricht?

Die deutsche Literatur des MAs, die in diesem Buch in Grundzügen dargestellt wurde, war lange Zeit ein wichtiger Unterrichtsgegenstand in den Schulen der deutschsprachigen Länder (RLW s. v. Deutschunterricht). Ob sie als nhd. Nacherzählungen in der Mittelstufe oder als ahd. und mhd. Originaltexte in der (gymnasialen) Oberstufe gelesen wurden – in den Lehrplänen und Lesebüchern vieler Generationen nahmen sie einen breiten Platz ein. Kein Abiturient kam ganz an ihnen vorbei. Zumindest den Inhalt des *Nibelungenlieds* zu kennen, zählte lange zur Allgemeinbildung. Das hat sich seit dem letzten Drittel des 20. Jh.s radikal geändert. Im gegenwärtigen Deutschunterricht spielt die Literatur des Mittelalters allenfalls eine marginale Rolle. Umfragen unter Studierenden der Germanistik zeigen, dass die meisten angehenden Deutschlehrer in ihrer eigenen Schulzeit nie mit einem mhd. Gedicht konfrontiert worden sind. Dem entspricht eine fast vollständige Abstinenz der Fachdidaktik Deutsch in puncto MA (RLW s. v. Literaturdidaktik): Von Professoren der Literaturdidaktik wird keine mediävistische Kompetenz mehr verlangt, und neuere Handbücher für den Deutschunterricht thematisieren die ältere Literatur- und Sprachgeschichte in der Regel nicht. Trotz mancher Versuche von mediävistischer Seite, attraktive Angebote in der Deutschlehrerausbildung zu machen, muss man nüchtern feststellen, dass die mittelalterliche Literatur ganz aus dem Deutschunterricht zu verschwinden droht.

Mittelalter außerhalb der Schule

Allerdings ist das Mittelalter im außerschulischen Leben der Schülerinnen und Schüler zurzeit in einem erstaunlich großem Maße präsent. Eine Vielzahl (teilweise hervorragender) Bilder-, Kinder- und Jugendbücher (z. B. *Kinderbrockhaus: Leben auf der Ritterburg*) kann sich auf dem Markt behaupten. Gleiches gilt für Filme und (Computer-)Spiele mit mittelalterlicher Thematik. Mittelaltermärkte und -spektakel sowie Nachstellungen historischer Ereignisse und Schlachten („Reenactment") erfreuen sich gerade bei Jugendlichen großer Beliebtheit. Besonders auffällig ist der Erfolg der mittelalterlich inspirierten Musik in der Popkultur, unabhängig davon, ob sie eher folkloristisch ausgerichtet ist, ob sie aus der „Gothic"-Bewegung kommt oder ob sie sich gar der (Hard-)Rock-Szene zuordnen lässt: Bands wie „In Extremo", „Subway to Sally" oder „Corvus corax" sind weithin bekannt. Dies gehört gewiss alles zu dem im Eingangskapitel erwähnten Mittelalter-Boom und seiner medialen Vermittlung. Wie vieles davon gerade aus wissenschaftlich-mediävistischer Sicht skeptisch betrachtet werden muss, ist den aufmerksamen Lesenden dieser „Einführung" hoffentlich deutlich geworden. Der heutige Deutschunterricht scheint jedenfalls nicht für eine Auseinandersetzung damit gerüstet zu sein. So kann es geschehen, dass Schüler die *Merseburger Zaubersprüche* von einer „In Extremo"-CD auswendig hersagen können, während ihr Deutschlehrer, obwohl er Germanistik studiert hat, nicht in der Lage ist, den ahd. Text ins Neuhochdeutsche zu übersetzen. Für Lehramtsstudierende sollte das eine Herausforderung sein.

Die ‚Zukunft' der mittelalterlichen Literatur

Vielleicht hängt die heutige Beliebtheit von allem Mittelalterlichen sogar ein wenig damit zusammen, dass es im Unterricht keine große Rolle mehr spielt und anders als etwa Werke von Brecht oder Dürrenmatt von Jugendlichen nicht immer gleich mit „Schule" assoziiert wird. Wer sich jedenfalls selbst intensiv mit mittelalterlichen Dichtungen beschäftigt, wer sie im schulischen Unterricht oder in der universitären Lehre behandelt, der erfährt immer wieder, welche Faszination von ihnen ausgeht. Daran werden weder Lehrpläne noch Studienordnungen und auch nicht die Moden der Freizeitgestaltung etwas ändern. Deshalb braucht man sich um die ‚Zukunft' der Literatur des Mittelalters keine Sorgen zu machen.

Bibliographie

1. Editionen, Übersetzungen

Sammlungen

Backes, Martina (Hrsg.): Tagelieder des deutschen Mittelalters (mhd./nhd.). Stuttgart 1992 (= RUB 8831).

Braune, Wilhelm (Hrsg.): Althochdeutsches Lesebuch (ahd.). 17. Aufl. Tübingen 1994.

Brunner, Horst (Hrsg.): Früheste deutsche Lieddichtung (mhd./nhd.). Stuttgart 2005 (= RUB 18388).

Grubmüller, Klaus (Hrsg.): Novellistik des Mittelalters. Märendichtung (mhd./nhd.). Frankfurt a. M. 1996.

Haug, Walter/Vollmann, Benedikt Konrad (Hrsg.): Frühe deutsche Literatur und lateinische Literatur in Deutschland 800–1150 (mlat./ahd./mhd./nhd.). Frankfurt a. M. 1991.

Kasten, Ingrid/Kuhn, Margherita (Hrsg.): Deutsche Lyrik des frühen und hohen Mittelalters (mhd./nhd.). Frankfurt a. M. 1995.

Maurer, Friedrich (Hrsg.): Die religiösen Dichtungen des 11. und 12. Jahrhunderts (mhd.). 3 Bde. Tübingen 1964–1970.

Müller, Jan-Dirk (Hrsg.): Romane des 15. und 16. Jahrhunderts (fnhd.). Frankfurt a. M. 1990.

Müller, Ulrich (Hrsg.): Deutsche Gedichte des Mittelalters (mhd./nhd.). Stuttgart 1993 (= RUB 8849).

Schönbach, Anton E. (Hrsg.): Altdeutsche Predigten (mhd.). 3 Bde. Graz 1886–1891.

Schweikle, Günther (Hrsg.): Dichter über Dichter in mittelhochdeutscher Literatur (mhd.). Tübingen 1970.

Thomke, Hellmut (Hrsg.): Deutsche Spiele und Dramen des 15. und 16. Jahrhunderts (fnhd.). Frankfurt a. M. 1996.

Vollmann-Profe, Gisela (Hrsg.): Frühmittelhochdeutsche Literatur (mhd./nhd.). Stuttgart 1996 (= RUB 9438).

Wachinger, Burkhart (Hrsg.): Deutsche Lyrik des späten Mittelalters (mhd./nhd.). Frankfurt a. M. 2006.

Wuttke, Dieter (Hrsg.): Fastnachtspiele des 15. und 16. Jahrhunderts (fnhd.). 7. Aufl. Stuttgart 2006 (= RUB 9415).

Einzelausgaben

Das Annolied (mhd./nhd.). Hrsg. v. Eberhard Nellmann. Stuttgart 1975 u. ö. (= RUB 1416).

Berthold von Regensburg: Predigten (mhd.). Hrsg. v. Franz Pfeiffer u. Joseph Strobl. 2 Bde. Wien 1862–1880.

Sebastian Brant: Das Narrenschiff (fnhd.). Hrsg. v. Joachim Knape. Stuttgart 2005 (= RUB 18333).

Carmina Burana (mlat./mhd./nhd.). Hrsg. v. Benedikt Konrad Vollmann. Frankfurt a. M. 1987.

Dietrichs Flucht (mhd.). Hrsg. v. Elisabeth Lienert u. Gertrud Beck. Tübingen 2003.

Das Eckenlied (mhd./nhd.). Hrsg. v. Francis B. Brévart. Stuttgart 1986 (= RUB 8339).

Meister Eckhart: Werke (mlat./mhd./nhd.). Hrsg. v. Niklaus Largier. 2 Bde. Frankfurt a. M. 2008.

Herzog Ernst (mhd./nhd.). Hrsg. v. Bernhard Sowinski. Stuttgart 1970 (= RUB 8352).

Frauenlob: Leichs, Sangsprüche, Lieder (mhd.). Hrsg. von Karl Stackmann u. Karl Bertau. 2 Bde. Göttingen 1981.

Freidank: Bescheidenheit (mhd.). Hrsg. v. H. E. Bezzenberger. Halle/S. 1872.

Gottfried von Straßburg: Tristan (mhd./nhd.). Hrsg. v. Friedrich Ranke u. Rüdiger Krohn. 3 Bde. Stuttgart 1980 (RUB 4471–4473).

Hartmann von Aue: Erec (mhd./nhd.). Hrsg. v. Manfred Günter Scholz u. Susanne Held. Frankfurt a. M. 2004.

Hartmann von Aue: Gregorius – Der arme Heinrich – Iwein (mhd./nhd.). Hrsg. v. Volker Mertens. Frankfurt a. M. 2004.

Heinrich der Glîchezâre: Reinhart Fuchs (mhd./nhd.). Hrsg. v. Karl-Heinz Göttert. Stuttgart 1976 (= RUB 9819).

Heinrich von Neustadt: Apollonius von Tyrland – Gottes Zukunft – Visio Philiberti (mhd.). Hrsg. v. Samuel Singer. Berlin 1906.

Heinrich von Veldeke: Eneasroman (mhd./nhd.). Hrsg. v. Ludwig Ettmüller u. Dieter Kartschoke. Stuttgart 1986 (= RUB 8303).

Heliand und Genesis (as.). Hrsg. von Otto Behaghel u. Burkhard Taeger. 9. Aufl. Tübingen 1984.

Herbort von Fritzlar: Liet von Troye (mhd.). Hrsg. v. G. K. Frommann. Quedlinburg/Leipzig 1837.

Hugo von Trimberg: Der Renner (mhd.). Hrsg. v. Gustav Ehrismann. 4 Bde. Tübingen 1908–1911.

Jacobus de Voragine: Die elsässische Legenda aurea (mhd.). Hrsg. v. Ulla Williams u. a. 3 Bde. Tübingen 1980–1990.

Johann von Tepl: Der Ackermann (fnhd./nhd). Hrsg.

v. Christian Kiening. Stuttgart 2000 (= RUB 18075).
Kaiserchronik (mhd.). Hrsg. von Edward Schröder. Hannover 1892.
Heinrich Kaufringer: Werke (mhd.). Hrsg. v. Paul Sappler. 2 Bde. Tübingen 1972–1974.
Das Rolandslied des Pfaffen Konrad (mhd./nhd.). Hrsg. v. Dieter Kartschoke. Stuttgart 1993 (= RUB 2745).
Konrad von Megenberg: Das Buch der Natur (mhd.). Bd. 2: Text. Hrsg. v. Robert Luff u. Georg Steer. Tübingen 2003.
Konrad von Würzburg: Die goldene Schmiede (mhd.). Hrsg. v. Edward Schröder. 2 Aufl. Göttingen 1969.
Konrad von Würzburg: Heinrich von Kempten / Der Welt Lohn/Das Herzmaere (mhd./nhd.). Hrsg. v. Heinz Rölleke. Stuttgart 1976 (= RUB 2855).
Konrad von Würzburg: Der Trojanische Krieg (mhd.). Hrsg. Adelbert von Keller, Stuttgart 1858.
Kudrun (mhd./nhd.). Hrsg. v. Uta Störmer-Caysa. Stuttgart 2010 (= RUB 18639).
Pfaffe Lambrecht: Alexanderroman (mhd./nhd.). Hrsg. v. Elisabeth Lienert. Stuttgart 2007 (= RUB 18508).
Der deutsche Lucidarius (mhd.). Bd.1: Text. Hrsg. v. Dagmar Gottschall u. Georg Steer. Tübingen 1994.
Mauricius von Craûn (mhd./nhd.). Hrsg. v. Dorothea Klein. Stuttgart 1999 (= RUB 8796).
Mechthild von Magdeburg: Das fließende Licht der Gottheit (mhd./nhd.). Hrsg. v. Gisela Vollmann-Profe. Frankfurt a. M. 2003.
Neidhart-Lieder (mhd.). Hrsg. v. Ulrich Müller u. a. 3 Bde. Berlin/New York 2007.
Das Nibelungenlied (mhd./nhd.). Hrsg. v. Karl Bartsch, Helmut de Boor u. Siegfried Grosse. Stuttgart 1997 (= RUB 644).
Die Nibelungenklage (mhd./nhd.). Hrsg. v. Karl Bartsch u. Elisabeth Lienert. Paderborn u. a. 2000.
Das Innsbrucker Osterspiel/Das Osterspiel von Muri (mhd./nhd.). Hrsg. v. Rudolf Meier. Stuttgart 1974 (= RUB 8660).
Oswald von Wolkenstein: Lieder (Auswahl; fnh./nhd.). Hrsg. v. Burghart Wachinger. Stuttgart 2007 (= RUB 18490).
Otfrid von Weißenburg: Evangelienbuch (Auswahl; ahd./nhd.). Hrsg. v. Gisela Vollmann-Profe. Stuttgart 1987 (= RUB 8384).
Der altdeutsche Physiologus (mlat./ahd./mhd.). Hrsg. v. Friedrich Maurer. Tübingen 1967 (= ATB 67).
Prosalancelot (mhd./nhd.). Hrsg. v. Reinhold Kluge u. Hans-Hugo Steinhoff. 5 Bde. Frankfurt a.M. 1995–2004.
Rabenschlacht (mhd.). Hrsg. v. Elisabeth Lienert u. Dorit Walter. Tübingen 2005.
Reinmar von Zweter: Die Gedichte (mhd.). Hrsg. v. Gustav Roethe. Leipzig 1887.
Die Gedichte vom Rosengarten zu Worms (mhd.). Hrsg. v. Georg Holz. Halle/S. 1893.
König Rother (mhd./nhd.). Hrsg. v. Peter K. Stein u. Ingrid Bennewitz. Stuttgart 2000 (= RUB 18047).
Rudolf von Ems: Alexander (mhd.). Hrsg. v. Victor Junk. Leipzig 1928/29.
Rudolf von Ems: Der guote Gêrhart (mhd.). Hrsg. v. John Alexander Asher. 3. Aufl. Tübingen 1989.
Rudolf von Ems: Weltchronik (mhd.). Hrsg. v. Gustav Ehrismann. 2. Aufl. Dublin / Zürich 1967.
Der Stricker: Erzählungen, Fabeln, Reden (mhd./nhd.). Hrsg. v. Otfrid Ehrismann. Stuttgart 1992 (= RUB 8797).
Der Stricker: Der Pfaffe Amis (mhd./nhd.). Hrsg. v. Michael Schilling. Stuttgart 1994 (= RUB 658).
Johannes Tauler: Predigten (mhd.). Hrsg. v. Ferdinand Vetter. Berlin 1910.
Thomasin von Zerklaere: Der welsche Gast (Auswahl; mhd./nhd.). Hrsg. v. Eva Willms. Berlin/New York 2004.
Das St. Trudperter Hohelied. Eine Lehre der liebenden Gotteserkenntnis (mhd./nhd.). Hrsg. v. Friedrich Ohly. Frankfurt a. M. 1998.
Ein kurtzweilig Lesen von Dil Ulenspiegel. Hrsg. von Wolfgang Lindow. Stuttgart 2001 (= RUB 1687).
Ulrich von Etzenbach: Alexander (mhd.). Hrsg. v. Wendelin Toischer. Tübingen 1888.
Ulrich von Zatzikhoven: Lanzelet (mhd./nhd.). Hrsg. v. Florian Kragl. Berlin/New York 2009.
Walther von der Vogelweide: Leich, Lieder, Sangsprüche (mhd.). Hrsg. v. Karl Lachmann u. Christoph Cormeau. 14. Aufl. Berlin/New York 1996.
Walther von der Vogelweide: Werke. Gesamtausgabe (mhd./nhd.). Hrsg. v. Günther Schweikle. 2 Bde. Stuttgart 1994–1998 (= RUB 819/820).
Wernher der Gärtner: Helmbrecht (mhd./nhd.). Hrsg. v. Kurt Ruh u. Fritz Tschirch. Stuttgart 1974 (= RUB 9498).
Winsbeckische Gedichte nebst Tirol und Fridebrant (mhd.). Hrsg. v. Albert Leitzmann u. Ingo Reiffenstein. 3. Aufl. Tübingen 1962 (= ATB 9).
Wirnt von Grafenberg: Wigalois (mhd./nhd.). Hrsg. v. J. M. N. Kapteyn u. Sabine u. Ulrich Seelbach. Berlin / New York 2005.
Wittenwiler, Heinrich: Der Ring (fnhd./nhd.). Hrsg. v. Edmund Wießner u. Horst Brunner. Stuttgart 1991 (= RUB 8749).
Wolfram von Eschenbach: Parzival (mhd./nhd.). Hrsg. v. Karl Lachmann, Eberhard Nellmann u. Dieter Kühn, 2 Bde. Frankfurt a. M. 2006.
Wolfram von Eschenbach: Willehalm (mhd./nhd.). Hrsg. v. Joachim Heinzle. Frankfurt a. M. 1991.

2. Literaturgeschichten, Wörterbücher, Grammatiken, Nachschlagewerke

Benecke, Georg Friedrich/Müller, Wilhelm/Zarncke, Friedrich: Mittelhochdeutsches Wörterbuch. Bd. 1–3. Leipzig 1854–1866. Im Internet unter: http://germazope.uni-trier.de/Projects/MWV/

Bennewitz, Ingrid/Müller, Ulrich (Hrsg.): Von der Handschrift zum Buchdruck: Spätmittelalter, Reformation, Humanismus. 1320–1572. Reinbek 1991.

Bergmann, Rolf/Pauly, Peter/Moulin, Claudine: Alt- und Mittelhochdeutsch. Arbeitsbuch zur Grammatik der älteren deutschen Sprachstufen und zur deutschen Sprachgeschichte. 7. Aufl. Göttingen 2007.

Bertau, Karl: Deutsche Literatur im europäischen Mittelalter, 2 Bde. München 1972/73.

Braune, Wilhelm/Reiffenstein, Ingo/Richard Schrodt: Althochdeutsche Grammatik. 15. Aufl. 2 Bde. Tübingen 2004.

Brunner, Horst: Geschichte der deutschen Literatur des Mittelalters und der Frühen Neuzeit im Überblick. Stuttgart 2010 (= RUB 17680).

Brunner, Horst/Herweg, Mathias (Hrsg.): Gestalten des Mittelalters. Ein Lexikon historischer und literarischer Personen in Dichtung, Musik und Kunst. Stuttgart 2007.

Bumke, Joachim: Höfische Kultur. Literatur und Gesellschaft im hohen Mittelalter. München 1986.

Bumke, Joachim: Geschichte der deutschen Literatur im hohen Mittelalter. München 1990.

Cramer, Thomas: Geschichte der deutschen Literatur im späten Mittelalter. München 1990.

Curtius, Ernst Robert: Europäische Literatur und lateinisches Mittelalter. 11. Aufl. Tübingen/Basel 1993.

Dinzelbacher, Peter (Hrsg.): Sachwörterbuch der Mediävistik. Stuttgart 1992.

Ebert, Robert Peter u. a.: Frühneuhochdeutsche Grammatik. Tübingen 1993.

Ehrismann, Otfrid (Hrsg.): Ehre und Mut, Âventiure und Minne. Höfische Wortgeschichten aus dem Mittelalter. München 1995.

Erzgräber, Willi (Hrsg.): Europäisches Spätmittelalter. Wiesbaden 1978 (= Neues Handbuch der Literaturwissenschaft 8).

Grimm, Gunter E./Max, Frank Rainer (Hrsg.): Deutsche Dichter. Leben und Werk deutschsprachiger Autoren. Bd. 1: Mittelalter. Stuttgart 1989 (= RUB 8611).

Haubrichs, Wolfgang: Die Anfänge: Versuche volkssprachiger Schriftlichkeit im frühen Mittelalter (ca. 700–1050/60). 2. Aufl. Tübingen 1995 (= Geschichte der deutschen Literatur von den Anfängen bis zum Beginn der Neuzeit I/1).

Haug, Walter: Literaturtheorie im deutschen Mittelalter von den Anfängen bis zum Ende des 13. Jahrhunderts. Eine Einführung. 2. Aufl. Darmstadt 1992.

Heinzle, Joachim: Wandlungen und Neueinsätze im 13. Jahrhundert (1220/30–1280/90). 2. Aufl. Tübingen 1994 (= Geschichte der deutschen Literatur von den Anfängen bis zum Beginn der Neuzeit II/2).

Hennig, Beate: Kleines Mittelhochdeutsches Wörterbuch. 5. Aufl. Tübingen 2007.

Janota, Johannes: Orientierung durch volkssprachige Schriftlichkeit (1280/90–1380/90). Tübingen 2004 (= Geschichte der deutschen Literatur von den Anfängen bis zum Beginn der Neuzeit III/1).

Johnson, L. Peter: Die höfische Literatur der Blütezeit (1160/70–1120/30). Tübingen 1999 (= Geschichte der deutschen Literatur von den Anfängen bis zum Beginn der Neuzeit II/1).

Kartschoke, Dieter: Geschichte der deutschen Literatur im frühen Mittelalter. München 1990.

Kern, Manfred / Ebenbauer, Alfred (Hrsg.): Lexikon der antiken Gestalten in den deutschen Texten des Mittelalters. Berlin / New York 2003.

Klein, Dorothea: Mittelalter. Lehrbuch Germanistik. Stuttgart / Weimar 2006.

Lasch, Agathe: Mittelniederdeutsche Grammatik. 2. Aufl. Tübingen 1974.

Lexer, Matthias: Mittelhochdeutsches Handwörterbuch. 3 Bde. Leipzig 1872–1878. Im Internet unter: http://germazope.uni-trier.de/Projects/MWV/

Lexer, Matthias: Mittelhochdeutsches Taschenwörterbuch. 38. Aufl. Stuttgart 1992.

Liebertz-Grün, Ursula (Hrsg.): Aus der Mündlichkeit in die Schriftlichkeit: Höfische und andere Literatur. 750–1320. Reinbek 1988.

Lübben, August/Walther, Christoph: Mittelniederdeutsches Handwörterbuch. Norden/Leipzig 1888.

Meineke, Eckhard/Schwerdt, Judith: Einführung in das Althochdeutsche. Paderborn u. a. 2001.

Paul, Hermann/Klein, Thomas u. a.: Mittelhochdeutsche Grammatik. 25. Aufl. Tübingen 2007.

Schiller, Karl/Lübben, August: Mittelniederdeutsches Wörterbuch. 6 Bde. Bremen 1875–1882. Im Internet unter: http://www.rzuser.uni-heidelberg.de/~cd2/drw/s/Sa-schm.htm#Schiller-Lubben

Schmidt, Wilhelm / Langner, Helmut / Wolf, Norbert Richard: Geschichte der deutschen Sprache. Ein Lehrbuch für das germanistische Studium. 10. Aufl. Stuttgart 2007.

Schützeichel, Rudolf: Althochdeutsches Wörterbuch. 6. Aufl. Tübingen 2006.

Vollmann-Profe, Gisela: Wiederbeginn volkssprachiger Schriftlichkeit im hohen Mittelalter (1050/60–1160/70). 2. Aufl. Tübingen 1994 (= Geschichte der deutschen Literatur von den Anfängen bis zum Beginn der Neuzeit I/2).

Wehrli, Max: Geschichte der deutschen Literatur vom frühen Mittelalter bis zum Ende des 16. Jahrhunderts. Stuttgart 1980 (= RUB 10294).

Wehrli, Max: Literatur im deutschen Mittelalter. Eine poetologische Einführung. Stuttgart 1984 (= RUB 8038).

3. Forschungsliteratur (zu den einzelnen Kapiteln)

Kap. I. Epochenbegriff

Gumbrecht, Hans Ulrich / Link-Heer, Ursula (Hrsg.): Epochenschwellen und Epochenstrukturen im Diskurs der Literatur- und Sprachhistorie. Frankfurt a. M. 1985.

Heinzle, Joachim (Hrsg.): Modernes Mittelalter. Neue Bilder einer populären Epoche. Frankfurt a. M. / Leipzig 1994.

Herzog, Reinhart/Koselleck, Reinhart (Hrsg.): Epochenschwelle und Epochenbewusstsein. München 1987 (= Poetik und Hermeneutik 12).

Rexroth, Frank: Deutsche Geschichte im Mittelalter. 2. Aufl. München 2007.

Kap. II. Forschungsbericht

Althoff, Gerd (Hrsg.): Die Deutschen und ihr Mittelalter. Darmstadt 1992.

Bennewitz, Ingrid / Tervooren, Helmut (Hrsg.): *Manlîchiu wîp, wîplich man.* Zur Konstruktion der Kategorien „Körper" und „Geschlecht" in der deutschen Literatur des Mittelalters. Berlin 1999.

Goetz, Hans-Werner: Moderne Mediävistik. Stand und Perspektiven der Mittelalterforschung. Darmstadt 1999.

Grosse, Siegfried/Rautenberg, Ursula: Die Rezeption mittelalterlicher deutscher Dichtung. Eine Bibliographie ihrer Übersetzungen und Bearbeitungen seit der Mitte des 18. Jahrhunderts. Tübingen 1989.

Huber, Martin/Lauer, Gerhard (Hrsg.): Nach der Sozialgeschichte. Konzepte für eine Literaturwissenschaft zwischen Historischer Anthropologie, Kulturgeschichte und Medientheorie. Tübingen 2000.

Jauß, Hans Robert: Alterität und Modernität der mittelalterlichen Literatur. München 1977.

Kasten, Ingrid/Bachorski, Hans-Jürgen/Kugler, Hartmut: Die eigene Fremde. Mediävistik und „interkulturelle" Kompetenz. In: Mitteilungen des Deutschen Germanistenverbandes 44/4 (1997), 66–74.

Lutz, Eckart Conrad (Hrsg.): Das Mittelalter und die Germanisten. Zur neueren Methodengeschichte der Germanischen Philologie. Freiburg/Schweiz 1998.

Müller, Jan-Dirk: Mediävistische Kulturwissenschaft. Berlin / New York 2010.

Müller, Ulrich/Wunderlich, Werner (Hrsg.): Mittelalter-Mythen. 5 Bde. St. Gallen 1996–2008.

Seelbach, Ulrich: Mittelalterliche Literatur in der Frühen Neuzeit. In: Caemmerer, Christiane u. a. (Hrsg.): Das Berliner Modell der Mittleren Deutschen Literatur. Amsterdam 2000, 89–115.

Wapnewski, Peter (Hrsg.): Mittelalter-Rezeption. Stuttgart 1986.

Kap. III,1 Mediale Bedingungen mittelalterlichen Literatur

Bein, Thomas: Textkritik. Einführung in Grundlagen germanistisch-mediävistischer Editionswissenschaft. Lehrbuch mit Übungsteil. Frankfurt a. M. u. a. 2008.

Bischoff, Bernhard: Paläographie des römischen Altertums und des abendländischen Mittelalters. 4. Aufl. Berlin 2009 (= Grundlagen der Germanistik 24).

Brinker-von der Heyde, Claudia: Die literarische Welt des Mittelalters. Darmstadt 2007.

Chartier, Roger/Cavallo, Guglielmo (Hrsg.): Die Welt des Lesens. Von der Schriftrolle zum Bildschirm. Frankfurt a. M. / New York / Paris 1999.

Ernst, Ulrich: Carmen figuratum. Geschichte des Figurengedichts von den antiken Ursprüngen bis zum Ausgang des Mittelalters. Köln/Weimar/Wien 1991.

Ernst, Ulrich: Facetten mittelalterlicher Schriftlichkeit. Fiktion und Illustration. Wissen und Wahrnehmung. Heidelberg 2006.

Fischer, Hanns: Schrifttafeln zum althochdeutschen Lesebuch. Tübingen 1966.

Ganz, Peter (Hrsg.): The Role of the Book in Medieval Culture. 2 Bde. Turnhout 1986.

Giesecke, Michael: Der Buchdruck in der frühen Neuzeit. Eine historische Fallstudie über die Durchsetzung neuer Informations- und Kommunikationstechnologien. Frankfurt a. M. 1991.

Green, Dennis H.: Medieval Listening and Reading. The Primary Reception of German Literature 800–1300. Cambridge 1994.

Haferland, Harald: Mündlichkeit, Gedächtnis und Medialität. Heldendichtung im deutschen Mittelalter. Göttingen 2004.

Illich, Ivan: Im Weinberg des Textes. Als das Schriftbild der Moderne entstand. Ein Kommentar zu Hugos *Didascalicon*. Frankfurt a. M. 1991.

Keller, Hagen / Grubmüller, Klaus / Staubach, Nikolaus (Hrsg.): Pragmatische Schriftlichkeit im Mittelalter. Erscheinungsformen und Entwicklungsstufen. München 1992.

Keller, Hagen/Meier, Christel/Scharff, Thomas (Hrsg.): Schriftlichkeit und Lebenspraxis im Mittelalter. Erfassen, Bewahren, Verändern. München 1999.

Kuchenbuch, Ludolf/Kleine, Uta (Hrsg.): *Textus* im Mittelalter. Komponenten und Situationen des Wortgebrauchs im schriftsemantischen Feld. Göttingen 2006.

Ludwig, Otto: Geschichte des Schreibens. Bd. 1: Von der Antike bis zum Buchdruck. Berlin / New York 2005.

Meier, Christel/Hüpper, Dagmar/Keller, Hagen (Hrsg.): Der Codex im Gebrauch. München 1996.

Meier, Christel/Ruberg, Uwe (Hrsg.): Text und Bild. Aspekte des Zusammenwirkens zweier Künste in Mittelalter und früher Neuzeit. Wiesbaden 1980.

Müller, Jan-Dirk (Hrsg.): „Aufführung" und „Schrift" in Mittelalter und Früher Neuzeit. Stuttgart / Weimar 1996.

Schneider, Karin: Paläographie und Handschriftenkunde für Germanisten. Eine Einführung. Tübingen 1999.

Scholz, Manfred Günter: Hören und Lesen. Studien zur primären Rezeption der Literatur im 12. und 13. Jahrhundert. Wiesbaden 1980.

Stolz, Michael / Mettauer, Adrian (Hrsg.): Buchkultur im Mittelalter. Berlin / New York 2006.

Wattenbach, Wilhelm: Das Schriftwesen im Mittelalter. 4. Aufl. Graz 1958.

Wenzel, Horst: Mediengeschichte – vor und nach Gutenberg. 2. Aufl. Darmstadt 2008.

Wenzel, Horst / Lechtermann, Christina (Hrsg.): Beweglichkeit der Bilder. Text und Imagination in den illustrierten Handschriften des *Welschen Gastes* von Thomasin von Zerclaere. Köln / Weimar / Wien 2002.

Zumthor, Paul: Die Stimme und die Poesie in der mittelalterlichen Gesellschaft. München 1994.

Kap. III,2 Gott und die Welt

Angenendt, Arnold: Geschichte der Religiosität im Mittelalter. 3. Aufl. Darmstadt 2005.

Blumenberg, Hans: Die Lesbarkeit der Welt. Frankfurt a. M. 1981.

Brinkmann, Hennig: Mittelalterliche Hermeneutik. Darmstadt 1980.

Einhorn, Jürgen W.: Spiritalis unicornis. Das Einhorn als Bedeutungsträger in Literatur und Kunst des Mittelalters. 2. Aufl. München 1998.

Ernst, Ulrich: Der *Liber Evangeliorum* Otfrids von Weißenburg. Literarästhetik und Verstechnik im Lichte der Tradition. Köln / Wien 1975.

Freytag, Hartmut: Die Theorie der allegorischen Schriftdeutung und die Allegorie in deutschen Texten besonders des 11. und 12. Jahrhunderts. Bern / München 1982.

Fromm, Hans/Harms, Wolfgang/Ruberg, Uwe (Hrsg.): Verbum et Signum. Beiträge zur mediävistischen Bedeutungsforschung. 2 Bde. München 1975.

Grubmüller, Klaus / Schmidt-Wiegand, Ruth / Speckenbach, Klaus (Hrsg.): Geistliche Denkformen in der Literatur des Mittelalters. München 1984.

Harms, Wolfgang / Reinitzer, Heimo (Hrsg.): Natura loquax. Naturkunde und allegorische Naturdeutung vom Mittelalter bis zur frühen Neuzeit. Frankfurt a. M. u. a. 1981.

Hartmann, Reinildis: Allegorisches Wörterbuch zu Otfrieds von Weißenburg Evangeliendichtung. München 1975.

Haug, Walter (Hrsg.): Formen und Funktionen der Allegorie. Stuttgart 1979.

Henkel, Nikolaus: Studien zum Physiologus im Mittelalter. Tübingen 1976.

Lubac, Henri de: Exégèse médiévale. Les quatres sens de l'Écriture. Bd. I/1–II/2. Paris 1959–1964.

Meier, Christel: Gemma spiritalis. Methode und Gebrauch der Edelsteinallegorese vom frühen Christentum bis ins 18. Jahrhundert. Bd. 1. München 1977.

Meyer, Heinz / Suntrup, Rudolf: Lexikon der mittelalterlichen Zahlenbedeutungen. München 1987.

Ohly, Friedrich: Hohelied-Studien. Grundzüge einer Geschichte der Hoheliedauslegung des Abendlandes bis um 1200. Wiesbaden 1958.

Ohly, Friedrich: Schriften zur mittelalterlichen Bedeutungsforschung. Darmstadt 1977.

Ohly, Friedrich: Ausgewählte und neue Schriften zur Literaturgeschichte und zur Bedeutungsforschung. Stuttgart / Leipzig 1995.

Ohly, Friedrich: Zur Signaturenlehre der Frühen Neuzeit. Stuttgart / Leipzig 1999.

Schleusener-Eichholz, Gudrun: Das Auge im Mittelalter. 2 Bde. München 1985.

Schmidtke, Dietrich: Geistliche Tierinterpretation in der deutschsprachigen Literatur des Mittelalters (1100–1500). Diss. FU Berlin 1968.

Schumacher, Meinolf: Sündenschmutz und Herzensreinheit. Studien zur Metaphorik der Sünde in lateinischer und deutscher Literatur des Mittelalters. München 1996.

Spitz, Hans-Jörg: Die Metaphorik des geistigen Schriftsinns. Ein Beitrag zur allegorischen Bibelauslegung des ersten christlichen Jahrtausends. München 1972.

Wenzel, Horst: Hören und Sehen, Schrift und Bild. Kultur und Gedächtnis im Mittelalter. München 1995.

Kap. IV,1 Dichten nach Regeln

Baldzuhn, Michael: Schulbücher im Trivium des Mittelalters und der Frühen Neuzeit. 2 Bde. Berlin / New York 2009.

Barner, Wilfried: Barockrhetorik. Untersuchungen zu ihren geschichtlichen Grundlagen. Tübingen 1970.

Bosse, Heinrich: Dichter kann man nicht bilden. Zur Veränderung der Schulrhetorik nach 1770. In: Jahrbuch für Internationale Germanistik 10 (1978), H. 1, 80–125.

Faral, Edmond: Les arts poétiques du XIIe et du XIIIe siècle. Recherches et documents sur la technique littéraire du Moyen Âge. Paris 1924 (Ndr. 1982).

Göttert, Karl-Heinz: Einführung in die Rhetorik. Grundbegriffe, Geschichte, Rezeption. 3. Aufl. München 1998.

Heimann-Seelbach, Sabine: Ars und scientia. Genese, Überlieferung und Funktionen der mnemotechnischen Traktatliteratur im 15. Jahrhundert. Tübingen 2000.

Henkel, Nikolaus: Deutsche Übersetzungen lateinischer Schultexte. Ihre Verbreitung und Funktion im Mittelalter und der frühen Neuzeit. München 1988.

Kintzinger, Martin: Wissen wird Macht. Bildung im Mittelalter. Ostfildern 2003.

Kintzinger, Martin / Lorenz, Sönke / Walter, Michael (Hrsg.): Schule und Schüler im Mittelalter. Köln / Weimar / Wien 1996.

Klopsch, Paul: Einführung in die Dichtungslehren des lateinischen Mittelalters. Darmstadt 1980.

Lausberg, Heinrich: Handbuch der literarischen Rhetorik. Eine Grundlegung der Literaturwissenschaft. 3. Aufl. Stuttgart 1990.

Lutz, Eckart Conrad: Rhetorica divina. Mittelhochdeutsche Prologgebete und die rhetorische Kultur des Mittelalters. Berlin / New York 1984.

Le Goff, Jacques: Die Intellektuellen im Mittelalter. 3. Aufl. Stuttgart 1991.

Moeller, Bernd / Patze, Hans / Stackmann, Karl (Hrsg.): Studien zum städtischen Bildungswesen des späten Mittelalters und der frühen Neuzeit. Göttingen 1983.

Schaefer, Ursula (Hrsg.): „Artes" im Mittelalter. Berlin 1999.

Stolz, Michael: Artes-Liberales-Zyklen. Formationen des Wissens im Mittelalter. 2 Bde. Tübingen / Basel 2004.

Kap. IV,2 Dichten von Dichtern

Andersen, Elizabeth u. a. (Hrsg.): Autor und Autorschaft im Mittelalter. Tübingen 1998.

Haug, Walter / Wachinger, Burghart (Hrsg.): Autortypen. Tübingen 1991.

Jannidis, Fotis u. a. (Hrsg.): Texte zur Theorie der Autorschaft. Stuttgart 2000 (= RUB 18058).

Meier, Christel: *Ecce auctor.* Beiträge zur Ikonographie literarischer Urheberschaft im Mittelalter. In: Frühmittelalterliche Studien 34 (2000), 338–392.

Obermaier, Sabine: Von Nachtigallen und Handwerkern. ‚Dichtung über Dichtung' in Minnesang und Sangspruchdichtung. Tübingen 1995.

Ohly, Friedrich: Wolframs Gebet an den heiligen Geist im Eingang des *Willehalm*. In: Rupp, Heinz (Hrsg.): Wolfram von Eschenbach. Darmstadt 1966, 454–518.

Ohly, Friedrich: Die Perle des Wortes. Zur Geschichte eines Bildes für Dichtung. Frankfurt a. M. / Leipzig 2002.

Peters, Ursula: Das Ich im Bild. Die Figur des Autors in volkssprachigen Bilderhandschriften des 13. bis 16. Jahrhunderts. Köln / Weimar / Wien 2008.

Schmidt-Wiegand, Ruth: Autorenbild und Titelmetapher in niederdeutschen Handschriften des Sachsenspiegels. In: Niederdeutsches Wort 39 (1999), 393–409.

Spanily, Claudia: Autorschaft und Geschlechterrolle. Möglichkeiten weiblichen Literatentums im Mittelalter. Frankfurt a. M. u. a. 2002.

Thelen, Christian: Das Dichtergebet in der deutschen Literatur des Mittelalters. Berlin / New York 1989.

IV,3 Dichtung in Versen. Dichtung in Prosa?

Besch, Werner: Vers oder Prosa? Zur Kritik am Reimvers im Spätmittelalter. In: Backes, Herbert (Hrsg.): Festschrift für Hans Eggers zum 65. Geburtstag. Tübingen 1972, 745–766.

Brandstetter, Alois: Prosaauflösung. Studien zur Rezeption der höfischen Epik im frühneuhochdeutschen Prosaroman. Frankfurt a. M. 1971.

Ernst, Ulrich / Neuser, Peter-Erich (Hrsg.): Die Genese der europäischen Endreimdichtung. Darmstadt 1977 (= Wege der Forschung 444).

Hoffmann, Werner: Altdeutsche Metrik. 2. Aufl. Stuttgart 1981 (= Sammlung Metzler 64).

Jackson, Timothy R.: Der Reim als Bedeutungsträger in der mittelhochdeutschen erzählenden Dichtung. In: ders.: Typus und Poetik. Heidelberg 2003.

Kayser, Wolfgang: Kleine deutsche Versschule. 27. Aufl. Tübingen / Basel 2002 (= UTB 1727).

Nagel, Bert: Das Reimproblem in der deutschen Dichtung. Vom Otfridvers zum freien Vers. Berlin 1985.

Paul, Otto / Glier, Ingeborg: Deutsche Metrik. 9. Aufl. München 1979.

Rühmkorf, Peter: agar agar – zaurzaurim. Zur Naturgeschichte des Reims und der menschlichen Anklangsnerven. Frankfurt a. M. 1985.

Schnell, Rüdiger: Prosaauflösung und Geschichtsschreibung im deutschen Spätmittelalter. In: Grenzmann, Ludger / Stackmann, Karl (Hrsg.): Literatur und Laienbildung im Spätmittelalter und in der Reformationszeit. Stuttgart 1984, 214–248.

Kap. IV,4 Mittelalterliche Epik

Brogsitter, Karl Otto: Artusepik. 2. Aufl. Stuttgart 1971 (= Sammlung Metzler 38).

Brunner, Horst (Hrsg.): Interpretationen: Mittelhochdeutsche Romane und Heldenepen. Stuttgart 1993 (= RUB 8914).

Bumke, Joachim: Wolfram von Eschenbach. 8. Aufl. Stuttgart / Weimar 2004 (= Sammlung Metzler 36).

Bumke, Joachim: Der *Erec* Hartmanns von Aue. Eine Einführung. Berlin / New York 2006.

Cormeau, Christoph / Störmer, Wilhelm: Hartmann von Aue. Epoche – Werk – Wirkung. 3. Aufl. München 2007.

Dicke, Gerd / Grubmüller, Klaus: Die Fabeln des Mittelalters und der Frühen Neuzeit. Ein Katalog der deutschen Versionen und ihrer lateinischen Entsprechungen. München 1987.

Ertzdorff, Xenja von: Romane und Novellen des 15. und 16. Jahrhunderts in Deutschland. Darmstadt 1989.

Glauch, Sonja: An der Schwelle zur Literatur. Elemente einer Poetik des höfischen Erzählens. Heidelberg 2009.

Grubmüller, Klaus: Meister Esopus. Untersuchungen zu Geschichte und Funktion der Fabel im Mittelalter. München 1977.

Grubmüller, Klaus: Die Ordnung, der Witz und das Chaos. Eine Geschichte der europäischen Novellistik im Mittelalter: Fabliau, Märe, Novelle. Tübingen 2006.

Haferland, Harald: Höfische Interaktion. Interpretationen zur höfischen Epik und Didaktik um 1200. München 1989.

Haferland, Harald / Meyer, Matthias (Hrsg.): Historische Narratologie – Mediävistische Perspektiven. Berlin / New York 2010.

Haug, Walter / Wachinger, Burghart (Hrsg.): Positionen des Romans im späten Mittelalter. Tübingen 1991.

Heinzle, Joachim: Einführung in die mittelhochdeutsche Dietrichepik. Berlin / New York 1999.

Huber, Christoph: Gottfried von Straßburg: Tristan. 2. Aufl. Berlin 2001.

Hübner, Gert: Erzählform im höfischen Roman. Studien zur Fokalisierung im *Eneas*, im *Iwein* und im *Tristan*. Tübingen / Basel 2003.

Lienert, Elisabeth: Deutsche Antikenromane des Mittelalters. Berlin 2001 (= Grundlagen der Germanistik 39).

Masser, Achim: Bibel- und Legendenepik des deutschen Mittelalters. Berlin 1976 (= Grundlagen der Germanistik 19).

Mertens, Volker: Der deutsche Artusroman. Stuttgart 1998 (= RUB 17609).

Mertens, Volker: Der Gral. Mythos und Literatur. Stuttgart 2003 (= RUB 18261).

Mertens, Volker / Müller, Ulrich (Hrg.): Epische Stoffe des Mittelalters. Stuttgart 1984.

Millet, Victor: Germanische Heldendichtung im Mittelalter. Eine Einführung. Berlin / New York 2008.

Müller, Jan-Dirk: Spielregeln für den Untergang. Die Welt des Nibelungenliedes. Tübingen 1998.

Müller, Jan-Dirk: Höfische Kompromisse. Acht Kapitel zur höfischen Epik. Tübingen 2007.

Müller, Jan-Dirk: Das Nibelungenlied. 3. Aufl. Berlin 2009.

Ridder, Klaus: Mittelhochdeutsche Minne- und Aventiureromane. Fiktion, Geschichte und literarische Tradition im späthöfischen Roman. Berlin / New York 1998.

Röcke, Werner: Die Freude am Bösen. Studien zu einer Poetik des deutschen Schwankromans im Spätmittelalter. München 1987.

Ruh, Kurt: Höfische Epik des deutschen Mittelalters, Bd. 1. 2. Aufl. Berlin 1977; Bd. 2. Berlin 1980 (= Grundlagen der Germanistik 7 u. 25).

Schulze, Ursula: Das Nibelungenlied. Stuttgart 1997 (= RUB 17604).

Störmer-Caysa, Uta: Grundstrukturen mittelalterlicher Erzählungen. Raum und Zeit im höfischen Roman. Berlin / New York 2007.

Tomasek, Tomas: Gottfried von Straßburg. Stuttgart 2007 (= RUB 17665).

Wandhoff, Haiko: Der epische Blick. Eine mediengeschichtliche Studie zur höfischen Epik. Berlin 1996.

Wehrli, Max: Formen mittelalterlicher Erzählung. Zürich / Freiburg 1969.

Wolf, Jürgen: Einführung in das Werk Hartmanns von Aue. Darmstadt 2007.

Wolfzettel, Friedrich (Hrsg.): Erzählstrukturen der Artusliteratur. Tübingen 1999.

Ziegeler, Hans-Joachim: Erzählen im Spätmittelalter. Mären im Kontext von Minnereden, Bispeln und Romanen. München 1985.

Kap. IV,5 Mittelalterliche Lyrik

Baldzuhn, Michael: Vom Sangspruch zum Meisterlied. Untersuchungen zu einem literarischen Traditionszusammenhang auf der Grundlage der Kolmarer Liederhandschrift. Tübingen 2002.

Bein, Thomas: Walther von der Vogelweide. Stuttgart 1997 (= RUB 17601).

Brunner, Horst / Wachinger, Burghart (Hrsg.): Repertorium der Sangsprüche und Meisterlieder des 12. bis 18. Jahrhunderts. 16 Bde. Tübingen 1986–2007.

Cramer, Thomas / Kasten, Ingrid (Hrsg.): Mittelalterliche Lyrik: Probleme der Poetik. Berlin 1999.

Ehrismann, Otfrid: Einführung in das Werk Walthers von der Vogelweide. Darmstadt 2008.

Haferland, Harald: Hohe Minne. Zur Beschreibung der Minnekanzone. Berlin 2000.

Hohmann, Stefan: Friedenskonzepte. Die Thematik des Friedens in der deutschsprachigen politischen Lyrik des Mittelalters. Köln / Weimar / Wien 1992.

Janota, Johannes: Studien zu Funktion und Typus des deutschen geistlichen Liedes im Mittelalter. München 1968.

Jungbluth, Günther (Hrsg.): Interpretationen mittelhochdeutscher Lyrik. Bad Homburg / Berlin / Zürich 1969.

Keller, Johannes / Miklautsch, Lydia (Hrsg.): Walther von der Vogelweide und die Literaturtheorie. Neun Modellanalysen von *Nemt, frouwe, disen kranz*. Stuttgart 2008 (= RUB 17673).

Müller, Jan-Dirk: Minnesang und Literaturtheorie. Tübingen 2001.

Müller, Ulrich: Die mittelhochdeutsche Lyrik. In: Bergner, Heinz (Hrsg.): Lyrik des Mittelalters. Probleme und Interpretationen. Bd. 2. Stuttgart 1983, 7–227.

Räkel, Hans Herbert: Der deutsche Minnesang. Eine Einführung mit Texten und Materialien. München 1986.

Schilling, Michael / Strohschneider, Peter (Hrsg.): Wechselspiele. Kommunikationsformen und Gattungsinterferenzen mittelhochdeutscher Lyrik. Heidelberg 1996.

Scholz, Manfred Günter: Walther von der Vogelweide. 2. Aufl. Stuttgart / Weimar 2005 (= Sammlung Metzler 316).

Schweikle, Günther: Minnesang. 2. Aufl. Stuttgart / Weimar 1995 (= Sammlung Metzler 244).

Tervooren, Helmut: Sangspruchdichtung. 2. Aufl. Stuttgart / Weimar 2001 (= Sammlung Metzler 293).

Tervooren, Helmut (Hrsg.): Gedichte und Interpretationen: Mittelalter. Stuttgart 1993 (= RUB 8864).

Willms, Eva: Liebesleid und Sangeslust. Untersuchungen zur deutschen Liebeslyrik des späten 12. und frühen 13. Jahrhunderts. München 1990.

Kap. IV,6 Formen der Theatralität im Mittelalter

Bergmann, Rolf: Studien zur Entstehung und Geschichte der deutschen Passionsspiele des 13. und 14. Jahrhunderts. München 1972.

Brett-Evans, David: Von Hrotsvit bis Folz und Gengenbach. Eine Geschichte des mittelalterlichen deutschen Dramas, 2 Bde. Berlin 1975 (= Grundlagen der Germanistik 15 u. 18).

Kindermann, Heinz: Theatergeschichte Europas. Bd. 1: Das Theater der Antike und des Mittelalters. 2. Aufl. Salzburg 1966.

Kindermann, Heinz: Das Theaterpublikum des Mittelalters. Salzburg 1980.

Michael, Wolfgang F.: Das deutsche Drama des Mittelalters. Berlin / New York 1971.

Neumann, Bernd: Geistliches Schauspiel im Zeugnis der Zeit. Zur Aufführung mittelalterlicher religiöser Dramen im deutschen Sprachgebiet. 2 Bde. München 1987.

Warning, Rainer: Funktion und Struktur. Die Ambivalenzen des geistlichen Spiels. München 1974.

Ziegeler, Hans-Joachim (Hrsg.): Ritual und Inszenierung. Geistliches und weltliches Drama des Mittelalters und der Frühen Neuzeit. Tübingen 2004.

Kap. IV, 7 Pragmatische Schriftlichkeit im Mittelalter

Assion, Peter: Altdeutsche Fachliteratur. Berlin 1973 (= Grundlagen der Germanistik 13).

Boesch, Bruno: Lehrhafte Literatur. Lehre in der Dichtung und Lehrdichtung im deutschen Mittelalter. Berlin 1977 (= Grundlagen der Germanistik 21).

Brunner, Horst / Wolf, Norbert Richard (Hrsg.): Wissensliteratur im Mittelalter und in der Frühen Neuzeit. Wiesbaden 1993.

Dinzelbacher, Peter: Vision und Visionsliteratur im Mittelalter. Stuttgart 1981.

Dinzelbacher, Peter: Christliche Mystik im Abendland. Ihre Geschichte von den Anfängen bis zum Ende des Mittelalters. Paderborn u. a. 1994.

Haage, Bernhard Dietrich / Wegner, Wolfgang: Deutsche Fachliteratur der Artes in Mittelalter und Früher Neuzeit. Berlin 2007 (= Grundlagen der Germanistik 43).

Haas, Alois M.: Gottleiden – Gottlieben. Zur volkssprachlichen Mystik im Mittelalter. Frankfurt a. M. 1989.

Lähnemann, Henrike / Linden, Sandra (Hrsg.): Dichtung und Didaxe. Lehrhaftes Sprechen in der deutschen Literatur des Mittelalters. Berlin / New York 2009.

Langer, Otto: Christliche Mystik im Mittelalter. Mystik und Rationalisierung – Stationen eines Konflikts. Darmstadt 2004.

Meier, Christel (Hrsg.): Die Enzyklopädie im Wandel vom Hochmittelalter bis zur Frühen Neuzeit. München 2002.

Mertens, Volker / Schiewer, Hans-Jochen (Hrsg.): Die deutsche Predigt im Mittelalter. Tübingen 1992.

Müller, Jan-Dirk (Hrsg.): Wissen für den Hof. Der spätmittelalterliche Verschriftungsprozeß am Beispiel Heidelberg im 15. Jahrhundert. München 1994.

Ruh, Kurt: Geschichte der abendländischen Mystik. 4 Bde. München 1990–1999.

Kap. V. Ausblick

Brackert, Helmut / Christ, Hannelore / Holzschuh, Horst (Hrsg.): Mittelalterliche Texte im Unterricht. 2 Bde. München 1973–1976.

Brandt, Rüdiger: Deutsche Literatur des Mittelalters. Arbeitstexte für den Unterricht. Stuttgart 1982 (= RUB 9568).

Frank, Horst Joachim: Geschichte des Deutschunterrichts. Von den Anfängen bis 1945. München 1973.

Karg, Ina: *... und waz si guoter lêre wernt ...* . Mittelalterliche Literatur und heutige Literaturdidaktik. Versuch einer Kooperation. Frankfurt a. M. u. a. 1998.

Abkürzungen

afrz.	altfranzösisch
ahd.	althochdeutsch
as.	altsächsisch (altniederdeutsch)
fnhd.	frühneuhochdeutsch
Jh.	Jahrhundert
lat.	lateinisch
LexMA	Lexikon des Mittelalters. 9 Bde. u. Reg.-Bd. München 1980–1999
MA	Mittelalter
mal.	mittelalterlich
MF	Des Minnesangs Frühling. Neu hrsg. v. Hugo Moser u. Helmut Tervooren. 38. Aufl. Stuttgart 1988
mhd.	mittelhochdeutsch
mlat.	mittellateinisch
mnd.	mittelniederdeutsch
mnl.	mittelniederländisch
nhd.	neuhochdeutsch
RLW	Reallexikon der deutschen Literaturwissenschaft. 3. Aufl. 3 Bde. Berlin / New York 1997–2003
RUB	Reclams Universal-Bibliothek
VL	Die deutsche Literatur des Mittelalters. Verfasserlexikon. 2. Aufl. 14 Bde. Berlin / New York 1978–2008

Register